大学生安全教育

DAXUESHENG ANQUAN JIAOYU

郑德前 主编

山东人民出版社
国家一级出版社 全国百佳图书出版单位

图书在版编目（CIP）数据

大学生安全教育／郑德前主编．-- 济南：山东人民出版社，2024.8

ISBN 978-7-209-14428-5

Ⅰ．①大…　Ⅱ．①郑…　Ⅲ．①大学生－安全教育　Ⅳ．① G645.5

中国国家版本馆 CIP 数据核字 (2024) 第 055862 号

大学生安全教育

DAXUESHENG ANQUAN JIAOYU

郑德前　主编

主管单位　山东出版传媒股份有限公司
出版发行　山东人民出版社
出 版 人　胡长青
社　　址　济南市市中区舜耕路517号
邮　　编　250003
电　　话　总编室（0531）82098914
　　　　　市场部（0531）82098027
网　　址　http://www.sd-book.com.cn
印　　装　济南新先锋彩印有限公司
经　　销　新华书店

规　　格　16开（185mm×260mm）
印　　张　16.5
字　　数　260千字
版　　次　2024年8月第1版
印　　次　2024年8月第1次
ISBN 978-7-209-14428-5
定　　价　49.00元

编 委 会

主　编　郑德前　山东科技职业学院

副主编　薛　彬　山东科技职业学院

张振东　山东科技职业学院

刘　明　山东科技职业学院

刘尚林　山东科技职业学院

张凯悦　山东科技职业学院

王立霞　山东科技职业学院

编　委　王　珊　山东科技职业学院

李苑玮　山东科技职业学院

管清筱　山东科技职业学院

闫晓彤　山东科技职业学院

张　婕　山东科技职业学院

于　磊　山东科技职业学院

王莉莉　山东科技职业学院

钟建民　潍柴职业大学

前言

PREFACE

在迈进新时代的辉煌征程中，大学生作为青年力量的重要组成部分，承载着国家与民族的希望与梦想。党的二十大精神如同灯塔，照亮了我们前行的道路，不仅引领我们回望辉煌的历史，更激励我们承载优秀传统文化，坚定文化自信，以坚定的步伐共同筑起教育与社会的坚固平安长城。大学生安全教育这门课程，正是在这样的时代背景下应运而生的，它不仅仅是一门理论课程，更是大学生自我成长、自我保护、贡献社会的必修课。

高校，是知识的殿堂，也是成长的摇篮。在这里，学生不仅要学习专业知识，提升职业技能，更要学会如何在复杂多变的社会环境中保护自己，防范各种潜在的安全威胁。本书深入贯彻《国家安全教育指导纲要》的要求，围绕国家安全、社会安全、公共安全、校园安全、人身安全及网络安全等多个维度，通过生动的案例、丰富的知识讲解和实用的应对技巧，帮助学生掌握必要的安全防范技能和自救互救能力。

值得一提的是，在《大学生安全教育》教材的编写过程中，企业的积极参与和贡献同样不可忽视。作为社会经济发展的重要推动力量，企业凭借其丰富的实践经验和对行业安全的深刻理解，为教材的编写提供了宝贵的案例和数据资源，生动展现了安全意识和技能在实际工作中的应用与价值，极大地增强了教材内容的实用性和针对性。

在“国家安全”部分，学生将深入学习国家安全的定义、重要性，以及总体国家安全观的基本内涵与重大意义，了解国家安全法律体系，特别是《中华人民共和国国家安全法》的要点，以及政治、经济、文化等各个领域的安全问题，引导大学生树立正确的国家安全观，增强维护国家安全的责任感和使命感。

“社会安全”部分则聚焦于交通安全、消防安全、饮食安全等与学生日常生活息息相关的领域，提升大学生的安全意识和自我保护能力。

“公共安全”部分介绍，突发自然灾害、公共卫生事件以及社会安全事件的应对策略，帮助大学生在面对突发事件时能够保持冷静、迅速反应，有效维护自身和他人的安全。

“校园安全”部分则针对高校特有的环境，重点讲解实验室安全、实习安全以及日常活动安全等方面的知识，确保大学生在校园内能够安心学习、健康成长。

“人身安全”和“网络安全”作为当前社会关注的热点话题，本书也进行了深入的探讨。在“人身安全”部分，我们重点关注财产安全、常见意外伤害以及心理健康等问题，为大学生提供全面的防护指南；而在“网络安全”部分，则通过认识网络安全威胁、规范网络行为等内容，引导大学生树立正确的网络道德观和法治观。

新时代赋予我们新的使命和责任。高等教育作为培养高素质技能型人才的主要阵地，必须肩负起培养具有高度安全意识、具备较强自我保护能力的合格公民的重任。通过大学生安全教育这门课程的学习，我们期望每一位大学生都能成为国家安全的忠实卫士、社会的和谐使者，为构建平安中国、实现中华民族伟大复兴贡献自己的力量。

让我们携手并进，以党的二十大精神为指引，以总体国家安全观为统领，共同书写大学生安全教育的新篇章，为创建更加安全、和谐、美好的校园环境和社会环境而不懈努力！

目录 CONTENTS

项目1　国家安全

项目2 社会安全

项目3 公共安全

· · · 项目4　校园安全 · · ·

· · · 项目5　人身安全 · · ·

项目 1

国家安全

任务1.1　国家安全概述

安全提示：国家安全是国家的根本利益所在，每个人都应时刻保持警惕，防范和抵制任何危害国家安全的行为。

知识目标：明确国家安全的定义和重要性，理解其在国家发展和社会稳定中的基础性作用。深入学习总体国家安全观的基本内涵、重点领域和重大意义。

能力目标：能够运用所学知识分析判断国家安全领域的相关问题和事件，识别潜在的安全风险和挑战。

素质目标：培养深厚的爱国情怀和民族自豪感，将维护国家安全视为自己的责任和使命。增强责任意识和大局观念，将个人命运与国家命运紧密相连，积极投身到维护国家安全的实践中去。

1.1.1　国家安全的定义及重要性

安全提问

1. 什么是国家安全？

2. 国家安全的重要性体现在哪些方面？

案例

岳某某，男，1972年生，某市国家机关工作人员，案发前担任处长职务。岳某某在某地餐厅就餐时，境外间谍与其攀拉搭识，随后进一步深入交往，以金钱利诱手段一步步将其策反。此后，岳某某与3名境外间谍保持了长达10年的情报关系，通过盗取拷贝等方式获取并提供7 400多份文件资料，其中包括绝密级、机密级、秘密级文件500余份，涉及新型武器装备等核心内容。岳某某通过出卖情报，获取间谍经费约100万元。最终，岳某某被依法判处死刑缓期执行。

· 案例分析 ·

以上案例是一个典型的危害国家安全的案例，深刻揭示了国家安全面临的严峻形势和复杂挑战。通过这个案例，我们更加深刻地认识到国家安全的重要性，以及每个人在维护国家安全中所应承担的责任和义务。

安全课堂

一、国家安全的定义

顾名思义，国家安全是指一个国家在政治、经济、军事和文化等各领域所面临的各种威胁，并采取各种措施维护国家的独立、主权和领土完整，保障国民生命财产安全的综合体系。

（一）国家安全的广义解释

从广义上讲，国家安全不仅仅是防御外敌侵略和内部叛乱，还包括防治各种自然灾害、恐怖袭击、网络攻击，乃至应对全球性危机如疫情大流行、气候变化等。正如2015年7月1日第十二届全国人民代表大会常务委员会第十五次会议通过的《中华人民共和国国家安全法》第2条所指出的，“国家安全是指国家政权、主权、统一和领土完整、人民福祉、经济社会可持续发展和国家其他重大利益相对处于没有危险和不受内外威胁的状态，以及保障持续安全状态的能力”。

根据该定义，国家安全主要具有以下几个特征：

1. 立体性：国家安全涵盖政治、经济、军事、文化、科技、情报、生态等多个领域。

2. 整体性：国家安全是一个系统工程，需要全社会共同参与和维护。

3. 动态性：国家安全形势不断变化，需要及时调整策略和措施，以应对新的挑战和风险。

4. 综合性：国家安全关系到国内外多个方面，既要考虑国内的安全问题，也要关注国际环境的变化。

（二）国家安全的狭义解释

从狭义上讲，国家安全更多地被理解为军事和政治安全，即防御外敌入侵、保持政权稳定。

大学生特别容易忽视广义上的国家安全，尤其是经济、生态与网络安全等非传统安全领域。然而，随着全球化和科学技术的快速发展，这些新兴领域的安全问题越来越凸显，构成了当代国家安全的复杂性和多维性。

二、国家安全的重要性

在全球变局与技术变革背景下，关系到国家的方方面面，甚至影响到每一个公民的日常生活。作为大学生，深入理解国家安全的重要性，不仅有助于提升个人的安全意识和素质，更是为未来成为国家栋梁奠定基础。

（一）维护国家主权与领土完整

国家安全的首要任务是确保国家主权不受侵犯，领土完整不被分割。这是国家存在的基石，也是国家尊严和独立的象征。任何试图损害国家主权和领土完整的行为，都是对国家安全的直接威胁。历史上，有多少国家为了保卫自己的领土完整和主权独立，不惜付出沉重的代价。“丧失了独立自由，也就丧失了国家的尊严、一国的生命和人民的幸福。”可见，国家主权和领土完整是国家安全的首要任务，不容有失。

（二）保障人民安全与福祉

国家安全直接关系到人民的生命财产安全和社会稳定。只有国家安全得到保障，人民才能安居乐业，享受和平与发展的成果。同时，国家安全也是人民安全的重要保障。在全球化进程中，外来文化、经济冲击以及恐怖主义、跨国犯罪等非传统安全威胁层出不穷，国家安全的屏障显得尤为重要。

（三）促进经济社会可持续发展

国家安全是经济社会发展的前提和保障。在和平稳定的国际环境和国内环境下，国家才能集中精力发展经济，提高人民生活水平，推动社会全面进步。相反，如果国家安全受到威胁，经济社会发展就会受到严重干扰和破坏。例如，一旦发生战争，不仅会直接破坏基础设施和经济生产，还会导致社会恐慌和资金外流，阻碍经济发展。因此，国家安全稳步推进，是实现经济社会可持续发展的基本前提。

（四）维护国家政治稳定与政权安全

政治稳定是国家安全的重要组成部分。只有政治稳定，才能确保国家政策的连续性和稳定性，维护国家政权的合法性和权威性。同时，政治稳定也是社会稳定的基石，能够防止社会动荡和分裂势力的滋生。我们应当认识到，国家的政治稳定为个人提供了一个稳定的学习和工作环境，是实现个人梦想的重要支撑。

（五）应对非传统安全威胁

随着全球化的深入发展，非传统安全威胁日益凸显，如恐怖主义、网络安全问题、跨国犯罪、环境恶化等。这些威胁不仅影响国家安全和稳定，还直接威胁到人民的生命财产安全和社会经济发展。因此，加强国家安全能力建设，提高应对非传统安全威胁的能力，成为维护国家安全的重要任务。

（六）提升国际地位与影响力

在全球化的时代背景下，国家安全不仅关乎国内的和平稳定，更具有提升国际地位和影响力的深远意义。一个能够有效维护自身安全的国家，才能在国际舞台上展示出强大的综合国力，赢得其他国家的尊重和信任。国家安全政策的成熟与否，直接影响到国家在国际事务中的影响力和话语权。

1.1.2 总体国家安全观的基本内涵与重大意义①

安全提问

1. 什么是总体国家安全观？
2. 为什么说总体国家安全观至关重要？

① 陈一新，《全面贯彻总体国家安全观》，《求是》，发表于2024年8月。

安全课堂

一、总体国家安全观的基本内涵

2014 年 4 月 15 日，习近平总书记在中央国家安全委员会第一次会议上，创造性提出总体国家安全观。以习近平同志为核心的党中央洞察百年变局之势、把握民族复兴之需、引领时代潮流之变，把马克思主义国家安全理论和当代中国安全实践结合起来，在新时代国家安全实践中不断深化理论创新。2017 年 10 月，党的十九大将坚持总体国家安全观纳入新时代坚持和发展中国特色社会主义的基本方略；2018 年 4 月，习近平总书记在十九届中央国家安全委员会第一次会议上进一步阐述总体国家安全观，提出坚持人民安全、政治安全、国家利益至上的有机统一，坚持维护和塑造国家安全等重大论断；2020 年 10 月，党的十九届五中全会强调要牢牢守住安全发展底线，把统筹发展和安全纳入“十四五”时期我国经济社会发展的指导思想；2020 年 12 月，习近平总书记在主持十九届中央政治局第二十六次集体学习时，对总体国家安全观作出全面、系统、完整的论述，提出“十个坚持”的工作要求；2021 年 11 月，党的十九届六中全会系统总结新时代维护国家安全取得的重大成就和宝贵经验；2022 年 10 月，党的二十大就推进国家安全体系和能力现代化进行专章部署，进一步丰富和发展了总体国家安全观。

总体国家安全观涵盖政治、军事、国土、经济、文化、生物、网络、社会、科技、生态、资源、核、海外利益、太空、极地、深海等领域。贯彻总体国家安全观，要以人民安全为宗旨，以政治安全为根本，以经济安全为基础，以军事、科技、文化、社会安全为保障，以促进国际安全为依托，统筹发展和安全，统筹开放和安全，统筹传统安全和非传统安全，统筹自身安全和共同安全，统筹维护国家安全和塑造国家安全。

习近平在中央政治局第二十六次集体学习时就贯彻总体国家安全观提出十点要求。一是坚持党对国家安全工作的绝对领导，坚持党中央对国家安全工作的集中统一领导，加强统筹协调，把党的领导贯穿到国家安全工作各方面全过程，推动各级党委（党组）把国家安全责任制落到实处。二是坚持中国特色国家安全道路，贯彻总体国家安全观，坚持政治安全、人民安全、国家利益至上有机统一，以人民安全为宗旨，以政治安全为根本，以经济安全为基础，捍卫国家主权和领土完整，防范化解重大安全风险，为实现中华民族伟大复兴提供坚强安全保障。三是坚持以人民安全为宗旨，国家安全一切为了人民、一切依靠人民，充分发挥广大人民群众积极性、主动性、创造性，切实维护广大人民群众安全权益，始终把人民作为国家安全的基础性力量，汇聚起维护国家安全的强大力量。四是坚持统筹发展和安全，坚持发展和安全并重，实现高质量发展和高水平安全的良性互动，既通过发展提升国家安全实力，又深入推进国家安全思路、体制、手段创新，营造有利于经济社会发展的安全环境，在发展中更多考虑安全因素，努力实现发展和安全的动态平衡，全面提高国家安全工作能力和水平。五是坚持把政治安全放在首要位置，维护政权安全和制度安全，更加积极主动做好各方面工作。六是坚持统筹推进各领域安全，统筹应对传统安全和非传统安全，发挥国家安全工作协调机制作用，用好国家安全政策工具箱。七是坚持把防范化解国家安全风险摆在突出位置，提高风险预见、预判能力，力争把可能带来重大风险的隐患发现和处置于萌芽状态。八是坚持推进国际共同安全，高举合作、创新、法治、共赢的旗帜，推动树立共同、综合、合作、可持续的全球安全观，加强国际安全合作，完善全球安全治理体系，共同构建普遍安全的人类命运共同体。九是坚持推进国家安全体系和能力现代化，坚持以改革创新为动力，加强法治思维，构建系统完备、科学规范、运行有效的国家安全制度体系，提高运用科学技术维护国家安全的能力，不断增强塑造国家安全态势的能力。十是坚持加强国家安全干部队伍建设，加强国家安全战线党的建设，坚持以政治建设为统领，打造坚不可摧的国家安全干部队伍。

二、总体国家安全观的重大意义

总体国家安全观是以“总体”为关键、以“十个坚持”为核心要义的科学理论体系，是随着中国特色国家安全实践深入推进而不断丰富发展的开放理论体系，蕴含着博大精深的思想内涵：阐明国家安全的战略地位，指出国家安全是民族复兴的根基，国家安全工作是党治国理政一项十分重要的工作，强调坚持和发展中国特色社会主义，保证国家安全是头等大事；明确国家安全的道路选择，必须坚定不移走中国特色国家安全道路，确保中华民族伟大复兴进程不被迟滞甚至中断；强调统筹发展和安全是国家安全的必然要求，把维护国家安全贯穿党和国家工作各方面全过程，以新安全格局保障新发展格局，以高水平安全保障高质量发展；坚持以人民安全为宗旨，坚持国家安全一切为了人民、一切依靠人民，为群众安居乐业提供坚强保障，汇聚起维护国家安全的强大力量；突出国家安全的中心任务，强调坚持底线思维和极限思维，做到居安思危、未雨绸缪，防范化解国家安全风险，准备经受风高浪急甚至惊涛骇浪的重大考验；提出国家安全的生命线是政治安全，指出政治安全是最高的国家安全，是国家安全的根本，必须坚持把政治安全放在首要位置，坚定维护国家政权安全、制度安全、意识形态安全；强调统筹推进各领域安全，统筹应对传统安全和非传统安全，实现国家安全各领域战略布局一体融合、战略资源一体整合、战略力量一体运用；提出推进国家安全体系和能力现代化，推动新质生产力同新质战斗力高效融合、双向拉动，打造新质生产力和新质战斗力增长极；重视科技赋能，强化科技自立自强作为国家安全和发展的战略支撑作用，大力推动自主创新，强化国家战略科技力量建设，依靠科技创新保障国家安全，提高运用科学技术维护国家安全的能力；强调健全完善国家安全法治体系，综合利用立法、执法、司法等手段开展斗争，不断提高运用法治思维和法治方式维护国家安全的能力；突出实战实用鲜明导向，推动各方面建设有机衔接、联动集成；统筹维护和塑造国家安全，在变局中把握规律、在乱局中趋利避害、在斗争中争取主动，牢牢掌握维护国家安全的战略主动权；指出国防和军队建设是国家安全的坚强后盾，必须建设巩固国防和强大军队，为实现中华民族伟大复兴提供战略支撑；彰显国家安全的大国担当，坚持推进国际共同安全，推动树立共同、综合、合作、可持续的全球安全观，共同构建普遍安全的人类命运共同体；坚持敢于斗争、善于斗争，全力战胜前进道路上各种困难和挑战，依靠顽强斗争打开事业发展新天地；强调国家安全的根本保证是坚持党对国家安全工作的绝对领导，强调实施更为有力的统领和协调，把党的领导贯穿到国家安全工作各方面全过程。

总体国家安全观深刻回答了新时代国家安全的重大理论和实践问题，标志着党对国家安全基本规律的认识达到了新高度，为发展马克思主义国家安全理论作出重大原创性贡献，为维护和塑造新时代国家安全提供了行动纲领，为完善全球安全治理贡献了中国方案。在当代中国，坚持和发展总体国家安全观，就是真正坚持和发展马克思主义国家安全理论，就是真正坚持和拓展中国特色国家安全道路。

任务1.2　国家安全法律体系

安全提示：在学习和生活中，要严格遵守国家安全法律法规，不参与任何危害国家安全的活动，不泄露国家秘密，不传播损害国家形象的言论。

知识目标：了解国家安全法律体系的基本框架和主要内容，掌握《中华人民共和国国家安全法》及相关法律法规的核心条款和基本原则。

能力目标：能够运用国家安全法律知识分析和判断社会现象，识别潜在的安全风险。具备在复杂环境中保护国家秘密和敏感信息的能力，防止信息泄露。

素质目标：树立牢固的国家安全意识，认识到维护国家安全是每个公民的责任和使命。

1.2.1　国家安全相关法律法规概述

安全提问

1. 你知道哪些行为可能构成危害国家安全的犯罪吗？
2. 你能列举出几部与国家安全相关的法律法规吗？它们的主要内容是什么？

案例

张华是一名大学计算机专业的学生，对网络技术充满学习热情，经常在网络上探索各种新技术和工具。在一次偶然的机会下，他加入了一个看似是技术交流但实际上涉及非法网络活动的论坛。论坛中，有人分享了一些能够获取网站后台数据的工具和方法，并暗示这些技能可以用来"测试"网站的安全性。张华出于对网络技术的浓厚兴趣和对自身技术能力的自信，开始尝试使用论坛中分享的工具对一些网站进行"安全测试"。他并未意识到这些行为可能触犯法律，也忽略了网络安全法中关于未授权访问和非法获取计算机信息系统数据的规定。

在几次成功的"测试"后，张华逐渐失去了对法律底线的把控，开始将目标对准一些敏感网站，包括政府机构和重要企业的官方网站。他通过技术手段非法获取了这些网站的部分数据，并在论坛中炫耀自己的"成果"。国家安全机关在网络监控中发现了张华的异常行为，立即展开调查，并依法将其传唤。

·案例分析·

大学生作为未来社会的栋梁，应当具备强烈的法律意识，在享受网络带来便利的同时，要时刻保持警惕，不参与任何非法网络活动，不泄露个人信息和敏感数据。

安全课堂

我国国家安全法律体系是一个多层次、多维度的体系，旨在全方位、多层次地维护国家安全。该体系主要由宪法及宪法相关法、专门性国家安全法律，以及其他涉及国家安全的法律法规共同组成。

一、宪法及宪法相关法

宪法是国家的根本大法，也是国家安全法律体系的基础。宪法中规定了国家的基本制度、基本原则和基本权利，为国家安全提供了最根本的保障。宪法明确规定：国家维护社会秩序，镇压叛国和其他危害国家安全的犯罪活动，制裁危害社会治安、破坏社会主义经济和其他犯罪的活动，惩办和改造犯罪分子。宪法要求所有公民、国家机关、武装力量、各政党和各社会团体、各企业事业组织都必须遵守宪法和法律，对一切违反宪法和法律的行为必须予以追究。

二、专门性国家安全法律

专门性国家安全法律是针对国家安全领域的特定问题制定的法律法规，主要包括以下几类：

（一）《中华人民共和国国家安全法》

2015 年 7 月 1 日，第十二届全国人民代表大会常务委员会第十五次会议通过新的国家安全法。国家主席习近平签署第 29 号主席令予以公布并实施。该法强调国家安全工作应当坚持总体国家安全观，以人民安全为宗旨，以政治安全为根本，以经济安全为基础，以军事、文化、社会安全为保障，以促进国际安全为依托。该法明确了国家安全工作的职责、权限、程序以及相应的法律责任等，是维护国家安全的重要法律保障。

《中华人民共和国国家安全法》

（二）《中华人民共和国反间谍法》

2023 年 4 月 26 日，第十四届全国人民代表大会常务委员会第二次会议表决通过修订后的《中华人民共和国反间谍法》，自 2023 年 7 月 1 日起施行。

《中华人民共和国反间谍法》是为了防范、制止和惩治间谍行为，维护国家安全而制定的法律。其主要内容包括总则、国家安全机关在反间谍工作中的职权、公民和组织的义务与权利等章节。

《中华人民共和国反间谍法》

反间谍工作坚持党中央集中统一领导，坚持公开工作与秘密工作相结合、专门工作与群众路线相结合、积极防御、依法惩治的原则。对于境外机构、组织、个人实施或者指使、资助他人实施的，或者境内机构、组织、个人与境外机构、组织、个人相勾结实施的危害中华人民共和国国家安全的间谍行为，都必须受到法律追究。

（三）《反分裂国家法》

2005 年 3 月 14 日，第十届全国人民代表大会第三次会议通过。该法是针对分裂国家行为的专门法律，其目的在于维护国家领土完整和主权的统一，防止和打击任何分裂国家的行为。

（四）《中华人民共和国国家情报法》

由第十二届全国人民代表大会常务委员会第二十八次会议于 2017 年 6 月 27 日通过，自 2017 年 6 月 28 日起施行。该法主要规定了我国情报工作的相关要求，包括情报的收集、处理、分析和保护等，以保护国家安全和利益。

对于建立健全国家情报工作体制机制、加强情报工作统筹协调、提高情报工作科学化规范化法治化水平具有重要意义。

国家建立健全集中统一、分工协作、科学高效的国家情报体制，由中央国家安全领导机构对国家情报工作实行统一领导。国家情报工作坚持总体国家安全观，为国家重大决策提供情报参考，为防范和化解危害国家安全的风险提供情报支持。

（五）《中华人民共和国反恐怖主义法》

根据《中华人民共和国反恐怖主义法》，恐怖主义活动通常包括任何组织、策划、准备实施或实际实施的，以暴力、破坏、恐吓等手段来制造或煽动恐惧，以达到宗教、意识形态或政治目的的行为。

《中华人民共和国反恐怖主义法》的主要目的是防范和惩治恐怖活动，加强反恐怖主义工作，从而维护国家安全、公共安全和人民生命财产安全。该法详细规定了恐怖主义活动的定义、预防与应对机制以及国际合作等方面的内容。

对于组织、领导、参加恐怖活动组织，或者为恐怖活动提供资金、物资、技术、信息、场地等支持或便利的行为，该法规定将依法追究法律责任，可能包括刑事、行政以及民事责任。

该法涉及一系列的安全与防范措施，如加强情报信息收集与分析、提高防范恐怖袭击的能力、规定关键基础设施的保护措施，以及应对恐怖袭击的紧急预案等。

（六）《中华人民共和国网络安全法》

《中华人民共和国网络安全法》是我国第一部全面规范网络空间安全管理方面问题的基础性法律，对于保障网络安全、维护网络空间主权和国家安全、社会公共利益具有重要意义。

《中华人民共和国网络安全法》

该法规定了网络运行安全的一般规定、关键信息基础设施的运行安全、网络数据的收集和使用安全等。明确了网络信息安全保护义务，包括个人信息保护、网络有害信息治理等。建立了网络安全监测预警和应急处置机制，以应对网络安全事件和威胁。

三、其他涉及国家安全的法律法规

除了上述专门性国家安全法律外，还有一些其他法律也涉及国家安全的内容，如《中华人民共和国刑法》中关于危害国家安全罪的规定等。这些法律共同构成了我国国家安全法律体系的完整框架，为全方位、多层次地维护国家安全提供了有力的法制保障。

1.2.2 《中华人民共和国国家安全法》要点解读

安全提问

1. 你知道哪些行为可能构成危害国家安全罪吗？请列举几个例子。

2.《中华人民共和国国家安全法》对维护国家安全有何重要意义？

安全课堂

一、制定背景

随着全球化的深入发展和国际格局的深刻调整，国家面临的安全威胁日益增多且复杂化。传统安全威胁如军事冲突、领土争端等依然存在，同时非传统安全威胁如恐怖主义、网络安全、经济安全等问题也日益凸显。我国正处于全面深化改革的关键时期，需要有一个稳定、安全的国内环境来保障各项改革措施的顺利推进。因此，制定一部全面、系统的国家安全法，对于维护国家安全和社会稳定具有重要意义。

虽然我国之前已有一些涉及国家安全的法律法规，但缺乏一部能够统筹全局、协调各方的综合性国家安全法。因此，《中华人民共和国国家安全法》（以下简称《国家安全法》）的出台，填补了这一法律空白，为构建完善的国家安全法律体系提供了基础。

二、制定目的

《国家安全法》的制定目的主要包括以下几个方面：

1. 通过法律手段明确国家安全的定义、范围及保障措施，为国家的长治久安提供坚实的法治保障。

2. 确保国家政治制度的稳定性和合法性，防止外部势力干涉和颠覆国家政权。

3. 保障人民的生命财产安全，维护社会稳定和人民安居乐业。

4. 保障改革开放和社会主义现代化建设的顺利进行，为国家的经济、社会、文化发展创造安全稳定的环境，推动国家持续健康发展。

5. 通过法律的力量来保障国家的长期繁荣和民族的伟大复兴。

三、在国家安全法律体系中的核心地位

《国家安全法》是国家安全法律体系中的基础性法律，为其他相关法律法规的

制定和实施提供了指导和依据。

该法构建了集政治安全、国土安全、军事安全、经济安全、文化安全、社会安全、科技安全、网络安全、生态安全、资源安全、核安全等于一体的国家安全体系，具有全面性和系统性。

该法明确了国家安全工作的总体要求和基本原则，为各级政府和有关部门开展国家安全工作提供了明确的方向和指引。

四、基本原则

《国家安全法》作为国家安全领域的基础性法律，确立了多项基本原则，其中尊重与保障人权、法治、统筹协调等原则尤为重要。这些原则在维护国家安全实践中发挥着关键作用。

（一）尊重与保障人权原则

《国家安全法》的立法目的之一是保护人民的根本利益，这本身就体现了对人权的尊重和保障。在复杂多变的国际形势下，维护国家安全的同时也是在保障国民的安全和人民的福祉。《国家安全法》第 7 条鲜明提出“尊重和保障人权”，这不仅是立法原则，也贯穿于国家安全工作的各个环节。它要求在国家安全工作中，既要维护国家安全，又要依法保护公民的权利和自由，防止出现重打击犯罪、轻人权保障的现象。

（二）法治原则

《国家安全法》强调“遵守宪法和法律”，这是法治原则的核心。它要求所有国家机关、武装力量、政党和社会团体以及公民个人都必须遵守宪法和法律的规定。在维护国家安全的各项工作中，任何超越法律权限的行为都将受到法律的制裁。

法治原则还体现在对国家机构及其工作人员行使公权力的约束上。特别是在紧急状态下，更要注重对公权力行使的约束，防止权力滥用和侵犯人权。在应对突发事件或紧急情况时，政府会依法启动应急响应机制，并严格按照法定程序进行决策和行动，确保公权力的行使既有效又合法。

（三）统筹协调原则

1. 统筹安全与发展

安全是发展的前提，发展是安全的基础。《国家安全法》要求统筹安全和发展两件大事，通过发展不断提升国家安全能力，同时通过提高维护国家安全能力为发展提供稳定的环境，确保发展与安全的相互促进和良性互动。

2. 统筹各领域安全

《国家安全法》要求统筹应对内部安全和外部安全、国土安全和国民安全、传统安全和非传统安全等各个领域的安全问题。在应对恐怖主义、网络安全、生态安全等非传统安全威胁时，政府会协调各方力量和资源，形成合力进行应对。同时，也注重加强与国际社会的合作与交流，共同应对全球性安全挑战。

综上所述，《国家安全法》确立的尊重与保障人权、法治、统筹协调等基本原则在维护国家安全实践中得到了充分体现。这些原则不仅为国家安全工作提供了法律指导和保障，也促进了国家安全法治化水平的提升和人权事业的发展。

任务1.3　政治安全

安全提示：政治安全是国家安全的根本，关系到国家的政权稳定、制度安全和意识形态安全。作为新时代的大学生，我们要时刻保持高度的政治警觉性，防范和抵制任何危害国家政治安全的行为。

知识目标：掌握政治安全的基本定义、主要内容和重要性，理解其在国家安全体系中的核心地位。熟悉当前国内外政治安全形势，了解政治安全面临的主要威胁和挑战。

能力目标：能够识别和判断可能危害国家政治安全的行为和信息，提高政治敏锐性。

素质目标：时刻保持对政治安全的警觉性，防范和抵制任何危害国家政治安全的行为。

1.3.1 政治安全的重要性

安全提问

政治安全为何重要?

案例

陈思远是某高职院校学生会的一名成员，某日，他在校园内发现一些学生在秘密组织集会，讨论的内容涉及对当前国家政策的误解和负面评价。这些言论虽未直接触犯法律，但明显带有政治敏感性，有可能引发不必要的争议和误解，影响校园稳定。

陈思远首先意识到这些讨论可能带来的潜在不良影响，但他没有直接介入或打断集会，而是保持冷静，仔细观察，并记录下集会的大致内容和参与人数。陈思远立即将情况向学生会指导老师和学校保卫部门进行了汇报，并详细说明了集会的情况。学校相关领导与集会的组织者进行了面对面的沟通，引导大家从正面、客观的角度看待问题。同时，学校相关领导建议学生通过正规渠道反映自己的意见和建议，避免采取过激或不当的方式。

学校在校园内开展了一系列关于国家政策和政治安全的宣传活动。通过海报、讲座、微信公众号等多种形式，向同学们普及政治安全知识，提高大家的政治敏感性和责任感。

·案例分析·

作为大学生，我们一旦发现可能引发政治安全问题的苗头，要及时报告并妥善处理。

安全课堂

一、保障国家长治久安

政治安全是国家安全之基，没有政治安全，其他领域的安全就无从谈起。维护国家政治安全，是确保国家长治久安、人民安居乐业的前提和基础。

二、维护国家利益

政治安全直接关系到国家的核心利益和战略利益。只有确保政治安全，才能有效维护国家主权、领土完整、国家统一和民族尊严。

三、促进社会稳定

政治安全是社会稳定的基石。维护政治安全，有助于保持社会政治秩序的稳定，为经济社会发展创造良好的政治环境。

四、提升国际地位

在国际舞台上，政治安全是国家综合实力的重要体现。维护国家政治安全，有助于提升我国的国际地位和影响力，为国家的和平发展创造有利的外部环境。

五、培养合格接班人

对于大学生而言，了解并维护国家政治安全，是成为社会主义合格建设者和可靠接班人的重要内容。通过国家安全教育，大学生能够树立正确的世界观、人生观和价值观，增强国家意识和政治责任感。

1.3.2 政治安全的主要内容

安全提问

政治安全的核心是什么？

安全课堂

国家政治安全是指国家主权、政权、政治制度、政治秩序以及意识形态等方面免受威胁、侵犯、颠覆、破坏的客观状态。对于大学生而言，了解并维护国家政治安全，主要涵盖以下几个方面：

一、政权安全与制度安全

这是政治安全的核心。大学生应深刻理解并坚决维护中国共产党的领导和中国特色社会主义制度，认识到这是国家长治久安的根本保障。

二、意识形态安全

意识形态是国家的精神支柱。大学生需警惕并抵制任何企图颠覆我国主流意识形态的言论和行为，坚守马克思主义在意识形态领域的指导地位，弘扬社会主义核心价值观。

三、国家安全法律法规

了解并遵守《国家安全法》等相关法律法规，明确自己在维护国家政治安全中的法律责任和义务。

四、政治风险识别与应对

增强政治敏锐性和鉴别力，能够识别并应对国内外各种政治风险和挑战，包括但不限于政治渗透、分裂、颠覆活动等。

五、国际政治形势分析

关注国际政治动态，了解我国在国际舞台上的地位和作用，以及面临的外部挑战和机遇，为维护国家政治安全贡献智慧和力量。

1.3.3 政治安全面临的威胁

安全提问

我国现阶段面临的政治威胁有哪些?

安全课堂

一、外部势力的渗透与颠覆

一些西方国家和敌对势力通过文化、教育、宗教、媒体等渠道，试图对我国进行政治渗透，传播西方价值观，削弱我国主流意识形态的影响力。个别组织或个人可能利用我国社会转型期的矛盾和问题，策划和组织颠覆国家政权的活动，危害国家政治安全。

二、分裂势力的破坏活动

一些民族分裂势力试图通过暴力或非暴力手段，破坏民族团结和国家统一，对国家政治安全构成严重威胁。宗教极端主义思想在特定地区和人群中传播，可能引发暴力冲突和社会动荡，影响国家政治稳定。

三、网络政治攻击与谣言传播

随着互联网的普及和发展，网络成为政治斗争的新战场。一些不法分子通过网络平台发布虚假信息、造谣传谣，攻击党和政府，煽动社会不满情绪。在国际政治平台上，一些国家利用信息优势进行信息战和舆论战，试图通过操纵国际舆论来影响我国的政治决策和内外政策。

四、国际政治局势的不确定性

全球范围内的地区冲突和动荡可能对我国的政治安全产生间接影响，如难民潮、恐怖主义蔓延等。国际政治格局中的大国博弈和地缘政治竞争正在加剧国际紧张局势，对我国的政治安全构成潜在威胁。

五、腐败问题与政府治理效能问题

腐败问题是影响国家政治安全的重要因素之一。政治腐败不仅损害党和政府的形象，还可能引发社会不满和动荡。个别地方政府和部门在治理过程中存在能力不足、效率低下等问题，可能导致社会矛盾激化，影响政治稳定。

1.3.4 大学生维护政治安全的途径

安全课堂

在大学生群体中维护政治安全，是确保国家安全与社会稳定的一个重要方面，也是培养新时代社会主义建设者和接班人的必然要求。

一、加强自身建设

首先，大学生应自觉增强“四个意识”（政治意识、大局意识、核心意识、看齐意识），坚定“四个自信”（道路自信、理论自信、制度自信、文化自信），做到“两个维护”（坚决维护习近平总书记党中央的核心、全党的核心地位，坚决维护党中央权威和集中统一领导）。学习党的理论知识，深刻理解党的领导是中国特色社会主义最本质的特征，是中国特色社会主义制度的最大优势。

其次，积极参与学校组织的廉洁教育，树立正确的权力观、政绩观、事业观，认识到全面从严治党对于维护政治安全的重要性。

最后，大学生应深入学习马克思主义理论，特别是习近平新时代中国特色社会主义思想，不断筑牢信仰之基、补足精神之钙、把稳思想之舵。参加社会实践、志愿服务等活动，将理想信念转化为实际行动，为实现中华民族的伟大复兴贡献力量。

二、强化意识形态工作

大学生应坚决反对任何形式的意识形态渗透和颠覆。

通过参加课堂学习、专题讲座、读书会等多种活动，深入学习党的历史、新中国史、改革开放史、社会主义发展史，深刻理解中国特色社会主义道路、理论、制度、文化的优越性，增强对中国特色社会主义的认同感和归属感。

利用新媒体平台、校园文化活动等载体，广泛传播正能量，讲述中国故事，弘扬中国精神，激发自身的爱国热情和奋斗精神，为实现中华民族的伟大复兴贡献力量。

三、抵御、依法打击敌对势力渗透颠覆破坏活动

大学生应提高警惕，增强防范意识，不参与任何形式的非法集会、游行示威等活动。发现可疑情况及时报告，配合相关部门开展工作，共同维护国家安全和社会稳定。

任务1.4 经济安全

安全提示： 经济安全是国家安全的重要组成部分，也是大学生个人成长和发展的重要保障。在日常生活和学习中，大学生应警惕经济领域的各种风险，确保自身财产安全，避免陷入经济困境。

知识目标： 理解经济安全的概念、内涵及在国家安全体系中的地位。

能力目标： 能够识别并防范经济领域的安全风险，如诈骗、非法集资等。

素质目标： 树立正确的经济价值观和消费观，形成理性消费、勤俭节约的良好习惯。

1.4.1 经济安全的重要性

安全提问

经济安全为什么对国家安全和个人发展如此重要?

安全课堂

经济安全不仅是国家稳定与发展的基石，也直接关系到每个公民的生活质量与未来福祉。

一、保障国家长治久安

经济安全是国家安全的重要组成部分，是国家长治久安的重要保障。只有确保经济安全，才能为国家的政治、军事、文化等其他领域提供坚实的支撑。

二、维护国家利益

经济安全直接关系到国家的核心利益和战略利益。维护经济安全，就是维护国家的经济利益和主权安全，确保国家在国际竞争中处于有利地位。

三、促进社会稳定

经济安全是社会稳定的基础。只有经济稳定发展，才能为人民群众提供稳定的工作和生活环境，减少社会矛盾和冲突的发生。

四、提升国家竞争力

经济安全有助于提升国家的整体竞争力。保护和发展关键产业、推动科技创新和人才培养等措施，可以增强国家的经济实力和综合国力。

五、应对外部挑战

在全球化背景下，国家经济安全面临着来自外部的各种挑战和威胁。维护经济安全，有助于增强国家应对外部挑战的能力和信心，确保国家的长远发展和繁荣。

1.4.2 经济安全的主要内容

安全提问

经济安全包括哪几方面的内容？

安全课堂

经济安全是指国家经济在发展过程中能够抵御各种内外风险和威胁，保持经济稳定、健康、可持续发展的状态。对于大学生而言，了解经济安全的主要内容，是树立总体国家安全观、增强国家安全意识的重要一环。

一、金融安全

金融是现代经济的核心，金融安全直接关系到国家经济的稳定和可持续发展。维护金融安全，需要防范金融风险，保持金融市场稳定运行，防止发生系统性金融风险。

二、资源能源安全

资源能源是国家经济发展的基础。保障资源能源安全，需要合理开发利用资源能源，确保资源能源供应的稳定性和可持续性，同时加强国际合作，共同应对资源能源安全问题。

三、粮食安全

粮食安全是国家安全的重要组成部分。保障粮食安全，需要稳定粮食生产，提高粮食自给率，同时加强粮食储备和应急保障体系建设，确保在紧急情况下能够保障粮食供应。

四、产业与贸易安全

产业与贸易是国家经济的重要支柱。维护产业与贸易安全，需要推动产业结构优化升级，提高产业竞争力，同时加强对外贸易合作，维护公平贸易环境，防止贸易战和贸易摩擦对国家经济造成冲击。

五、经济秩序安全

经济秩序安全是指经济活动的规范和有序。维护经济秩序安全，需要加强市场监管，打击经济违法犯罪行为，维护公平竞争的市场环境，同时加强知识产权保护，促进创新创造。

1.4.3 经济安全面临的威胁

安全提问

现阶段，我国经济安全面临的威胁有什么？

安全课堂

国家经济安全面临的威胁是多方面的，这些威胁不仅影响国家经济的稳定和发展，也直接关系到大学生的未来就业和生活环境。

一、外部经济环境的不确定性

全球经济形势的波动直接影响我国的外贸出口和投资环境。例如，全球经济增速放缓、贸易保护主义抬头等都会导致我国外需减少，影响经济增长。

二、内部经济结构的脆弱性

我国经济发展中存在一定程度的结构失衡问题，如部分行业产能过剩、创新能力不足等，这些问题可能在经济下行时加剧，影响经济安全。金融领域的风险如不良贷款、影子银行等问题若得不到有效化解，可能引发系统性金融风险，威胁经济安全。

三、资源能源安全的挑战

我国部分关键资源能源如石油、天然气等对外依存度较高，国际市场价格波动和供应中断风险较大。同时，我国资源能源利用效率不高，浪费现象严重，加剧了资源能源安全的压力。

四、科技创新与核心技术的受制于人

在部分高科技领域，我国仍面临核心技术受制于人的问题，这限制了我国产业升级和经济发展的潜力。一些国家出于政治和经济考虑，对我国实施技术封锁和限制，进一步加剧了我国在核心技术方面的困境。

五、非传统经济安全威胁

随着互联网的普及和发展，网络经济安全问题日益突出，如网络诈骗、数据

泄露等给国家经济安全带来了新挑战。

气候变化、环境污染等生态环境问题不仅影响人类生存环境，还可能通过影响农业生产、能源供应等方式对国家经济安全造成威胁。

1.4.4 大学生维护经济安全的途径

案例

在“大众创业、万众创新”的时代背景下，大学生李明怀揣着对农业的热爱和对科技创新的追求，决定投身农业创业领域。他观察到传统农业产业链中存在效率低下、信息不对称、农产品附加值不高等问题，于是萌生了通过创业创新来优化农业产业链、促进粮食产业健康发展的想法。

李明成立了“智慧农场”项目，该项目结合了物联网、大数据、人工智能等先进技术，旨在打造一个高效、智能、可持续的现代农业生产模式。具体实践包括：

1.智能种植：在农场内部署智能传感器和无人机，实时监测土壤湿度、养分含量、病虫害情况等关键指标，通过数据分析为作物提供精准灌溉、施肥和病虫害防治服务。这不仅提高了农作物的产量和品质，还减少了农药和化肥的使用量，降低了环境污染。

2.农产品追溯：建立农产品追溯系统，从种植到收获、加工、包装、运输等各个环节进行全程记录和数据追踪。消费者只需扫描产品上的二维码，即可了解到农产品的产地、生长环境、质量检测报告等详细信息，增强了消费者对农产品的信任度和购买意愿。

3.品牌建设与营销创新：李明注重品牌建设和营销策略的创新。他根据市场需求和消费者偏好，设计了一系列具有特色的农产品品牌，并通过社交媒体、电商平台等多元化渠道进行宣传推广。同时，他还与高校、科研机构合作，开展农产品深加工和附加值提升研究，开发出了一系列高附加值的农产品深加工产品，如即食食品、健康零食等，进一步拓展了农产品市场。

4.农业产业链优化：李明意识到优化农业产业链对于提高整个行业竞争力

的重要性。他积极与上游供应商、下游销售渠道以及金融机构建立合作关系，形成了紧密的产业链联盟。通过整合资源和信息共享，降低了生产成本和流通成本，提高了整个产业链的效率和盈利能力。

经过几年的努力，“智慧农场”项目取得了显著成效。农场的生产效率和产品质量得到了大幅提升，农产品销售渠道得到了有效拓展，品牌知名度和美誉度不断提高。更重要的是，该项目为当地农业注入了新的活力，促进了粮食产业的健康发展，为经济安全提供了有力支撑。李明的故事也激励了更多的大学生关注农业、投身农业创业创新事业。

安全课堂

一、增强经济安全意识

大学生可以通过参加学校组织的安全教育课程、讲座、研讨会等活动，或者利用网络资源主动学习与经济安全相关的法律法规、政策文件和基础知识，了解国家经济安全的重要性和面临的挑战；也可以通过阅读新闻、观看经济类节目、订阅专业期刊等方式关注国内外经济形势和政策变化，了解经济安全领域的最新动态和热点问题。

二、学习经济知识

大学生应积极获取经济学知识，深入了解国家经济发展的现状和趋势，掌握经济运行的基本规律。这包括学习宏观经济学、微观经济学、国际经济学等相关课程，以及关注国内外经济新闻和政策动态。通过学习，大学生能更好地理解国家经济安全的内涵和外延，为维护国家经济安全提供智力支持。

三、抵制不良经济行为

大学生应自觉抵制各种不良经济行为，如非法集资、传销、欺诈等，不参与任何可能损害国家经济安全的活动。同时，要警惕网络经济风险，保护个人信息安全，防止网络诈骗等违法行为。在日常生活中，要树立正确的消费观和理财观，避免盲目投资和过度消费。

四、积极参与社会实践

大学生可通过参与社会实践和志愿服务等活动，了解国家经济发展的实际情况，积累实践经验。在实践中，可以关注国家经济安全的相关问题，如产业结构调整、金融市场稳定、国际贸易环境等，提出建设性意见和建议。同时，可以参与农村经济建设、脱贫攻坚等项目，为农村经济发展和农民增收贡献自己的力量。

五、发挥专业优势，提高创新能力

结合所学专业知识，为经济安全领域的研究和实践提供智力支持。如经济学专业的学生可以参与经济安全政策的研究，金融专业的学生可以关注金融市场的稳定和风险防范等。

以创新推动经济安全领域的进步和发展。关注经济领域的新技术、新业态和新模式的发展动态，积极探索创新性的经济安全解决方案。

任务1.5　文化安全

安全提示：在当今全球化的背景下，要警惕外来文化中的不良元素对我国传统文化的侵蚀和渗透，增强对中华优秀传统文化的理解和认同，提升抵御外来文化冲击的能力。

知识目标：理解文化安全的概念、主要内容及在国家安全体系中的地位，掌握文化安全面临的主要威胁和挑战。

能力目标：能够识别和分析文化安全领域的潜在威胁和挑战。具备参与文化安全宣传和教育活动的能力，提高自我保护意识。

素质目标：树立坚定的文化自信，自觉抵制消极文化的侵蚀。

1.5.1 文化安全的重要性

安全提问

你认为文化安全对国家安全有哪些重要意义?

案例

在维护国家总体安全的宏大布局下，公安部与国家文物局携手开启了“护宝行动”——一项旨在全面打击文物犯罪、保护国家文化遗产的专项行动。自行动启动以来，各级公安机关与文物部门紧密合作，把高科技手段与传统侦查方法相结合，构建起一张覆盖全国的文物安全保护网。2021年，这一行动达到了新的高潮，全国公安机关累计破获文物犯罪案件1 900余起，不仅成功追回包括一级文物在内的珍贵文物数百件，还摧毁了一批长期活跃在地下文物市场的犯罪团伙，沉重打击了文物犯罪分子的嚣张气焰。

在追回的文物中，有历经千年风霜仍熠熠生辉的青铜器，有记载着古代文明辉煌篇章的古籍书画，还有见证民族融合与交流的陶瓷玉器。每一件文物的回归，都是对中华民族悠久历史和灿烂文化的又一次致敬，也是对文化安全防线牢固性的有力证明。

·案例分析·

文物，作为不可再生的文化资源，承载着国家的记忆与民族的根脉，是连接过去与未来的桥梁。因此，保护文物安全，就是守护民族的精神家园，是维护国家文化安全的重要基石。

文化安全不仅关乎一个民族、一个国家的精神独立与尊严，更是国家软实力的重要体现，对于维护社会稳定、促进民族团结、推动国家发展具有深远的意义。

安全课堂

一、维护国家独立和尊严

文化安全是国家独立和尊严的重要体现。一个国家只有拥有自己独立的文化体系和文化主权，才能在国际社会中赢得尊重和地位。

二、促进社会和谐稳定

文化安全是社会和谐稳定的精神支柱，共同的文化价值观和社会认同是维系社会团结和稳定的重要纽带。

三、提升国家文化软实力

文化安全是国家文化软实力的重要组成部分。一个拥有强大文化软实力的国家能够在国际竞争中占据有利地位，提升自身的国际影响力和话语权。

四、传承和发展民族文化

文化安全是传承和发展民族文化的重要保障。只有保护好本国的文化遗产和文化资源，才能确保民族文化的生生不息和繁荣发展。

五、应对外部文化渗透和侵蚀

在全球化背景下，外部文化渗透和侵蚀日益加剧，维护国家文化安全成为抵御外来文化冲击、维护国家文化主权和尊严的重要任务。

1.5.2 文化安全的主要内容

安全课堂

一、文化主权安全

文化主权是一个国家独立自主地选择文化制度、制定文化发展战略、决定文化发展方向和维护文化安全的权力。它涉及国家文化资源的保护、传承和发展，以及对外来文化影响的自主判断和应对。

二、文化价值观安全

文化价值观是国家文化的核心和灵魂，决定了人们的思维方式、行为准则和价值追求。文化价值观安全要求维护社会主义核心价值观的稳定和传承，防止外来文化价值观对国家核心价值观的侵蚀和颠覆。

三、文化资源安全

文化资源包括历史文化遗产、传统文化艺术、民族民间文化等。文化资源安全要求保护国家文化资源的完整性和独特性，防止文化资源被掠夺、破坏或流失。

四、文化市场安全

随着全球化的发展，文化市场日益开放和多元化。文化市场安全要求维护国家文化产业的健康发展，防止外来文化产品和文化服务对国内文化市场产生冲击和垄断。

五、文化创新安全

文化创新是推动文化繁荣发展的重要动力。文化创新安全要求保护国家文化创新的成果和知识产权，鼓励和支持文化创新活动，防止文化创新成果被窃取或滥用。

1.5.3 文化安全面临的威胁

安全课堂

一、外部文化威胁

（一）文化渗透与扩张

以美国为首的西方发达国家凭借其经济优势和高新技术，通过电影、音乐、书籍、互联网等渠道，大肆传播其价值观和生活方式，对我国文化安全构成严重威胁。这种文化渗透不仅影响我国民众的文化认同，还可能削弱国家的文化主权。

（二）文化同质化

在全球化的进程中，不同文化的独特性和多样性受到威胁，文化同质化现象日益严重。这可能导致我国传统文化和民族特色被淡化甚至消失，进而削弱国家的文化软实力和国际影响力。

（三）文化资源掠夺

一些国家或地区通过非法手段掠夺其他国家的文化遗产，破坏文化多样性和人类文明的传承。这种行为不仅损害了文化资源的完整性和独特性，也威胁到国家的文化安全。

二、内部文化威胁

（一）文化安全意识薄弱

部分大学生对文化安全的重要性认识不足，缺乏必要的文化安全意识。这可能导致他们在面对外来文化冲击时缺乏警惕性和应对能力。

（二）文化创新能力不足

当前，我国文化创新能力相对较弱，原创性、新颖性和应用性的文化产品较少。这在一定程度上削弱了我国文化在国际舞台上的竞争力和影响力，增加了文化安全的隐患。

（三）文化市场乱象

文化市场中存在一些不良现象，如低俗文化、盗版文化等。这些现象不仅损害了文化产业的健康发展，也破坏了文化市场的秩序和规则，对文化安全构成威胁。

三、网络化时代的挑战

随着互联网的普及和发展，网络文化安全问题日益突出。网络空间中存在着大量的不良信息和负面言论，这些信息和言论可能误导民众的思想观念和价值取向，进而威胁到国家的文化安全。特别是人工智能技术的快速发展，如ChatGPT等语言处理工具的出现，虽然带来了便利，但也带来了文化安全的新挑战。

1.5.4 大学生维护文化安全的途径

安全课堂

一、增强文化自信

大学生应深入学习和了解本国文化，包括历史、传统、价值观等，以增强对自身文化的认同和自信。通过阅读经典著作、参加文化讲座、观看历史纪录片等，不断提升自己的文化素养。通过参与文化活动、社团组织、志愿服务等，将传统文化融入日常生活，让更多人了解和喜爱传统文化。

二、提高文化安全意识

大学生可通过参加国家安全教育课程、讲座、研讨会等，了解文化安全的概念、主要内容及重要性，认识到文化安全是国家安全的重要组成部分。密切关注国内外文化安全领域的动态和趋势，了解外来文化渗透和本土文化保护的最新情况。

三、抵制文化侵略

对于外来文化中的不良元素和负面信息保持警惕，不盲目崇拜和模仿外来文化。对于涉及文化安全的敏感问题保持清醒头脑，不传播和扩散有害信息。

四、促进文化交流与互鉴

大学生可通过参加国际文化交流活动、留学等方式，增进对不同文化的了解和认识。在交流中积极传播中华优秀文化，增强中华文化在国际上的影响力和竞争力。

任务1.6　其他国家安全重点领域

安全提示：树立总体国家安全观，认识到国家安全是一个综合性的概念，包括政治、经济、文化、生态、网络、社会、科技等多个领域。

知识目标：理解各领域安全的基本概念，了解各领域面临的主要威胁和挑战。

能力目标：能够识别并评估各领域安全潜在的风险和威胁。掌握应对网络安全事件、社会安全事件、生态灾害等突发情况的应急处理技能。

素质目标：树立强烈的安全意识，时刻保持警惕。

1.6.1 其他国家安全重点领域的重要性及主要内容

案例

李某，作为国内某领域的杰出专家，以其卓越的科研成果和深厚的学术造诣享誉国内外。然而，一次看似平常的海外调研之旅，却让他意外陷入了境外间谍情报机关的精心布局之中。对方利用职权之便，以莫须有的罪名对李某进行胁迫，迫使其在不情愿的情况下泄露了部分科研信息。这一事件不仅让李某的个人名誉受损，更给我国的科技安全带来了潜在的威胁。

·案例分析·

所有出国（境）的人员，无论是在留学、出访还是旅游期间，都应当时刻保持高度的警惕性，增强自身的国家安全意识和反间谍意识，警惕境外间谍情报机关的各种陷阱和诱饵，不轻易相信陌生人的言辞和承诺，不随意泄露个人和国家的敏感信息。

安全课堂

一、国土安全的主要内容及重要性

国土安全包括领土以及自然资源、基础设施安全等方面，核心是指领土完整、国家统一，边疆边境、领空、海洋权益等不受侵犯或免于威胁的状态，是国家生存和发展的基本条件。

领土完整与国家统一，不仅是国家生存和发展的基石，也是维护社会稳定、促进经济繁荣的前提条件。没有国土的安全，国家的其他安全领域都将面临严峻挑战。

二、军事安全的主要内容及重要性

军事安全是国家安全的重要组成部分，它涉及军事力量、战略、科技、武器装备、秘密以及军事外交等多个方面，共同构筑起国家安全的坚固防线。它是国家安全的基石，直接关系到国家的生存与发展、主权与领土完整。在应对外部威胁、维护国内稳定、促进国际和平等方面，军事安全发挥着不可替代的保底和威慑作用。加强军事安全建设，可以提升国家的军事能力和水平，为国防稳固、政治稳定、经济发展提供坚实保障，并增强国家在国际事务中的话语权和影响力。

三、社会安全的主要内容及重要性

社会安全是指国家和社会生活各方面不受各种因素威胁、侵害和破坏，能够保持稳定、有序和和谐发展的状态。它涵盖了社会治安、社会舆情、公共卫生等多个方面，是社会和谐稳定的基础。

社会安全对于国家的长治久安和人民的幸福生活具有至关重要的意义。一个安全稳定的社会环境，能够为经济发展提供有力保障，促进文化的繁荣与进步，增强人民的幸福感和安全感。

四、科技安全的主要内容及重要性

科技安全是指国家科学技术体系的安全，以及国家赖以生存和发展的重要领域核心技术、关键系统、信息资源等不受威胁和破坏的状态。它包括科技自身安全和科技支撑保障相关领域安全，涵盖科技人才、设施设备、科技活动、科技成果、成果应用等多个方面。

科技安全对于国家的发展和安全具有至关重要的意义。随着全球化的深入发展，科技竞争日益激烈，核心技术、关键数据等成为国家间竞争的重要焦点。科技安全不仅关系到国家的经济安全、军事安全，还直接影响到国家的政治安全和社会稳定。

五、生态安全的主要内容及重要性

生态安全，是指自然生态系统及其提供的服务功能处于健康、可持续的状态，能够保障人类社会的生存与发展不受生态环境问题的威胁。它涵盖了水资源的清洁与充足、土地资源的合理利用与保护、大气环境的清新与稳定，以及生物物种的多样性与生态平衡等多个方面。生态安全是人类社会可持续发展的基础，是人类与自然和谐共生的前提。

六、资源安全的主要内容及重要性

资源安全包括可再生资源安全、不可再生资源安全等方面，指一个国家或地区可以持续、稳定、及时、足量和经济地获取所需自然资源的状态。资源安全是国家战略命脉、国家产业发展基础、国民经济主要支撑、社会稳定的基础，同时是经济安全和社会安全的依托，是科技安全的有效载体。

七、核安全的主要内容及重要性

核安全是指保护核材料、核设施、核技术及其相关活动免受不可接受的放射性危害和潜在威胁，以确保人员、环境和社会免受放射性危害的状态。核安全是国家安全的重要组成部分，对于维护国际和平与安全、促进可持续发展具有重要意义。

核安全是维护国家安全的基石之一，直接关系到国家的政治稳定、经济繁荣和社会进步。核安全对于保护生态环境、防止放射性污染具有至关重要的作用。一旦发生核事故，将对环境和人类健康造成长期而深远的影响。

八、海外利益安全的主要内容及重要性

海外利益安全指国家依法采取必要措施，保护海外中国公民、组织和机构的安全和正当权益，以及国家的海外战略性利益安全，确保这些利益不受威胁和侵害。随着全球化的深入发展，国家间的相互依存度日益加深，海外利益安全成为维护国家整体安全的重要一环。

海外中国公民是国家的宝贵财富，保护他们的安全是国家义不容辞的责任。海外企业是国家经济的重要组成部分，其安全直接关系到国家经济的稳定发展。海外战略性利益安全涉及国家的核心利益和长远发展，必须得到有力保障。

九、新型领域安全的主要内容及重要性

新型领域安全主要包括太空安全、深海安全、极地安全和生物安全。这些领域的安全是国家安全体系的重要组成部分，随着科技的进步和全球环境的变化，其重要性日益凸显。

（一）太空安全

太空安全是指太空资源、太空环境、太空资产和太空活动等方面的安全，是维护国家安全的重要领域之一。随着太空技术的不断发展和太空活动的日益频繁，太空安全已成为国家安全面临的新挑战。

（二）深海安全

深海安全是指深海资源、深海环境、深海通道等方面的安全。深海蕴藏着丰富的矿产资源和生物资源，同时也是全球海洋交通的重要通道，因此深海安全对于国家经济发展和军事安全具有重要意义。

（三）极地安全

极地安全是指北极和南极地区的安全问题，包括极地资源、极地环境、极地科研等方面的安全。极地地区具有重要的战略地位和科学价值，极地安全对于国家安全和全球治理具有重要意义。

（四）生物安全

生物安全是指生物因素对国家、社会、经济、公众健康以及生态环境构成的危害或潜在威胁，以及对此类危害或威胁所采取的预防、控制等保障措施。生物安全直接关系到人民生命健康和国家长治久安。

1.6.2 其他国家安全重点领域面临的挑战

案例

非洲巨型蜗牛，源自非洲东部，现已跨越地理界限，广泛侵袭亚洲、美洲等地的温暖湿润地带。在我国，这一外来物种已悄然渗透至广东、云南、广西及福建等地，对当地自然生态构成了显著威胁。

被誉为“农业生态杀手”的非洲巨型蜗牛，其危害性不容小觑。它们拥有广泛的食谱和惊人的食量，对农作物及花卉的幼嫩部分如芽苗、枝叶、茎皮、花瓣等展开无情啃食，严重阻碍了植物的正常生长，导致农田果园受损严重，经济损失巨大。

作为典型的入侵物种，非洲巨型蜗牛不仅蚕食本地植被资源，还挤压本土生物生存空间，削弱生态系统的物种多样性，更引发了不容忽视的生物污染问题。尤为值得关注的是，该蜗牛还是多种人畜共患病病原体及寄生虫的携带者与传播者，如结核病、嗜酸性脑膜炎及肝吸虫病等，其排泄物中亦能检出如血吸虫、鞭虫、膜壳绦虫、粪类圆线虫等多种有害寄生虫，对人类健康构成潜在威胁。

·案例分析·

外来物种入侵已成为全球性的生态挑战，非洲巨型蜗牛在我国的扩散便是一例。为有效遏制其对生物多样性及人类健康的进一步侵害，我们需加强公众宣传教育，提升防范意识。

安全课堂

一、国土安全面临的挑战

当前，国土安全面临的威胁与挑战包括多个方面：第一，国土边境、海洋安全面临挑战。部分周边国家围绕领土边界挑起事端，在南海、东海侵犯我国岛礁主权和海洋权益。第二，反分裂斗争形势依然严峻，反分裂斗争具有长期性、复杂性及尖锐性特点。第三，面临严峻的国际舆论环境。主要包括两个方面：一是西方国家频频制造不实的不利于我国维护国土安全的舆论，二是部分周边国家制造舆情激化矛盾。因此，加强国防和外交能力建设，确保领土不受侵犯，成为维护国土安全的重要任务。

二、军事安全面临的挑战

世界新军事革命的挑战。随着科技的飞速发展，特别是信息化、智能化技术的广泛应用，战争形态和作战样式发生根本性变化，要求军事战略、作战思想和军事力量建设必须不断适应新环境。同时，太空、网络、人工智能等新型安全领域的斗争日益激烈，对军事安全构成新的严峻挑战。

军事秘密保护形势严峻。军事秘密是国家安全的核心组成部分，但其保护形势严峻。境外敌对势力通过渗透窃密等手段不断试图获取我国军事机密，而境内人员因各种原因泄密的风险也在增加。此外，网络军事窃密成为新的威胁点，我们必须加强网络安全防护，防止军事秘密被非法获取。

忧患意识需进一步增强。在长期的和平环境中，军队内部可能滋生和平积弊，而国民整体也可能出现战争忧患意识淡薄的现象。忧患意识不强，将严重削弱国家的军事安全能力。

三、社会安全面临的挑战

当前，社会安全面临着多方面的威胁和挑战，主要来自以下方面：

突发公共卫生事件。对人民生命安全和身体健康构成严重威胁，同时对社会经济秩序造成巨大冲击。

社会群体性事件。由于社会矛盾、利益冲突等原因引发的群体性事件，可能对社会稳定造成不良影响。

暴力恐怖活动事件。暴力恐怖势力对国家安全和社会稳定构成长期威胁，需要高度警惕和防范。

新型违法犯罪方式。随着科技的发展和社会环境的变化，新型违法犯罪手段层出不穷，给社会安全带来新的挑战。

除此之外，社会安全还面临境外势力渗透破坏、社会舆情复杂等方面的威胁和挑战。

四、科技安全面临的挑战

当前，科技安全面临着多方面的挑战，主要包括：

核心技术受制于人。在一些关键领域，我国仍面临核心技术受制于人的问题，这严重制约了我国的发展和安全。

原始创新能力不足。与发达国家相比，我国在原始创新能力方面仍存在较大差距，需要加强基础研究和应用基础研究。

科技人才流失。人才是科技发展的核心要素，但我国在一些领域仍面临科技人才流失的问题，影响了科技创新的持续发展。

五、生态安全面临的挑战

当前，生态安全正面临着前所未有的挑战。一方面，生态破坏。随着工业化、城市化进程的加速，人类对自然资源的过度开发与利用，导致生态破坏问题突出，如水资源短缺、水土流失、森林草原退化、生物多样性丧失、气候变化、生物入侵等。另一方面，环境污染问题。地表水和地下水污染、土地土壤污染、空气污染等威胁生产生活和生态系统健康。

六、资源安全面临的挑战

资源供需形势严峻。随着经济的快速发展和人口的不断增长，资源需求不断增加，而部分资源供给有限，导致供需矛盾日益突出。

资源对外依存度高。一些关键资源如石油、天然气等高度依赖进口，增加了国家经济的风险。

资源开发利用水平低。部分资源开发利用效率不高，浪费严重，加剧了资源短缺问题。

七、核安全面临的挑战

（一）核事故风险

无论何种原因造成的核事故，都会使放射性物质大量泄漏，造成核污染。核污染影响范围甚广，不仅威胁人类和动植物的安全，并且对国家经济发展、核电事业甚至对政府公信力的打击都非常大。核事故对人类和环境造成的影响甚至是不可修复的。

（二）核扩散威胁

核技术和核材料的扩散可能引发国际冲突和地区动荡，甚至导致核战争的爆发。战争与和平一直都是人类的核心议题，核武器自问世就伴随着核扩散现象。核扩散将导致国际安全秩序的严重失衡，其破坏力难以想象。

八、海外利益安全面临的挑战

冲突与政局动荡。部分国家和地区政治局势不稳定，冲突频发，给海外中国公民和企业带来安全威胁。

国际恐怖主义。恐怖主义活动在全球范围内蔓延，海外中国公民和企业可能成为其潜在目标。

重大自然灾害。地震、海啸、洪水等自然灾害可能对海外中国公民和企业造成重大损失。

九、新型领域安全面临的挑战

（一）太空安全

太空安全面临的威胁主要包括太空碎片、太空武器化、太空环境恶化、频轨资源短缺等。这些威胁不仅可能损害太空资产，还可能影响地球的通信、导航、气象等系统，对国家安全造成严重影响。

（二）深海安全

深海安全面临的威胁主要包括深海资源掠夺、深海环境破坏、深海通道安全隐患、探索深海面临的未知风险等。这些威胁可能损害国家海洋权益，影响海洋资源的可持续利用。

（三）极地安全

极地安全面临的威胁主要包括极地资源争夺、极地环境破坏、极地科研合作障碍等。这些威胁可能加剧地区紧张局势，影响全球气候和环境。

（四）生物安全

生物安全面临的威胁主要包括生物恐怖主义、外来物种入侵等。这些威胁可能对人民生命健康造成重大损失，对经济社会发展造成严重影响。

1.6.3 大学生维护国家安全的途径

案例

三代人接力，“不让界碑挪动一毫米”

半个多世纪前，红其拉甫边防连成立，哨卡建在海拔4 000多米的帕米尔高原上。拉齐尼·巴依卡的祖父凯力迪别克·迪力达尔主动请缨，为边防连官兵当向导，拉开了一家三代护边70余年的传奇序幕。

一晃便是23年。凯力迪别克·迪力达尔和官兵走遍红其拉甫边防线上每一道河沟、每一个山口、每一块界碑，同吃同住，一起经历千难万险，结下了深厚的情谊。

“不让界碑挪动一毫米。”1972年，凯力迪别克·迪力达尔走不动了，他将拉齐尼·巴依卡的父亲巴依卡·凯力迪别克叫到身边，嘱咐道：“守好边防的任务，以后就交给你了。”

一座毡房就是一座哨所，一个牧民就是一个哨兵。巴依卡·凯力迪别克骑上牦牛，谨记“家训”，与官兵一起爬冰卧雪、戍边巡逻，一干又是30多个春秋。

拉齐尼·巴依卡从小跟着父亲在边境线上长大。巡逻路上，父亲常给他讲爷爷巡边的故事。一颗种子种在年幼的拉齐尼·巴依卡心里——“长大后也要和爷爷、爸爸一样，为国戍边”。

2004年8月，从部队退役的拉齐尼·巴依卡跟着父亲一起巡逻，成为家里的第三代护边员。同年，他光荣入党。这让他对自身有了更高要求——不仅要做一名优秀的护边员，更要做到入党申请书中所写的那样，“尽我所能，为人民、为祖国多做好事”。

巡逻路上，拉齐尼·巴依卡总是走在前面探路，凭着丰富经验，多次帮边防官兵化险为夷。

“巡逻路上，我们每次都要穿越冰河，他总要自己先过去，试试水深不深、流速急不急，确认安全后，才让我们过河。”红其拉甫边防连战士肖瑶说，“有拉齐尼·巴依卡在，我们心里特别踏实。”

山区气候变化无常，危险说来就来。2011年冬天，巡逻队遭到暴风雪袭击，边防战士皮涛突然滑入雪洞。千钧一发之际，拉齐尼·巴依卡迅速爬到雪洞旁，脱下衣服打成结，做成绳子，用了两个小时终于将皮涛拉上来。皮涛得救了，拉齐尼·巴依卡却被冻得不省人事，送到医院抢救了3个多小时，才挽回生命。

十几年来，拉齐尼·巴依卡曾在探路途中被山石砸晕血流不止，也因渡河发生意外，噙泪与自己相伴多年的白牦牛作别。然而，这位脱下军装的“边防战士”，从未停下巡逻的脚步。

——节选自《中国国防报》2022年2月23日第3版《西北边防优秀护边员群像速写：清澈的爱献给祖国》，记者欧世金、司李龙，有改动。

安全课堂

一、构筑全面而深入的国家安全观念

大学生应深刻理解总体国家安全观的丰富内涵，认识到国家安全不仅关乎国家主权、领土完整和人民福祉，还涵盖经济、政治、军事、文化、科技、网络、生态、资源、核、海外利益等多个领域，以及太空、深海、极地、生物等新型领域。我们需以全局性、系统性的视角，审视和应对国家安全面临的挑战，树立“大安全”理念，将国家安全意识融入日常学习和生活中。

二、明晰国家安全的责任与权益

大学生作为国家的未来和希望，应切实履行维护国家安全的法定义务。这包括：严格遵守宪法和法律关于国家安全的各项规定，积极报告危害国家安全的线索，提供所知悉的证据，为国家安全工作提供便利和支持；坚决抵制任何危害国家安全的行为，不向任何危害国家安全的个人或组织提供资助或协助。

三、主动作为，共筑国家安全防线

（一）深化法律知识，强化安全意识

大学生应主动学习并深入理解《国家安全法》等相关法律法规，将国家安全

意识内化于心、外化于行。面对隐蔽战线的挑战，保持清醒头脑，增强识别与防范能力，坚决抵制外来意识形态的渗透。

（二）提升辨别力，抵制错误思潮

在信息爆炸的时代，大学生应成为理性思考的践行者，善于从纷繁复杂的信息中筛选出真实、有益的内容，坚决抵制极端主义、无政府主义等错误思潮的侵蚀。一旦发现不良信息，立即采取行动，向有关部门报告。

（三）积极参与社会实践，增强社会责任感

通过参加国家安全宣传教育活动、志愿服务等社会实践活动，大学生可以深入了解国家安全工作的重要性和紧迫性，增强社会责任感和使命感，为维护国家安全贡献自己的力量。

（四）加强自我修养，树立良好形象

大学生应注重个人品德修养和综合素质的提升，树立正确的世界观、人生观和价值观，以积极向上的态度面对生活和学习中的挑战。同时，在涉外活动中要严格遵守外事纪律和礼仪规范，树立中国大学生的良好形象。

四、身体力行，共同维护校园稳定和国家安全

校园是大学生学习生活的重要场所，也是国家安全的重要防线。大学生应积极参与校园安全稳定工作，增强“四个意识”，坚定“四个自信”，做到“两个维护”。面对突发事件和敏感问题时，要保持冷静和理性，不围观、不起哄，不参与任何有损校园稳定和国家安全的活动。同时，要勇于与破坏校园稳定和国家安全的行为作斗争，为营造安全、稳定、和谐的校园环境和社会氛围作出贡献。

项目2

社会安全

任务2.1　交通安全

安全提示： 发达的交通在带给我们便利的同时，也带来了事故与伤痛。大学生出行时一定要注意提高安全意识，确保安全。

知识目标： 了解乘坐各类交通工具可能发生的事故及其相关知识。

能力目标： 掌握安全驾驶与道路交通标志的识别等各类技能。

素质目标： 提高警惕性，增强安全意识，合理处理各类交通事故，最大限度地减少交通事故及其损害。

2.1.1　规避各类交通事故

安全提问

1. 步行时要注意哪些安全事项？

2. 骑行时要注意哪些安全事项？

案例

2023年10月24日上午，上海市普陀区，陈某某（男，63岁）驾驶沪牌小客车行至大渡河路、怒江路路口时，因闯红灯与一辆出租车及一名骑电动自行车女子发生碰擦，后加速逃逸，行至金沙江路时又闯红灯冲过路口，撞击一辆正在路口正常右转的SUV车辆，并撞倒三辆非机动车及数名行人。事故共造成5人死亡9人受伤。

事发时，事故路口斑马线上，有一男子快速反应躲避肇事车辆，与死神擦肩而过。

·案例分析·

在这次交通事故中，那位年轻人之所以侥幸躲过一劫，与其走路精力集中、反应及时有很大关系。而很多学生在走路特别是过路口时精力不集中，不是低头看手机，就是相互打闹缓慢通过，很容易陷入危险。

安全课堂

一、注意步行的安全

1. 步行外出时，一定要在人行道内行走，没有人行道的地方要靠路边行走。走路时要精力集中，不看手机，不带耳机，不嬉戏打闹。

2. 在通过十字路口时，要听从交通民警的指挥，遵守交通信号的指示，做到“红灯停、绿灯行”，确定安全后方可通行。

3. 横过马路时要走斑马线、过街天桥或地下通道。没有上述通道时，要牢记“一听二看三通过”，即一要注意倾听有无机动车辆驶近的声音；二要看有无机动车辆驶近；三要快速直行横过，不能斜穿道路或者猛跑，也不能在道路上随意慢行。

4. 在设有护栏或隔离设施的道路上，不得横过、钻越、跨越。

5. 不在道路上拦车、追车、扒车或抛物击车。

6. 不在道路上玩耍、坐卧或进行其他妨碍交通的行为，不在道路上使用滑板、旱冰鞋等滑行工具。

7. 不进入高架道路、高速公路及其他禁止行人进入的道路、交通管制区。

8. 夜间走路时尽量选择有路灯、光线条件好的路段，或自备照明工具。雨雪、雾霾等恶劣天气，最好穿颜色鲜艳的衣服，或带有反光条的衣服。行走要缓慢，注意躲避车辆。

二、保证骑行的安全

自行车由于使用便捷、低碳环保，深受大学生喜爱；电动自行车因为充电方便，价格适中，逐渐普及；部分年轻人对摩托车热情不减。确保安全骑行应注意：

1. 骑行前要先检查车辆的安全性，保证没有问题后方可上路。

2. 各行其道。自行车和电动车应在非机动车道内行驶；没有非机动车道时，应靠道路右侧行驶。摩托车需考取驾照，戴安全头盔。

3. 骑行时要精力集中，不戴耳机听音乐；要远离机动车尤其是机动车盲区。

4. 不逆行、扶肩并行、相互追行、转弯抢行；转弯前应减速慢行，伸手示意，不得突然猛拐；不超速，不抢行。

5. 不脱手骑车或攀扶其他车辆，不违反规定载人载物，不酒后骑车，不乱停乱放。

6. 不在道路上骑独轮自行车和 2 人及 2 人以上可骑行的自行车。

2.1.2 保障乘坐交通工具安全

安全提问

1. 乘坐公交车有哪些安全注意事项？
2. 乘坐高铁有哪些安全注意事项？
3. 乘坐飞机有哪些安全注意事项？

案例

2018年10月28日10时，重庆万州一辆22路公交车在万州长江二桥突然失控，与一辆红色轿车相撞后坠入江中，事故造成了15人遇难，其中还包括孩子。

经查证，10月28日，公交公司驾驶员冉某驾驶22路公交车沿公交车路线正常行驶。当车行至南滨公园站时，驾驶员冉某提醒，由于道路维修改道，22路公交车不再行经壹号家居馆站，到壹号家居馆的乘客在此站下车。

车行途中，乘客刘某要求在壹号家居馆下车，因该处已无公交车站，驾驶员冉某未停车。刘某起身走到正在驾驶的冉某右后侧，指责并攻击冉某，导致车辆失控，与对向正常行驶的红色小轿车相撞后，撞断护栏坠入江中。

·案例分析·

公共汽车是居民日常生活中最常用的交通工具。人人都应该遵守公共道德，确保出行安全。在公交车上，要注意携老扶幼，不吸烟、不随地吐痰、不乱扔果皮纸屑等，更不能大声喧哗、在车上嬉戏。车上人多拥挤时，乘客间难免互相碰撞，乘客应互相谅解，不要在车上争吵甚至动手打架。乘坐公交车时，不要和司机闲谈，影响司机正常驾驶。

安全课堂

一、乘坐公交车应注意的安全

1. 排队候车时，等车停稳后按秩序上车。上车后往里边走，在空处站稳，并抓住扶手，头、手、身体不能伸向窗外。不携带易燃、易爆品上车。

2. 要尊老爱幼讲礼貌，看见老弱病残及孕妇要主动让座。乘车时保持安静，不与驾乘人员攀谈，接打电话时尽量放低声音，不影响他人。

3. 不向外抛洒物品、跳车、掏耳朵、咬舌头、相互追逐、打闹。不在车内吃用竹签或其他金属物串联的食物，如羊肉串、糖葫芦等。

4. 学会保护自己，公交车内不与陌生人攀谈、不吃陌生人赠予的食物，不在车上显露贵重物品。遇不法行为时，可大声告知驾驶员和周围乘客，必要时要报警。

5. 爱惜车内的设施，车辆发生事故时，听从驾驶员的指挥，有序离开现场。

6. 下车时要带好自己的随身物品，提前到车门口等候，车停稳后按顺序下车。下车前，仔细观察左右是否有通行的车辆，千万不能急冲猛跑，以免被撞倒。

二、乘坐地铁应注意的安全

1. 在地铁站内乘坐自动扶梯时，严禁逆行或奔跑打闹。不要倚靠在自动扶梯上，以免摔倒。

2. 穿鞋带较长的鞋子或较长的衣服时，应注意与自动扶梯边缘缝隙保持距离，以免鞋带或衣服被搅进扶梯缝隙。要站立在扶梯踏板的黄色安全区域内，不要踩踏黄线。

3. 照顾好随行的老人和小孩，尤其是小朋友好奇心强且手指较细，更应注意。带幼童进出闸机时，应让孩子在大人前面过闸。因为闸机判断行人通过后就会关闭，孩子在大人身后过闸，速度稍慢就容易被闸门夹伤。

4. 扶梯上下位置设有紧急停止按钮，一旦发现乘客摔倒，立即按停扶梯。

5. 上下车时要注意站台与列车之间的空隙，防止踏空或随身携带物品落入。

6. 当关门灯闪烁、蜂鸣器响起时，不要强行上下车，更不能以身体或随身物品阻止车门或站台门关闭。

7. 不要倚靠车门，以免影响车门开启时发生意外。发现紧急情况，第一时间内通过车厢内的紧急通话装置与车站工作人员通话，告知车站工作人员情况，听从车站工作人员指挥，切勿慌张。

8. 手机、钱包等物品掉落轨行区，请联系车站工作人员，严禁擅自进入轨道。

三、乘坐出租车（网约车）应注意的安全

1. 不在十字路口、有禁停标志的路段拦乘。一定要选乘标志标示齐全、有合法经营资格的出租车，不乘坐无合法手续的黑车。

2. 车停稳后从右侧上车，关紧车门，系好安全带。行驶途中，除必要交流外，不和驾驶员闲聊，以免分散其注意力。

3. 到达目的地后，索要出租车发票；车辆停稳后从右侧下车；带好随身物品。先观察无车辆后，方可开门。如遗失物品，可通过出租车发票联系司机。

4. 女生独自一人搭乘出租车时，一定要记清车牌号、司机名字等信息，并将上述信息告诉家人，也可通过手机向家人实时分享位置。深夜打车最好结伴出行。

5. 女生尽量不要坐副驾驶上，夏季出行时要注意穿着打扮。乘坐网约车要提高安全意识和警惕性。

6. 不要与陌生人拼车，不要始终看手机或者睡觉，要随时注意行车路线，发现行车路线不对时应立即提出，出现紧急情况立即报警或者求救。

四、乘坐火车应注意的安全

1. 候车、检票、上下车时，要保管好自己的行李及手机、钱包，以免被盗。不携带易燃易爆等危险品乘车。

2. 站台上等车时，站在安全黄线以内。待车停稳后，先下后上。不在站台上

打闹，不随便跨越铁轨线路。

3. 中途停车时看好行李。停车前，要特别注意自己的行李物品，防止别的旅客下车时拿错行李和小偷趁乱行窃。夜间乘车睡觉时，把贵重物品贴身放好。

4. 不要随意将自己的信息、家长电话等透露给陌生人，不要把自己的手机给别人翻看，以免犯罪分子记住父母联系方式，进行诈骗。

5. 按指定位置就座。不要在车厢连接处逗留，以免被夹伤、挤伤。高铁、动车全程禁烟。

五、乘船应注意的安全

1. 坚决不乘坐缺少安全防范救护措施、超载、无证船只。禁止把易燃、易爆、有毒物品带上船。不得在船上随便吸烟、乱扔烟头。

2. 等船只停靠稳当后再行上下，上下船时要扶好扶手，自觉遵守秩序，不争不抢，以免挤伤、落水。

3. 上船后，首先留意有关提示、规则、疏散通道、安全出口及救生衣等安全物品的摆放位置，将行李物品等存放保管好，以防丢失。

4. 禁止在船上打闹、追逐，以防落水；不要拥挤在船的一侧，以防船体倾斜发生事故。乘小船时，不要摇晃，要下蹲并分散坐好。

5. 不要随便触摸乱动船上设备，以免影响正常航行。

6. 船靠、离码头时，不要将头、手伸出窗外。航行遇险时，要听从船上工作人员指挥，沉着应对。

7. 遇天气恶劣时，如大风、大浪、浓雾等，尽量避免乘船。

六、乘坐飞机应注意的安全

1. 带齐证件，提前 1 ~ 2 小时到达机场，及时办理值机和大件行李托运手续。航空公司规定航班起飞前 30 分钟停止办理登机手续。

2. 提前学习航空公司相关规定，行李中不夹带枪支、弹药、易燃易爆物品、剧毒物品、放射性物品、腐蚀性物品、危险溶液及其他禁运物品。安检时配合工作人员的工作。

3. 登机后应该注意观察机舱内环境。机组人员会通过录像或亲自示范讲解救生衣的使用办法及紧急出口的位置，要注意认真听讲。

4. 在飞机上全程都要扣好安全带，起飞前关闭手机和电子设备，或者设置为飞行模式。

5. 意外发生时，保持冷静，不要慌乱，一定要听从工作人员的指示。

2.1.3 安全驾驶与道路交通标志的识别

安全提问

1. 什么是禁令标志？
2. 什么是警告标志？
3. 什么是指示标志？

案例

2023年10月24日，淄博市周村区姜某，驾驶着一辆深色小型轿车在市区的主干道上行驶。当姜某看到左侧车道有空隙时，他决定超车。在成功超车后，他需要回到右侧车道。然而，由于急于完成超车动作，姜某在向右并线时并未充分观察右侧的后视镜和盲区，也没有打转向灯提前示意。就在这时，一辆电动二轮车正沿着同一方向行驶，骑车人是赵某。姜某的轿车与赵某的电动二轮车发生了侧面碰撞，导致赵某连人带车摔倒在地，头部和身体多处受伤。事故发生后，路人立即拨打了急救电话，并将赵某送往附近的医院进行救治。

事后，交警部门根据现场情况和监控录像认定，姜某在超车过程中观察不当，未能确保安全并线，因此承担事故的主要责任。同时，调查还发现赵某在事故发生时并未在规定的非机动车道内行驶，且未佩戴安全头盔，承担事故的次要责任。

·案例分析·

此案例再次强调了遵守交通规则的重要性，无论是机动车驾驶员还是非机动车骑行者，都应时刻保持警惕，确保自身和他人的安全。

安全课堂

一、安全驾驶注意事项

1. 安全第一。必须遵守交通规则，服从交通民警的指挥和检查。不酒后驾车、不开英雄车、斗气车，不把车辆转交给无证驾驶人员。牢记“十次肇事九次快”，宁慢三分，不抢一秒。

2. 各行其道。行车中做到不压实线，不走非机动车道，不占用专用车道，主动给救护车、消防车让道。

3. 主动让行。人与车、车与车在路口相遇时，要主动礼让。《中华人民共和国道路交通安全法实施条例》关于让行的规定，机动车通过有交通信号灯但没有方向指示信号灯的交叉路口，转弯的机动车让直行的车辆、行人先行，相对方向行驶的右转弯机动车让左转弯车辆先行等。

4. 行人优先原则。机动车行经人行横道，应当减速行驶；遇行人通行，必须停车让行。在无交通信号情况下的行人横过道路时，机动车要主动避让行人。

5. 开车时要集中精力观察路况。通过交叉路口时，行人要做到一看、二慢、三通过，特别是通过繁华街道、村镇和危险地段，要随时做好停车准备。驾车时不准接打手机、吸烟、闲谈。打瞌睡时不准驾驶车辆，应立即找安全位置停下休息。

6. 在规定地点停车，不随便乱停车。停车时既要考虑自己进出方便，也要考虑别人进出方便。车上应留下联系方式。

7. 确保车辆安全。对车辆要做到勤修理、勤保养、勤检查，各部件必须保持技术状况良好。机动车的总成、组合件、附件、制动器和反光镜等设备必须装备齐全，机械状况良好。各种车辆的制动器、转向器和各种灯光中途发生故障时，必须修复后再行驶。

二、道路交通标志的识别

1. 禁令标志

对车辆加以禁止或限制及相应解除的标志，如禁止通行、禁止停车、禁止左转弯、禁止鸣喇叭、限制速度、限制重量等。部分禁令标志示例如下：

《道路交通标志和标线第2部分：道路交通标志》

禁止机动车驶入

禁止通行

禁止驶入

禁止向左转弯

禁止掉头

禁止直行

禁止车辆临时或长时停放

禁止车辆长时停放

禁止鸣喇叭

限制宽度

限制速度

限制高度

会车让行

停车让行

减速让行

2. 警告标志

警告车辆、行人注意危险地点的标志。警告标志的颜色为黄底、黑边、黑图案，形状为三角形或矩形，顶角向上。驾驶人见到警告标志后，应谨慎驾驶、减速慢行。部分警告标志示例如下：

施工

事故易发路段

路面不平

两侧变窄

易滑标志

注意行人标志

注意路面结冰

注意合流

左右绕行

3. 指示标志

指示车辆、行人行进的标志。部分指示标志示例如下：

直行

立交直行和左转弯行驶

环岛行驶

直行和右转合用车道

允许掉头

单行路（直行）

机动车车道

公交专用车道

非机动车车道

4. 指路标志

起传递道路方向、地点、距离信息的作用。部分指路标志示例如下：

行政区划分界

著名地点

互通式立交

地点识别标志

地点识别标志

地点识别标志

国道编号

省道编号

县道编号

5. 旅游区标志

提供旅游项目类别、具代表性的符号及前往各旅游景点的指引。分为指引标志和旅游符号两大类，设置在需要指示旅游景点方向、距离的路段或交叉口附近。部分旅游区标志示例如下：

旅游区方向

旅游区距离

信息服务

徒步

索道

野营地

6. 告示标志

用以解释道路设施、指引路外设施，或告示有关道路交通安全法规及交通管理安全行车的提醒等内容。告示标志的设置有助于道路设施、路外设施的使用和指引以及安全行车。部分告示标志示例如下：

高速公路编号信息示例

交通监控设备信息示例

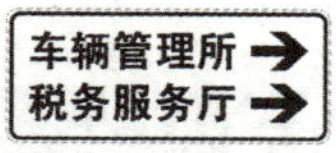

路外设施指引标志示例

7. 辅助标志

在主标志无法完整表达或指示其内容时，为维护行车安全与交通畅通而设置的标志，起辅助说明作用。部分辅助标志示例如下：

时间范围

机动车

货车

向前 200 m

某区域内

学校

2.1.4 交通事故的处理

安全提问

1. 交通事故的处理程序是什么?
2. 交通事故处理的注意事项有哪些?

案例

2017年8月24日晚上11点，一外卖小哥单手骑车侧翻后，遇二次车祸身亡。经警方现场勘察发现，路面的窨井盖凸起导致摩托车侧翻。如是摩托车单方的交通事故，地面刮痕应是由深到浅的。但从现场留下的痕迹来看，后十几米的擦痕反而加深。警方推测及法医尸检报告均表明，死者死于二次交通事故。

现场监控显示，死者驾驶的摩托车倒在中间车道后，后面接连三辆车都绕过了事发现场。但在第三辆车亮起刹车灯，向左避让后，后面紧跟的第四辆车才亮起刹车灯，且灯光有上下抖动的轨迹，表明这辆车轧到了凸出物。此后，至120救护车和警察到达现场，都没有其他车辆疑似跟摩托车发生过碰撞或碾压。

现场监控还显示，事故发生前，快递小哥是一只手开车，另一只手拿手机。如果他是双手开车，虽经井盖的颠簸，但不至于侧翻，也就不会发生二次事故死亡。此外，快递小哥还有无证驾驶、遮挡号牌等违章行为。

· 案例分析 ·

外卖骑手的送餐任务一般都有时间限制，外卖小哥逆向行驶、闯红灯、不按规定车道行驶等违法行为屡屡发生。部分外卖员在行驶中存在看手机、接电话等分心行为，超速、闯红灯等交通违法行为，极易引发交通事故。发生交通事故后，一定要冷静处理，千万不可逃逸或通过私了解决，这样会造成更加严重的后果。

安全课堂

大学生一方面要主动掌握交通安全知识，增强自我防卫意识，避免发生交通事故；另一方面，应了解交通事故发生后的处理流程，掌握一些自救互救知识，从而最大限度地减少损失。

一、交通事故的处理

《中华人民共和国道路交通安全法》第七十条规定：在道路上发生交通事故，车辆驾驶人应当立即停车，保护现场；造成人身伤亡的，车辆驾驶人应当立即抢救受伤人员，并迅速报告执勤的交通警察或者公安机关交通管理部门。因抢救受伤人员变动现场的，应当标明位置。乘车人、过往车辆驾驶人、过往行人应当予以协助。

（一）立即停车，避免次生事故

发生交通事故后，驾驶人应立即停车，不能缓慢向前停车或向后倒车，也不可开向路边再停车，这样的行为将对现场造成破坏。

停车后，应立即采取以下安全保护措施：按规定拉紧手制动，切断电源，开启危险报警闪光灯，夜间还应当同时开启示廓灯和后位灯。在确保安全的情况下下车查看，确认事故发生情况，人员是否受伤、财物是否有损失，并设置警告标志牌，防止次生事故的发生。在常规道路上，警示牌设置的距离为来车方向的50米至100米处；高速公路上，距离应在车后150米以外。

（二）救护与报警

当事故引起伤亡时，首先应立即采取救护措施，第一时间拨打120急救电话。抢救受伤人员的任务必须由专业的医疗人员承担。拨打120电话时，要说清楚受伤人数、受伤时间、事故地点、受伤原因以及现场情况。如果是重大交通事故，现场较乱，人员受伤情况也会比较复杂，非专业人员切勿盲目对受伤人员进行施救。

拨打完120急救电话后，应尽快拨打122道路交通事故报警电话。一般情况下，在事故处理机关的人员到达之前，肇事者不应随意离开。

还应同时向保险公司报案。机动车一般都投有保险，事故发生后，要记得通知保险公司第一时间备案，方便保险公司的勘测和定损，以免理赔出现麻烦。

（三）保护现场，拍照取证

除抢救伤者外，其他现场车辆应保持发生事故后的原样，必须移动时应标明位置，以便交通事故处理机关人员勘查现场，查明事故真实情况。

交通事故发生后，事故处理人员到达前，肇事者应注意收集以下证据：一是受害者的住址、姓名、车辆号码；二是现场情况；三是目击者的住址、姓名及所见情况；四是当事人双方有无过失及其程度，双方的意见等。

在等待交警和保险公司人员时，应尽快用手机对现场进行拍摄。拍摄时最好双方车辆都在同一幅画面中，尽量从不同角度拍摄，尽力将附近的建筑物和车流方向记录下来，以全面反映现场的真实状态。

（四）交警处理

交警要在查清交通事故事实的基础上，对交通事故责任作出认定，并依据有关规定进行裁决处罚，对交通事故的损害赔偿进行调解。双方同意达成协议的，由事故调解人员制作并发给损害赔偿调解书。如双方当事人在法定期限内调解无效，则公安交通管理部门终止调解，送发调解终结书，由当事双方向法院提起民事诉讼。

二、发生交通事故后的注意事项

（一）驾驶人员决不可逃逸

逃逸行为的后果会更加严重。根据法律规定，交通事故逃逸或者故意破坏、伪造现场、毁灭证据，使交通事故责任无法认定的，要负全部责任，包括民事责任、行政责任或者刑事责任。

（二）不要轻易私了解决

不能因为赶时间等原因，匆忙接受或者主动提出私了，报警、及时去医院检查都是非常必要的。否则，日后身体出现不适，再去找事故司机索赔往往很难。

（三）开展必要的自救自助

经过培训的急救员或者掌握现场救护知识的人员如果能及时采取现场救护措施，会为后续专业医务人员的救护赢得更多的时间和机会。因此，建议大学生在校期间学习一些急救知识，学会心肺复苏等方法，争取黄金抢救时间。

需要注意的是，当有伤员滞留于车内时，对于非专业人士，如果不是情况危急，不要试图将伤员搬出车外。

安全有招

1. 观看交通事故案例警示片，增强同学们的交通安全意识，使同学们了解违反交通安全规则的风险及后果。

2. 学习《中华人民共和国道路交通安全法》有关条款，让同学们讲讲身边容易发生的交通危险和预防措施。

3. 通过演练的方式，掌握乘坐交通工具时应对危险的方法。

4. 搜集案例，开展班级讨论，树立交通安全意识，掌握预防与应对交通危险的方法。

任务2.2　消防安全

安全提示：在日常生活里，火灾是公共安全的一大威胁，对生命和财富构成了重大危险。深入理解《中华人民共和国消防法》，掌握必要的消防技能，提升防火灭火的基本能力，增强自身的防范意识和保护能力，切实保护国家、学校和个人的财产及人身安全。

知识目标：了解校园内常见的火灾类型。

能力目标：掌握常见灭火器的使用方法，掌握火灾的逃生方法。

素质目标：提高警惕性，增强火灾防范意识，最大限度地降低火灾发生的可能性以及火灾造成的损失。

2.2.1 燃烧与火灾

安全提问

1. 大学校园里造成火灾的主要原因有哪些？
2. 在校园生活中，我们应该怎样预防火灾的发生？

案例

某职业院校二年级学生李某离开了他的宿舍，未曾意识到随着他的离开，危险正在悄悄逼近。大约在21点，几位同班同学注意到李某的宿舍里冒出了浓浓的烟雾，他们立即拨打了119报告火情，并大声呼喊警告其他人："着火了！着火了！宿舍着火了！"听到呼救声的同学们迅速疏散。到了21点45分，消防员成功扑灭了大火。李某宿舍内的床、书桌、衣物、显示器、音响、书籍等物品全部被火焰吞噬，造成的直接经济损失超过1万元。消防部门在对火灾现场进行调查时发现，李某床边的地面炭化情况严重，是起火的起点。李某承认，起火点正是他的旅行包所在的位置，他早上在床上吸烟后，没有彻底熄灭烟头，随意将其丢入了一个由塑料杯制作的临时烟灰缸内。那个未熄灭的烟头烧穿了塑料杯，进而点燃了旅行包，最终引起了这场火灾。

·案例分析·

尽管此次火灾未造成人员伤亡，但经济上的损失仍然不容忽视，教训十分惨痛。这起发生在李某宿舍的火灾，是由一个看似微不足道的烟头触发的，幸亏同学们及时发现并迅速报警，火势才得以被快速控制。这场火灾本应是可以避免的，是李某平时的不良生活习惯和淡薄的防火意识，为火灾埋下了隐患。因此，我们在日常生活中必须要提升火灾防范意识，防微杜渐，消除火灾隐患。

安全课堂

一、燃烧及火灾的基本常识

（一）火灾的定义及危害

火灾是指在时间和空间上失去控制的燃烧造成的灾害。

火灾能烧掉人类经过辛勤劳动创造的物质财富，使工厂、仓库、城镇、乡村，以及大量的生产、生活资料化为灰烬，在一定程度上影响着社会经济的发展和人们的正常生活。火灾会污染大气，破坏生态环境。火灾不仅使一些人陷于困境，还会夺去许多人的生命和健康，造成难以消除的身心痛苦。

2024 年，江西新余市“1·24”特别重大火灾事故、河南方城县“1·19”较大火灾事故，造成多人伤亡。这些重大火灾事件，给人们留下了深深的伤痛，也为世人敲响了警钟。

（二）火灾的发展阶段

火灾是一个火势由小变大，由弱变强，逐渐发展的过程，该过程可以划分为几个关键阶段：

1. 初始阶段。在可燃物着火后，燃烧范围有限，烟雾流动缓慢，火焰的辐射能力较弱，周边物品和结构开始受热。在此阶段，只需少量的人力和基础的灭火设备就能控制或熄灭火势。

2. 发展阶段。随着燃烧强度的增加，温度进一步升高，周围的可燃物和结构受到热量影响并开始分解，气体对流增强，燃烧速度加快，燃烧范围迅速扩大。在这个阶段，需要投入更多的消防资源才能扑灭火势。

3. 剧烈阶段。由于燃烧范围的快速扩大，大量的热量被释放，温度急剧升高，使周围的可燃物和结构几乎全部卷入燃烧中，火势达到最强烈的程度。此时，燃烧强度最大，热辐射最强，温度和烟气对流达到顶峰，可燃物将被烧尽，不燃材料和结构的机械强度受损，建筑物可能发生变形或倒塌，大火可能突破建筑外壳向周围蔓延。此阶段的火灾最难扑救，不仅需要投入大量的消防力量和设备，还需有足够的力量来保护周边建筑物。

4. 衰减和熄灭阶段。当火场的火势得到控制后，可燃材料已大部分被燃烧完毕，加上灭火剂的作用，火势逐渐减弱直至熄灭。

火灾的初始阶段是最容易控制和扑灭的，因此我们必须尽全力抓住这个有利时机，扑灭初起火灾。在日常生活中，我们个人或少数人的力量借助简单的灭火工具，只能扑救初起的火灾。

（三）火灾的分类

火灾根据可燃物的类型和燃烧的特性，分为 A、B、C、D、E、F 6 类。

A 类火灾：指固体物质火灾。这种物质通常具有有机物质性质，一般在燃烧时能产生灼热的余烬，如木材、煤、棉、毛、麻、纸张等可燃物引起的火灾。

B 类火灾：指液体或可熔化的固体物质火灾，如汽油、煤油、柴油、甲醇、乙醇、沥青、石蜡等可燃物引起的火灾。

C 类火灾：指气体火灾，如煤气、天然气、甲烷、乙烷、丙烷、氢气等可燃物引起的火灾。

D 类火灾：指金属火灾，如钾、钠、镁、铝镁合金等可燃物引起的火灾。

E 类火灾：带电火灾，即物体带电燃烧的火灾。

F 类火灾：烹饪器具内的烹饪物（如动植物油脂）火灾。

二、火灾的特点

（一）室内火灾的特点

无论是涉及民用建筑还是工矿企业的火灾，室内火灾通常都带有以下特征：突发性、多变性和瞬时性。

1. 突发性

在许多情况下，火灾的潜在危险会潜伏一段较长时间，常因小问题未得到解决而演变为重大灾难。火灾的发生往往是不可预测和随机的，其带来的损害通常是出人意料且影响多方面的。为了安全，人们必须在完全没有心理准备的情况下对发生的火灾做出反应。如果反应迟缓或判断错误，可能会导致生命和财产的重大损失。

2. 多变性

火灾的多变性体现在两个方面：一是每次火灾的原因和形成过程各不相同，火灾之间存在巨大差异；二是火灾在发展过程中变化迅速，难以掌握。火灾蔓延受到诸多外部条件的影响，如可燃物的种类和数量、起火地点的布局、通风状况，以及初期火灾的处置措施等。火灾的多变性既与人们的扑救行为有关，也与火场中的可燃物相关，并且还与天气条件紧密相连。因此，这一特点要求人们多学习和了解消防知识，熟悉火灾的发展过程和燃烧特性，并掌握自救逃生技能。一旦发生火灾，能够利用所学知识，保持冷静，根据火灾的变化采取正确的逃生措施。

3. 瞬时性

众所周知，大火的来临是迅猛的，这反映了火灾的瞬时性特点。事实表明，火灾中受害者的行为大多是被动的反应性行为，这是由于火灾的突发性迫使受灾者必须立即做出反应。这种瞬间的行为反应，包括逃生手段和个人的应变能力，与每个人的知识水平密切相关。一次瞬间的错误反应可能会造成无法挽回的大错，带来终身遗憾。

（二）室外火灾的特点

室外火灾与室内火灾的主要差异体现在以下几个方面：

1. 空间限制方面

室外火灾不像室内火灾受到空间的严格限制。在室外，火灾完全暴露于环境中，因此氧气供应充足，空气对流迅速，导致火势快速蔓延，并且燃烧的范围更广。

2. 温度影响方面

室外火灾的发展受气温的影响较大。当气温升高时，可燃物的温度也随之上升，与着火点之间的温度差减小，这使得可燃物更容易被点燃，从而火势发展得更为迅猛。相反，当气温降低时，火源与环境之间的温度差异增大，火势蔓延速度相对减慢。然而，随着火场上空气对流的加快，周围环境温度的迅速上升，燃烧速度也会加快。

3. 风力作用方面

风力对室外火灾的发展具有决定性的影响。风能够为火场带来大量新鲜空气，增加空气中的氧气含量，使得燃烧更加剧烈。风向的变化会改变火势蔓延的方向，强风条件下，飞火可能随风传播，形成多个火源，导致燃烧范围迅速扩大。

4. 扑救难度方面

由于室内火灾常常呈现出不规则燃烧，火势难以控制，需要的用水量较大，扑救难度较高。一旦室内火灾蔓延至室外，可能会形成立体、多层次的燃烧局面，使得扑救工作更加困难，同时火灾的危害和造成的损失也更为严重。

（三）高校火灾的特点

1. 具有突发性和起火原因复杂性的特点

高校通常拥有许多内部单位，物资存储分散，生活和生产活动中火源众多，用电量较大，且存在种类繁多的可燃物，尤其是易燃物。火灾的发生可能是由人为失误或自然因素造成的，任何环节的疏忽都可能引发火灾。在时间上，火灾多发生在节假日、非工作时间和夜间；地点上，则多见于实验室、仓库、图书馆、学生宿舍以及其他人流密集的公共区域。一旦这些区域发生火灾，后果往往具有不可预见性。

2. 火灾可能导致巨大的财产损失

高校中教学、科研和实验设备众多，还有丰富的中外文图书资源。一旦发生火灾，损失将非常惨重。精密和贵重的仪器通常是国家投资购置的，火灾后难以迅速补充，这不仅造成了有形资产的直接损失，影响教学、科研和实验的正常进行，还有无形资产的损失。珍贵的图书资料是学校文化积累的重要标志，可能需要几十年甚至上百年的时间来积累和保存。

3. 人员密集且疏散困难

火灾常导致人员伤亡，对社会产生极大影响。高校人口密度高，宿舍公寓集中，违章用电和用火行为较多，吸烟现象普遍。由用电和用火不当引发的火灾若未能及时控制，火势会迅速蔓延，造成连续燃烧。加之校内人员密度大，影响疏散和逃生，易造成人员伤亡。高校作为社会稳定的风向标和信息集散地，一旦发生火灾，消息会迅速传播至社会各处，特别是当涉及人员伤亡时，会产生极为严重的社会影响。

三、引发校园火灾的常见原因

（一）用火不慎

1. 随意丢弃烟头

在香烟燃烧的过程中，其中心区域的高温可达到700至800摄氏度，而烟蒂的外表温度也能高达200至300摄氏度。对纸张、棉花以及布料等多数易燃物质来说，它们被点燃所需的温度通常都低于上述提及的温度值。实验表明，未完全熄灭的烟头能够使棉絮着火的时间仅需3到7分钟，而使腈纶材料着火所需时间更短，只需1分钟左右。因此，尽管未完全熄灭的烟头体积不大，但它潜在的火灾风险是极其严重的。

案例

某日午后，某职业学院南区的5号学生宿舍楼内，值班人员突然嗅到一股异常的气味。紧接着，一名学生急忙赶来报告，告知他216号房间发生火灾且房门无法打开。值班人员随即携带钥匙赶往现场。抵达后，他发现寝室门后弥漫着浓烟，并确认房内无人。进一步调查原因，值班人员确定是阳台栏杆上晒着的棉被起火。值班人员迅速联系了校园保卫部门、后勤部门以及值班楼长，并立刻采取了灭火措施。

调查显示，起火原因为616号房间的学生陆某不慎将未完全熄灭的烟头从阳台扔下，恰巧落在了下方216号房间学生的棉被上，引发了火情。幸运的是，火势被及时发现并得到了有效控制，避免了进一步的灾难。事后，陆同学对自己的不当行为表示了深刻的反省和后悔，并主动承担了相应的赔偿责任。

2. 违规使用蜡烛

蜡烛作为一种携带火种的物体，稍有疏忽便可能导致其熔化、滴落或倒塌，一旦接触易燃物品，极易引发火灾。正因蜡烛存在这样的潜在火灾风险，许多学校已经明确禁止使用蜡烛。然而，仍有极少数学生对此抱有侥幸心理，导致不幸灾难的发生。

案例

郭同学，一名道路与铁道工程专业的学生，在一个周六的夜晚独自在宿舍。由于电费耗尽导致宿舍断电，他在无法即时充值的情况下点燃了一支蜡烛，并将其放置在地面。晚上大约8点钟，郭同学因临时有事离开了宿舍，却忘记熄灭了蜡烛。随着蜡烛燃烧，它点燃了临近的塑料收纳箱，引发了明火火灾。

在晚上10点进行的例行巡查中，宿管员发现了火灾情况并迅速报告给了消防部门。消防人员及时到达现场并控制了火势，但此时宿舍内部已经严重受损。火灾烧毁了同学们的书籍、衣物和电脑等物品，造成的直接经济损失超过5 000元。幸运的是，此次事件没有造成人员伤亡或重大财产损失。

3. 不当使用蚊香

蚊香具备显著的闷烧特性，其点燃过程中并不产生明显的火焰，却能保持长时间的燃烧。蚊香在持续燃烧时，其中心温度可达到700摄氏度，这一温度远远超过了许多易燃物质的点燃温度。因此，一旦蚊香与这些可燃物接触，很容易引发着火，并进一步蔓延，演变成一场火灾。

案例

2023年9月，在某大学的13号学生公寓楼的一层宿舍发生了一场火灾。幸运的是，火情被迅速发现，使得楼内400余名学生都得以安全撤离，没有人员伤亡。然而，这场火灾还是导致了一些财产的损失。事后调查揭示，火灾的起因是一名留校的学生在宿舍中点燃了蚊香，并将其放置在易燃物品附近，随后离开宿舍。不久后，蚊香点燃了附近的杂物。

4. 树林、草坪违规用火

在树林或草坪吸烟、玩火、野炊、烧荒等，都能引发火灾。因树林中有较多落叶、松子球和枯草等，特别在天气干燥时一遇火种，极易引发火灾。

（二）使用电器不当

电气火灾，除少数是设备的原因，大多数是由人为因素造成的。

1. 违规用电

学校建筑物供电线路、供电设备都是按照实际使用情况设计的，有些同学在宿舍内使用大功率电器，如电磁炉、电饭煲、电水壶等，会使供电线路超负荷运行，造成线路短路起火。

案例

清晨6点左右，在上海某学院的一栋女生宿舍楼的602号房间内，沈某和张某注意到一个用于堆放杂物的床铺下方开始冒出火苗。起初，由于火势并不强烈，她们以为可以简单地用脸盆打水扑灭火势。然而，当她们离开去打水再返回时，却发现宿舍门已经无法打开。紧接着，她们听到室内传来了连续的尖叫和呼救声。由于宿舍共住有6名学生，且内部有许多被子、蚊帐和衣物等易燃物，火势迅速加剧，并在短时间内产生了大量浓烟。其他4名女生被火势逼至阳台，在别无选择的情况下相继从楼上跳下逃生，不幸丧生。

事后调查发现，火灾的原因是一名宿舍成员前一天晚上违规使用了一种名为“热得快”的电器设备，而在停电后未将该设备的插头拔下。第二天早晨恢复供电后，“热得快”设备干烧，最终点燃了周围的可燃物品，引起了这场灾难性的火灾。

2. 不当使用电器的行为

例如，用纸张做灯罩并长时间暴露在高温下；让充电器持续充电或被衣物遮盖导致热量积聚无法散发；长时间不间断地运行电风扇，导致电机过热……这些行为都极易引起火灾。

案例

2022年4月，广州某大学一栋宿舍楼某宿舍突发火情。消防救援人员赶赴现场后发现，浓烟从起火宿舍不断涌出，经过努力扑救，明火被扑灭，所幸暂无人员伤亡。经初步调查，起火原因为学生携带电动车电池回宿舍充电。

3. 不关开关或忘关开关

有的同学在使用电器时没有关闭电源就离开宿舍，或突然停电，没有拔下电源插头就离开，来电后宿舍又没有人，造成电器长时间工作，引发火灾。

4. 乱拉乱接电线

现在大学生的电子产品、电器越来越多，宿舍内的电源插座远远不够用，私自拉线的情况相当普遍，给宿舍的安全带来了很大的隐患。虽然学生们对电的需求很高，但我们必须意识到，不规范的用电行为可能会导致火灾、电击等严重后果。

（三）违反操作规程

在大学实验实训场所进行涉及火源、电力或危险化学品的操作时，学生必须严格遵循所有相关的安全规则、操作流程和规章制度。若违反这些规定的操作流程，火灾事故的风险将大大增加。例如，实验室内储存的易燃易爆化学物品，如果使用或储存不当，便有可能触发火灾；常规实验中，使用明火进行加热、蒸馏等过程，以及过度使用电力设备，都可能产生危险。

在使用带电感的设备时，如果散热口被物品堵塞，设备过热，很容易起火。进行需要用火的实验时，如果没有及时清除周围的可燃物，火星可能飞溅到这些物质上，导致火灾的发生。即便是在普通教室中进行的实验演示，如果涉及使用火、电或者危险化学品，稍有疏忽也可能引发火灾。

因此，无论是在专业的实验实训场所还是普通的教室里，大学生都必须时刻保持警觉，严格遵守安全操作规程，以确保自己和他人的安全。

案例

北京某大学机电工程学院一间实验室的杂物间突发爆炸，巨大的冲击力掀掉了杂物间的房顶并引发大火。据介绍，爆炸是由杂物间内堆放的2 kg易燃的单基粉引起的。单基粉俗称 128 粉，广泛用于烟花爆竹和其他各种民用爆炸产品的生产。发生爆炸的杂物间为单门单间，室内面积为 20平方米左右，里面存放了用来做实验的2 kg单基粉和其他一些杂物。实验人员做完实验后，未按规定将实验用的易燃的单基粉存放在固定的容器里，而是随意放在了实验室内，引发了爆炸。

四、校园火灾的预防

防止火灾发生的关键，是做好火灾的预防。各级政府、各部门制定的消防法规和消防安全管理制度，以及单位制定的防火规定，都是在火灾事故教训的基础上总结出来的有效预防措施，大学生要认真贯彻执行消防法规，自觉遵守安全管理规定，预防火灾的发生。

（一）学生宿舍防火措施

学校宿舍作为校园防火的关键环节，必须将火灾预防视为首要任务，并积极执行各项防火措施以避免火灾的发生。宿舍防火的主要预防措施有：

1. 实施严格的电力管理，安装能在电流过大时自动断电的控制设备，防止学生使用大功率电器。

2. 定期对学生宿舍进行检查，防止乱拉电线和违规使用电器。

3. 严格管理易燃危险品，如燃气设备、酒精、打火机和易燃化妆品等，避免储存或使用不当引发火灾。

4. 加强吸烟管理，严禁在宿舍内吸烟，减少因吸烟引起的火灾风险。

5. 对明火使用进行管理，特别是在节日期间，禁止燃放烟花爆竹、点蜡烛、焚烧垃圾等。

6. 强化学生管理教育，不使用假冒伪劣或不合格电器，并教授学生基础的防火知识。

7. 开展消防培训和组织消防演习。

（二）校园公共场所防火须知

教室、食堂、图书馆、体育馆和报告厅等大学生频繁出入的场所，人员密集且存在多种火灾风险。因此，大学生应遵守以下消防安全注意事项：

1. 严格遵守公共场所的消防规则，维护秩序。
2. 不携带易燃易爆物品进入公共场所或乘坐公共交通。
3. 不在公共场所吸烟，不随意丢弃烟头或使用明火。
4. 爱护消防设施和器材，不损坏、挪用或遮挡消防设施和器材。
5. 不随意摆弄公共开关和电气设备，避免触电或短路引发火灾。

（三）实验室和实训室防火重点

实验室和实训室集中了大量精密仪器和化学危险品，一旦发生火灾，损失和影响巨大。因此，确保安全至关重要：

1. 熟悉实验内容和步骤，规范操作以避免火灾。
2. 遵从教师指导，保持纪律，不做无关活动。
3. 遵守用电规定，正确使用和存放电热器具，用后及时断电。
4. 了解化学品特性，不混合相抵触物质，按规定处理剩余药品。
5. 实验前后检查电源、管线等，确保关闭所有电源和水源。

（四）树林、草坪防火指南

在树林和草坪活动时，采取以下措施预防火灾：

1. 遵守消防法规，不使用明火，不做易引发火灾的游戏。
2. 禁止在树林、草坪中吸烟。
3. 发现火灾隐患时，及时报告相关部门。
4. 秋冬季节和干旱天气时特别留意防火。

安全实战

以小组为单位，识别校园内的消防安全隐患，并通过与相关人员沟通、设置警示标识等方式消除消防安全隐患。

2.2.2 常见灭火器的种类及使用方法

安全提问

1. 常见的灭火器类型有哪些？它们分别适用于什么样的火灾场景？
2. 应该怎样合理地使用各类灭火器？

案例

凌晨4点多钟，某织布厂着火。原本不大的火势，因为灭火器使用不当，小火没灭掉，反而发展成了大火。

据初步了解，该车间当时一台机器发动机过热起火，同时旁边的变电箱也烧了起来，工作人员赶忙用干粉灭火器灭火。由于喷嘴离火源太近，造成火星四射，引燃了周围的纺纱，火势失控，车间25台机器损坏24台，部分纺纱也被烧毁。

消防部门表示，手提式灭火器应离火源2～3米，既能发挥灭火器的最大效能，又可避免火星四射，引燃附近的易燃物。这次的火灾是个教训，单位、企业应加强对常用消防器材使用的培训和学习。

· 案例分析 ·

灭火器是我们在日常生活中常用的灭火手段，正确地使用灭火器可以有效地降低火灾造成的损害。但是不当地储存、使用灭火器不仅达不到灭火的效果，反而会导致更严重的人身伤害。因此，了解和掌握正确的灭火器储存和使用方法至关重要。此外，如果火势过大，超出了我们的控制范围，那么我们应该立即撤离，拨打火警电话，等待专业消防人员的到来，不要试图自己扑灭大火。

安全课堂

火灾发生后，如何有效地进行扑救，关键在于正确地选择灭火方法与使用灭火器。无论哪类火灾，只要扑救及时、方法正确、充分发挥灭火剂的灭火作用，就能迅速地将火扑灭，有效地减少损失。

一、常用的灭火方法

根据物质燃烧原理，燃烧必须同时具备可燃物、助燃物和着火源三个条件，缺一不可。而一切灭火措施都是为了破坏已经产生的燃烧条件，或使燃烧反应中的游离基消失从而使燃烧终止。灭火的基本方法有四种：冷却灭火法、隔离灭火法、窒息灭火法和抑制灭火法。

（一）冷却灭火法

冷却灭火法，就是将灭火剂直接喷洒在燃烧着的物体上，将可燃物的温度降低到燃点以下，从而使燃烧终止；或者将灭火剂喷洒在火源附近的物体上，使其不因火焰热辐射作用而形成新的火点。冷却灭火法是扑救火灾最常用的方法，灭火剂在灭火过程中不参与燃烧过程中的化学反应，属于物理灭火法。

冷却灭火法的工作原理主要有：直接冷却，将灭火剂（通常是水或二氧化碳）直接喷洒在燃烧物体上，增加散热量，从而降低燃烧物的温度至燃点以下；间接冷却，将灭火剂喷洒在火源附近的物体上，防止这些物体因火焰的辐射热而起火，避免形成新的火点；预防性冷却，对于尚未燃烧的可燃物，用水进行冷却以防止它们达到燃点而着火。

在使用冷却灭火法时也需要注意一些安全事项：某些化学物质如钾、钠、铝粉、电石等遇水会放出热量，可能与水反应生成可燃气体，形成爆炸混合物；铁水、钢水及灼热物体等这些高温物体能使水迅速蒸发，引起强烈爆炸；使用水可能会使可燃液体浮于水面，扩大燃烧面积；水具有导电性，不适用于电气火灾，可能造成触电危险。

拓展阅读

应对轻微火情的方法

对比较轻微的火情，我们应掌握简单的应对方法：

1. 初起小火，可正确使用灭火器，使用水，沙土，干土，浸湿的毛巾、床单、棉被等覆盖灭火。

2. 用扫帚、拖把等扑打，也能扑灭小火。

3. 油类、酒精等起火，不可用水去扑救，可用沙土或浸湿的棉被迅速覆盖。

4. 煤气起火，可用湿毛巾盖住火点。

5. 迅速切断气源。

6. 电器起火，不可用水扑救，也不可用潮湿的物品捂盖。水是导体，这样做会发生触电。正确的方法是首先切断电源，然后再灭火。

（二）隔离灭火法

隔离灭火法是一种有效的灭火策略，其核心在于切断燃烧物体与周围可燃材料之间的联系，以此达到熄灭火焰的目的。此法适用于多种火灾类型，包括固体、液体和气体等火灾。

实施隔离灭火法时，可以采取以下具体措施：将火源附近的可燃物、易燃物、易爆物和助燃物移出燃烧区域，并妥善安置在安全地带；关闭相应的阀门，阻断气体或液体向燃烧区流动；从生产装置或设备容器中排除内部的可燃气体或液体；采取措施阻挡流散的易燃液体或正在扩散的可燃气体；拆除与火源相邻的易燃建筑结构，以创造防止火势蔓延的隔离带；使用水流封闭或利用爆炸等手段来扑救油气井喷发的火灾；运用泥土、黄沙等材料筑堤，以阻止流淌的可燃液体流向燃烧点。

（三）窒息灭火法

窒息灭火法是一种通过限制或切断氧气供应以抑制火焰的灭火技术。这种方法特别适用于封闭空间或者特定生产设备中发生的火灾。

实施窒息灭火法时，可以采取以下措施：使用沙子、混凝土、湿麻布袋、湿棉被等不易燃烧的材料覆盖火源或堵塞通风口，从而隔绝氧气；向燃烧区内注入水蒸气或惰性气体（例如二氧化碳、氮气等），以稀释空气中的氧气浓度；利用建筑物原有的门窗或设备部件封闭燃烧区域，阻断新鲜空气流入；在无法应用其他灭火手段且现场条件允许的情况下，还可以考虑使用水或泡沫淹没（灌注）的方法进行扑救。

以上这些方式可以有效降低火势，直至完全熄灭火焰。在使用窒息灭火法时，必须确保操作的安全性，防止人员因缺氧产生危险。

（四）抑制灭火法

抑制灭火法是将特定的化学灭火剂直接喷洒到火焰区域的方法。化学灭火剂会介入并中断燃烧的化学反应链，进而使火势得到控制并最终熄灭。常见的抑制型灭火剂包括干粉和卤代烷类化合物。

在使用这种方法进行灭火时，关键在于将足量的灭火剂直接喷射至火源处，确保灭火剂能够有效地干预和截止燃烧反应。如果灭火剂的使用量不足或喷射位置不准确，则可能无法有效抑制燃烧反应，导致灭火失败。同时，为了预防火势重燃，还需要采取适当的冷却手段以降低温度，确保燃烧物和周围区域的温度降至安全水平。综合使用化学灭火剂和冷却措施可以大幅度提高灭火效果，并防止火灾再次发生。

拓展阅读

食盐是在紧急情况下可以选择的一种有效的灭火剂。食盐的主要成分是氯化钠，在高温条件下，可迅速分解为氢氧化钠，并通过化学作用，吸收燃烧区中的游离基，抑制燃烧。当灭火用的食盐数量足够时，所消耗的游离基多于燃烧分解出来的游离基，使燃烧反应中断。颗粒盐是更为有效的灭火剂，其颗粒大、含水量较多，在高温下吸热膨胀快，能破坏火苗的形态，同时发生吸热反应，稀释燃烧区的氧气浓度，使火很快被熄灭。

二、常见的灭火器种类

灭火器是一种可由人力移动的轻便灭火器具。它能在其内部压力作用下，将所充装的灭火剂喷出，扑灭火情。灭火器种类繁多，其适用范围也有所不同，只有正确选择灭火器的类型，才能有效地扑救不同种类的火灾，达到预期的效果。

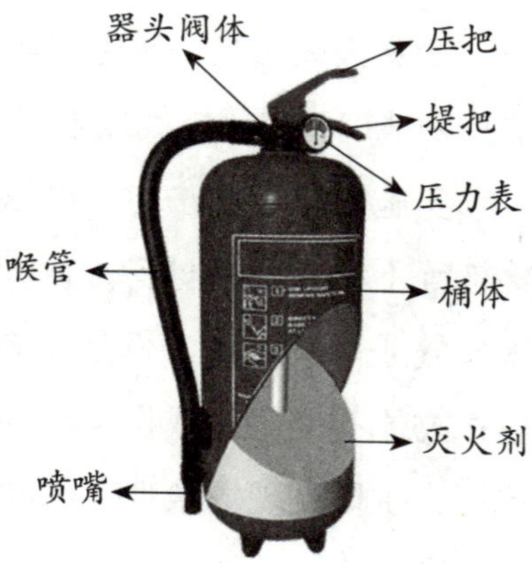

图 2-1　灭火器基本构造

（一）按充装灭火剂的类型划分

1. 水基型灭火器

水基型灭火器内部充入的灭火剂以水为基础，一般由水、氟碳催渗剂、碳氢催渗剂、阻燃剂、稳定剂等多组分配合而成，以氮气（或二氧化碳）为驱动气体，是一种高效的灭火剂。常用的水基型灭火器有清水灭火器、水基型泡沫灭火器和水基型水雾灭火器三种。

2. 二氧化碳灭火器

二氧化碳灭火器内部充填的是在高压下液化的二氧化碳，用于快速扑灭火焰。

3. 干粉灭火器

干粉灭火器中充填的是粉末状的灭火剂。根据不同的化学成分，可以分为多个子类别，如碳酸氢钠、钾盐、氨基和磷酸铵盐等类型的干粉灭火器。

4. 卤代烷灭火器

卤代烷灭火器充填的是卤代烷化合物，这类灭火剂有多种配方。在中国常见的有二氟一氯一溴甲烷和一溴三氟甲烷。

5. 泡沫灭火器

泡沫灭火器内充填的是泡沫型的灭火液体。根据不同类型的泡沫灭火剂，泡沫灭火器可以进一步分类为蛋白型、水成膜型和抗溶性泡沫灭火器等。

（二）按灭火器的重量和移动方式划分

1. 手提式灭火器

手提式灭火器的总重量在 20 kg 以下，容量在 10 kg 左右，是能用手提的灭火器具。

2. 背负式灭火器

背负式灭火器的总重量在 40 kg 以下，容量在 25 kg 以下，是用肩背的灭火器具。

3. 推车式灭火器

推车式灭火器的总重量在 40 kg 以上，容量在 100 kg 以内，装有车轮等行驶机构，由人力推（拉）的灭火器具。

三、灭火器的使用

灭火器是最常见、最简单、最方便的灭火工具，是保护人民生命财产安全的重要武器，一旦发生火灾，它能发挥重要作用。灭火器的使用方法见图 2-2，在使用之前需要检查灭火器压力是否正常，确保指针是在绿色区域内，可以正常使用。第一步，拔下灭火器的保险销；第二步，握住软管对准火焰根部，以距离火焰 2 ~ 4 米为宜；第三步，按下按压把柄，将灭火剂喷向火源。

图 2-2　灭火器的使用方法

灭火器的种类繁多，针对不同的火灾要选用不同的灭火器，才能达到预期的效果。若使用不当，则可能影响灭火效果，甚至酿成危险。

（一）清水灭火器

清水灭火器（见图 2-3）主要用于扑灭 A 类火灾，即木材、纸张和纺织品等普通的固体物质引起的火情，不适于扑救油类、电气、轻金属以及可燃气体火灾。使用时，应将灭火器搬运至火场，并在距离着火点大约 10 米的位置将灭火器垂直放置稳固。接着，移除安全帽并用力击打启动杆顶部的凸起部分，这将导致储气瓶内的密封膜片被刺破，释放二氧化碳气体进入筒体内部，通过压力将水从喷嘴中喷出。在水开始喷射后，应该用一只手紧握灭火器，另一只手支撑底部的圈，将水流对准火势最旺盛的部分进行喷射。随着喷射的进行，操作者应逐步向火源靠近，确保水流持续覆盖燃烧区域直至火势完全熄灭。

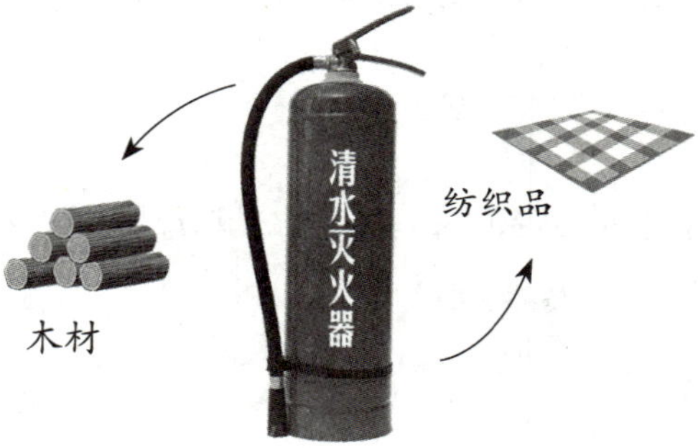

图 2-3　清水灭火器

在使用清水灭火器的过程中，务必保持其与地面的垂直姿态，避免倒置或横放，因为这可能导致加压气体泄漏，妨碍灭火剂的正常喷射。

（二）二氧化碳灭火器

二氧化碳灭火器（见图 2-4）的工作原理是通过增加空气中的二氧化碳浓度，相对减少氧气含量，从而剥夺火焰所需的氧气，达到灭火效果。当环境中的二氧化碳浓度上升到一定程度时，燃烧反应便会停止。

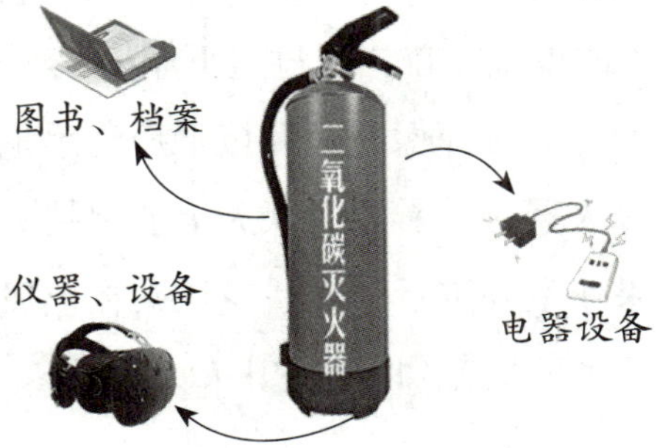

图 2-4　二氧化碳灭火器

这种灭火器特别适用于扑灭初期的易燃液体和气体火灾，也适用于带电设备起火的情况，因此常见于实验室、计算机房、电力配电室等场所。对于涉及精密电子设备、贵重设备或物品的场合，二氧化碳灭火器尤其受到青睐，因为它可以在不留残留物的情况下安全地灭火。

在操作二氧化碳灭火器时，首先应移除保险销，然后按下手柄（或旋转阀门），将喷嘴直接对准火源的基部进行灭火。值得注意的是，二氧化碳从液态转换为气态会吸收大量热量，导致喷出的物质温度极低，因此使用时建议佩戴手套，避免皮肤直接接触到喷射管和冷冻剂出现冻伤。

尽管二氧化碳本身是无毒的，但它会形成缺氧环境，有可能引起窒息。因此，在使用二氧化碳灭火器时，应尽量避免吸入过量的二氧化碳，并确保操作的环境有足够的通风条件。

需要特别注意的是，如果使用二氧化碳灭火器扑救电压超过 600 伏特的带电设备火灾，应在操作前切断电源。这是为了确保灭火过程中的安全，因为即使二氧化碳不导电，但灭火过程中可能存在其他风险。

（三）干粉灭火器

干粉灭火器（见图 2-5）利用二氧化碳或氮气作为驱动力量，将筒内的干粉喷射出来以扑灭火焰。干粉是由具有灭火功能的主要成分，以及防止潮湿、提高流动性和避免结块的辅助成分混合而成的微细粉末。它是目前使用最广泛的灭火器之一，主要用于应对油类、有机溶剂等易燃油品、可燃气体和电气设备引发的初期火灾。由于使用后会在物体表面留下粉末，因此不适用于精密设备的灭火。此外，对于固体物质的火灾，干粉灭火器可能不会完全有效，因为火势可能会再次燃起。

干粉灭火器的典型操作方式是通过压力手柄释放干粉。在紧急情况下，应将灭火器抬至距离火源适当的位置，首先通过上下颠倒几次使筒内的干粉变得松散，然后瞄准火势最集中的地方，拉掉保险销并按下压力手柄，这样干粉就会喷出并覆盖火焰。在使用干粉灭火器时，需要确保灭火器保持垂直状态，并将粉末流直接射向火焰的基部。如果在室外进行灭火，应该站在上风方向进行喷射，并在喷射范围缩短的同时逐步接近着火点，以此提升灭火效果。

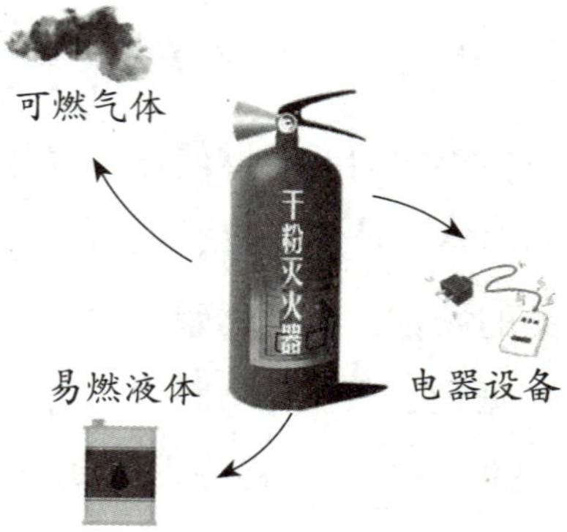

图 2-5　干粉灭火器

（四）卤代烷灭火器

卤代烷灭火器（见图 2-6）因其广泛的应用性、快速的灭火作用、节省用量、易于蒸发、良好的空间覆盖性能、清洁无残留且不具导电性等特点，被认为是一种优质的灭火设备。在操作时，首先需要移除保险销，接着用右手紧握启动杆，左手则抓住喷管前端的喷嘴（如果灭火器没有喷管，则用左手扶持灭火器底部），将喷口对准火源进行喷射。

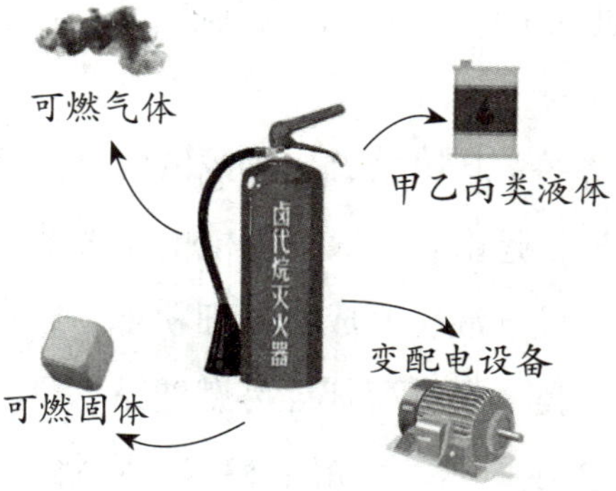

图 2-6　卤代烷灭火器

在使用卤代烷灭火器期间，必须保持其垂直摆放，避免水平持握或颠倒使用。若在室外进行灭火，应确保位于上风方向以进行喷射。由于卤代烷具有一定程度的毒性，因此在密闭空间灭火完成后应迅速离开现场，并注意观察是否有再燃的可能性。

（五）泡沫灭火器

泡沫灭火器（见图 2–7）特别适合于扑灭可燃液体和一般固体的火灾，对于汽油、煤油、柴油等油类物质初始阶段的火情尤其有效。然而，它不适用于扑救水溶性可燃或易燃液体引发的火灾，比如醇类、酯类、醚类、酮类等引发的火灾，同时也不适合用于带电设备的火灾、气体火灾以及金属火灾。

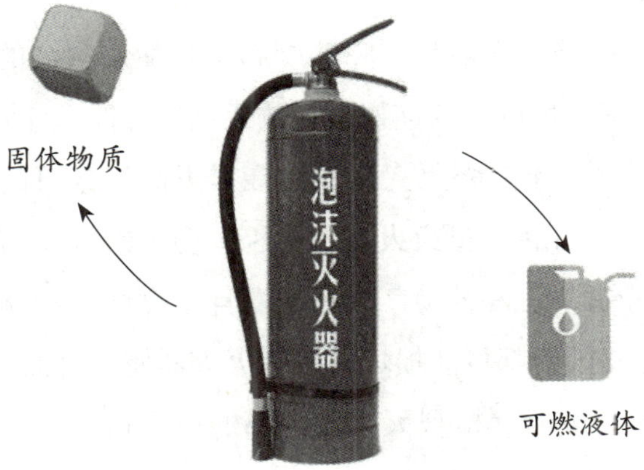

图 2–7　泡沫灭火器

泡沫灭火器分为便携式和推车型两种。在使用便携式泡沫灭火器时，需注意在抵达火灾现场之前避免过度倾斜灭火器，以防止内部的化学物质（碳酸氢钠和硫酸铝）预先混合并喷出。当接近火源大约 10 米距离时，应将灭火器上下颠倒，一手握住提环，另一手托住筒体底部，向火源喷射泡沫。在使用泡沫灭火器时，需要遵循：在喷射泡沫期间，必须保持灭火器倒置的状态，不能将其放平或重新竖立；当扑灭可燃固体物质火灾时，应该将喷嘴对准燃烧最剧烈的区域进行喷射。

四、灭火器相关注意事项

（一）购买时注意辨别真伪

消防产品是专门用于火灾预防、灭火救援、火灾防护、避难逃生的产品，在正规消防器材店、安防店以及网上正规消防器材厂家都可以买到，日常生活中比较常见的消防产品就是灭火器了。

购买灭火器时，要注意以下四点：

1. 注意商标，灭火器瓶体上的商标应端正、不缺边少字，无明显皱褶、气泡等缺陷。

2. 注意筒体，灭火器瓶体外表涂层应色泽均匀，无龟裂、气泡，无腐蚀、泄漏，否则为不合格产品。

3. 注意压力，压力指针达不到绿色区域的为不合格产品。

4. 注意“身份证”信息，正规灭火器上通常会有两张贴纸标志，如果在购买灭火器时发现灭火器没有“身份证”、“身份证”上的14位明码不正确或“身份证”很容易被揭下时，就要注意了，这很有可能是假冒伪劣产品。

（二）灭火器的存放

合理存放并妥善维护灭火器是保障功能和延长使用寿命的关键，同时是确保在紧急情况下能够发挥作用的重要前提。存放灭火器时需要注意以下几点事项：

1. 避免高温和暴晒。不要将灭火器放置在靠近高温或可能受到阳光直射的地方，以免影响其性能。对于泡沫型灭火器，在冬季还应该采取防冻措施以防止冻结。

2. 保持干燥无腐蚀。灭火器应存放在干燥且无腐蚀性气体的环境中。避免火烤、暴晒或碰撞，这些因素都可能损坏或减少灭火器使用寿命。

3. 定期检查压力。应经常检查灭火器内部的压力指示，如果发现指针低于正常区域，应及时送至维修部门进行修理。

4. 正确放置方向。不要将灭火器的盖与底部对着人体，防止在使用时盖子或底部弹出造成人身伤害。

5. 易于取用。确保灭火器箱易于打开且标识清晰，以便在紧急情况下可以迅速取出使用。

6. 避免障碍物。存放灭火器的位置应无障碍物阻挡，以便在必要时可以轻松地接近和操作。

7. 遵循规范。根据不同类型的灭火器（如二氧化碳、干粉、泡沫等），遵循相应的存储规范和要求。

安全实战

以小组为单位，在学校内寻找灭火器，根据所学知识判断灭火器的种类，并相互交流使用方法及使用注意事项。

2.2.3 火灾逃生

安全提问

1. 初始火灾应该怎么扑救？
2. 遇到火灾时，哪些做法是错误的？

案例

2022年11月21日15点45分，河南省安阳市凯信达商贸有限公司的厂房内，工作人员开始进行电焊作业。然而，他们既未清理货架下方的货物，也未在现场放置任何灭火器材。大量焊渣熔珠直接滴落在货架下方的货物上。

15点47分，工作人员将电焊作业设备转移到货架的另一侧继续作业，未对之前的作业点进行安全检查或留守人员看守。

15点52分，电焊作业完成后，工作人员将设备放置于仓库一侧，并相继离开现场，未留下任何看守人员。

16点00分至16点05分之间，货物纸箱开始蓄热阴燃，此时一名男子骑着电动三轮车进入仓库，但未察觉到异常。

16点05分，另一名男子徒步进入仓库，同样未发现任何异常。

16点09分，货物纸箱已蓄热阴燃超过10分钟，电焊作业点开始有微弱的烟气冒出。

16点11分，电焊作业点出现微弱的火光，随后有大量浓烟从火光处涌出。此时，火势开始迅速蔓延。

有人发现火情后，虽然尝试用灭火器进行扑救，但火势已无法控制，迅速从单点燃烧演变成多点燃烧状态。二楼人员开始下楼逃生，但由于一层到二层的部分楼梯间封堵不严，火势迅速蔓延至二楼。

公司负责人在发现火情后，主要精力集中在扑救火灾上，未及时通知楼上人员疏散。厂房一层缺乏火灾自动报警设施和自动喷淋系统，导致火势和浓烟快速扩散，楼上人员未能及时接到预警信息。

由于高温有毒浓烟迅速蔓延，加之建筑结构耐火等级低、防火分隔不到位，导致大量人员被困，最终造成42人遇难、2人受伤的严重后果。

· 案例分析 ·

这起火灾事故是一起典型的因缺乏消防安全知识和应急处理不当而导致的严重悲剧。从事件的描述中，我们可以看到多个环节出现了严重的问题，这些问题最终导致了火势的失控和人员的重大伤亡。

这起事故给我们敲响了警钟，每个人都应该加强消防安全知识的学习和培训，掌握基本的灭火技能和应急处理方法。同时，我们要深刻认识到消防安全的重要性，不能抱有侥幸心理。只有时刻保持警惕，加强预防和应对措施，才能避免类似悲剧的发生。

安全课堂

天有不测风云，人有旦夕祸福。倘若我们事先了解一些火灾逃生的基本自救知识，那么在灾难降临之际，我们便有能力将命运的掌控权从“被动”转为“主动”，为生命争取更多的生存机会，逃离危险之地。

一、常见的消防设施

为了维护安全，建筑物内通常都配备关键的消防设施。在火情发生时，这些设施承担着发出警报、协助人群迅速撤离、控制火势扩散和扑灭火焰等关键职责。我们应该熟悉这些设备的功能和使用方式，并确保它们始终保持在良好的工作状态。

（一）消防报警系统

常见的消防报警系统包括：多种类型的烟雾探测器、手动火警按钮、消火栓泵启动按钮和警报装置等。在高层住宅和人流密集的公共场所，通常会安装这些报警系统。手动火警按钮和烟雾探测器通常被安置在人群聚集的地方或重要区域，一旦检测到火情，便会触发火警信号，提醒人们立即采取灭火和疏散措施，尽量减少火灾造成的损害。

图 2–8　烟雾探测器

图 2–9　手动火警按钮

（二）应急照明和疏散指示

应急照明灯和疏散指示标志一般设置在疏散通道和安全出口附近。当火灾导致电力中断时，人们可以利用应急照明灯光，按照疏散指示所指的方向，移动到安全地点。

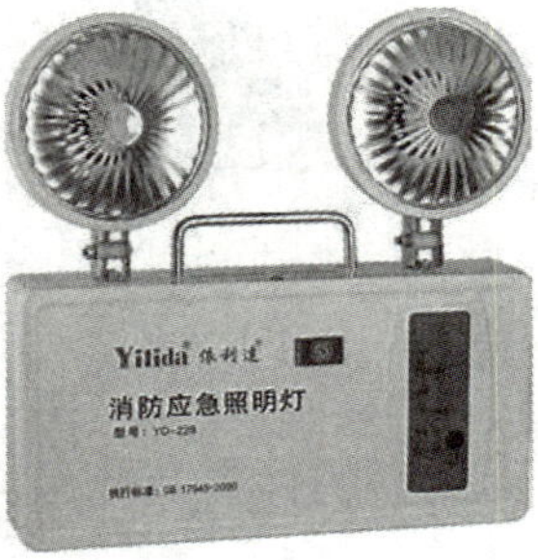

图 2–10　应急照明灯

图 2–11　安全出口和疏散通道

（三）安全出口和疏散通道

安全出口位于人群集中的地方，平时保持关闭，但在紧急情况下必须能迅速开启。疏散通道必须始终保持畅通无阻，这样在火灾发生时，人员可以迅速地通过疏散通道和安全出口撤离到安全地带。进入建筑时，我们应了解疏散通道和安全出口的位置，以便在火情发生时快速离开现场。

（四）防火门

防火门通常安装在大型建筑的走廊中，将建筑分割成多个防火区，并装有闭门器，保持常闭。发生火灾时，防火门有助于隔离浓烟和有毒气体，防止火势蔓延，保障人员安全疏散。

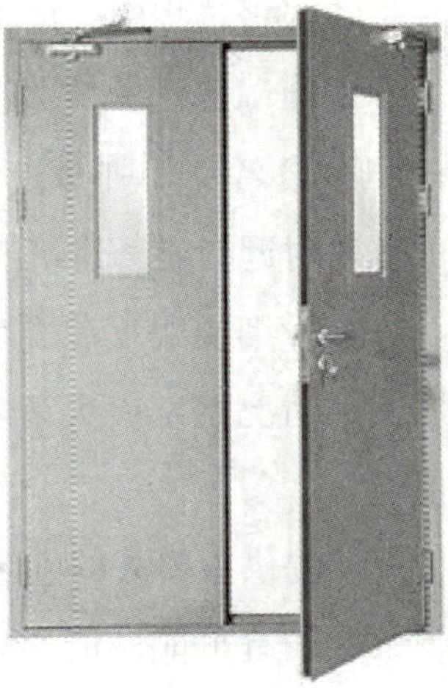

图 2–12　防火门

（五）消火栓

消火栓分为室外消火栓和室内消火栓两种。室外消火栓布置在建筑周围，而室内消火栓则位于建筑内部。消火栓是主要的灭火水源，一旦发生火灾，可以通过水带连接到消火栓取水进行灭火。

图 2–13　室内消火栓

图 2–14　室外消火栓

（六）灭火器

具体内容见本项目任务 2.2 中的 2.2.2 常见灭火器的种类及使用方法。

二、火灾报警

一旦发生火灾，务必立即拨打报警电话。报警的及时性直接关系到火灾损失的严重程度。《中华人民共和国消防法》第四十四条明确规定，任何人在发现火灾时都应立即报警，任何单位和个人都应当无偿为报警提供便利，不得阻碍报警。严禁谎报火警。

面对火情，切勿惊慌失措，报警时要保持冷静，头脑清晰，准确拨打“119”火警电话。

《中华人民共和国消防法》

在报警过程中，请留意以下要点：

1. 准确描述火灾发生的具体地点，包括所在区县、街道或村庄、路名及门牌号，务必使用全称而非简称；若条件允许，可提及附近的显著建筑或标志，以帮助消防人员快速定位。

2. 详细说明火源类型、火势的猛烈程度和火灾波及的范围，以便消防人员根据实际情况制定灭火策略。若有人员被困或有爆炸、中毒等潜在危险，务必如实报告。

3. 提供报警人的姓名和电话号码，以便消防部门在需要时与您联系。

4. 如有可能，请亲自或请他人前往路口迎接消防人员，并告知附近的水源位置等信息，以协助灭火工作。

5. 若火灾现场情况发生变化，如火势扩大或新的火点出现，请及时向消防队报告，使其能够调整灭火策略，取得最佳灭火效果。

6. 在偏远地区没有电话或消防队的地方，可以采用打锣、吹哨、呼喊、敲击锅碗或挥舞鲜艳衣物等方式向周边人群求助，动员大家一起参与灭火行动。

案例

某年9月19日，河北省保定市6名学生放学后在小区内的运动场打网球。其中2人发现27单元楼冒出了滚滚黑烟。他们放下手中的球拍前往查看。当时大火正沿着外墙从一楼向二楼蔓延。6名同学在尝试用水灭火无果后，其中一人拨打了119报警电话。并在确保安全的前提下挨家挨户地敲门，提醒居民撤离。根据学校组织的应急疏散演练，在帮助居民撤离过程中，6名同学告诉居民要捂住口鼻，弯低身子，手扶墙壁，迅速撤离。事后，6名同学受到了居民的表扬和学校的表彰。

这起火灾能够及时扑救，离不开这6名学生的及时报警以及相关方的高效响应。学生们在发现火灾后没有犹豫，立即采取了行动，这显示出他们对火灾危险的认识和对社区安全的责任感；物业在接到报告后迅速确认了火情，并立刻采取措施，包括断电断气和通知消防部门，这对于控制火势蔓延至关重要；消防救援人员的快速到场对于扑灭火灾、防止火势扩大和确保居民安全起到了决定性作用。

三、初始火灾的扑救

（一）组织扑救的原则

一旦发生火灾，采取正确的、有效的灭火方法来控制和扑灭火灾是至关重要的。要注意掌握三个原则：救人第一原则，先控制、后消灭原则，先重点、后一般原则。

1. 在火灾初期，及时的扑救是至关重要的一步。可以利用附近的灭火设备进行初步扑救。

2. 根据火场的实际情况，可以采用隔离、冷却、窒息、抑制等方法进行扑救。

3. 如果有人被火困住，要坚持“救人第一”的原则。利用各种条件，采取各种措施进行人员疏散，尽快救出被困人员。

4. 当消防队到达现场后，起火单位和现场人员应及时向指挥员介绍已了解的火场情况，如燃烧物质、是否有人被困以及火场内是否存在危险物品等。同时，所有在场的扑救人员都应在消防队指挥员的统一领导下，密切配合，共同扑救火灾。

5. 初起火灾被扑灭后，应协助保护好火灾现场，未经消防部门许可，不得自行处理火场，以便相关部门调查火灾原因与损失情况。

（二）几种常见火灾的扑救

1. 若油锅在炒菜过程中着火，可直接使用锅盖覆盖来切断火源的氧气。若锅盖不在手边，可将蔬菜投入锅中以降低温度和火焰。切记不要使用水，因为水会引起油溅并可能使火势蔓延至其他物品。如果火势较大，应使用干粉灭火器进行扑救。

2. 如果家用电器起火，首先要关闭电源以消除电气火灾的危险。然后可使用干粉或二氧化碳灭火器、湿毛毯或湿衣服覆盖火源以窒息火焰。在扑救电视或其他屏幕类电器时，应从侧面接近以避免显像管爆裂造成伤害。

3. 当发生煤气或液化气灶火情时，如果能够安全操作，应立即关闭供气阀门。随后可以用湿毛毯或被褥覆盖火源以窒息火势，或者撒上干粉、苏打粉以灭火。使用干粉灭火器是最佳选择。火扑灭后，要迅速关闭阀门，注意防止烫伤。

4. 对于汽油、煤油、酒精等易燃液体引起的火灾，切不可用水扑救，应采用灭火器、细沙、湿毛毯或被褥等方式覆盖火源，以阻断氧气供应。

5. 如果是衣物、织物或其他小物件着火，应迅速将燃烧物移至室外或卫生间等较安全的地方，并用水源直接浇灭。避免在家中随意扑打，以防火星飞散引发更大范围的火灾。

6. 如果身上衣物着火，应立刻在地上翻滚以压灭火焰，切勿慌乱奔跑。可请求他人用毛毯、被子或灭火器帮助扑救，但应避免使用二氧化碳灭火器，避免造成冻伤。

7. 在易燃易爆的危险场所发生火灾时，必须迅速采取防爆措施，停止对受威胁的压力容器或设备内的物料进行输送和加热，并开启冷却系统进行冷却，如果有手动放空泄压装置，应开启阀门进行泄压。

四、火灾逃生与自救

（一）正确的逃生理念

1. 熟悉环境，牢记出口

当你入住酒店、逛街购物或娱乐时，务必注意疏散通道、楼梯和安全出口的位置，确保在紧急情况下能迅速找到逃生路线。

2. 通道出口，保持畅通

确保通道、楼梯和安全出口始终保持畅通，切勿堆放杂物或上锁，以免阻碍逃生。

3. 保持冷静，迅速撤离

火灾发生时，保持冷静，迅速判断安全地点和危险区域，选择最佳逃生路线，尽快离开现场。

案例

某年6月17日，湖南省娄底市双峰县永丰街道嘉信华庭小区临街门面一物流配送门店发生火灾，造成7人死亡，直接经济损失约993.8万元。事故调查报告显示，火灾原因是未熄灭的烟头引燃包装纸箱。报告同时指出，造成人员伤亡的原因之一为员工应急处置不当。

火灾发生初期，店外人员未第一时间采取有效措施灭火，而是去抢救货物。在起火至浓烟封堵门店的近10分钟时间内，门面二层被困人员没有及时从安全出口疏散逃生，也没有选择从二层东面未设置防盗窗的窗口逃生；7号门面一层厕所内被困人员与通往8号门面的侧门直线距离仅1.5米，未选择通过侧门从8号门面逃生，延误了初期火灾扑救和疏散逃生最佳时机。

令人惋惜的是，火情被发现时火势较小，二楼的员工李某立即通知了4名员工撤离，但4人均以工作繁忙拒绝下楼。该事故中的群众防火、逃生自救意识比较差，发现火灾没有立即采取有效措施逃生。

4. 低姿匍匐，掩住口鼻

火灾中，多数人因吸入有毒气体而死亡。在烟雾弥漫时，低姿或匍匐前进，并用湿毛巾或衣物遮住口鼻，避免吸入有毒气体。

5. 利用通道，善用设施

根据现场情况，选择安全的楼梯通道。如有需要，可利用阳台、窗台等建筑结构逃离。

6. 火场被围，借助器材

如被困，可使用建筑内的高空缓降器、安全绳等设施逃生，或利用周围物品自制绳索。

7. 暂时避难，等待救援

如无法逃离，寻找避难所，如冲凉房或卫生间，并与外界联系等待救援。

8. 信号显著，寻求救助

在阳台或窗口等容易被发现的地方躲避，使用电话报警或通过明显信号吸引救援者注意。

案例

2024年4月23日，福建厦门的一对父女展示了在紧急情况下的冷静应对和正确的逃生技巧，最终成功获救。

当火灾发生时，这对父女迅速采取行动，他们没有选择直接逃生，而是选择了更为安全的方法。父亲指导女儿躲进卧室内的卫生间，这是一个相对安全的避难所，因为卫生间通常有较少的可燃物，且墙体结构较为坚固。为了防止烟雾进入，他们使用湿毛巾堵住门缝，这是一个有效的临时措施，可以减少烟雾和有害气体的侵入。

同时，父亲拨打了119紧急电话，向消防部门求救，并提供了他们的具体位置。这种及时的联系对于消防救援人员迅速定位并实施救援至关重要。消防救援人员接到报警后迅速到达现场，他们根据父亲提供的信息，成功找到了被困的父女两人。在救援过程中，这对父女保持冷静，按照消防救援人员的指示，最终被安全疏散到安全地带。

这个案例强调了在火灾发生时保持冷静的重要性，以及采取正确的逃生措施和及时与救援人员沟通的必要性。正是因为父亲和女儿的这些行动，他们得以在危险的情况下成功获救。

9. 跳楼有术，慎之又慎

如无其他选择，采取跳楼逃生时，尽量采取保护措施，如使用消防气垫或抛下软质物品做缓冲。

10. 逃生预演，临危不乱

熟悉所在建筑的结构和疏散通道，进行应急逃生预演，以便在火灾发生时能迅速、有序地逃生。

案例

某年11月10日，浙江省杭州市某小区居民楼架空层起火，附近居民在物业引导下快速疏散，小区微型消防站的队员赶在消防到场前就已经出动救援，火势很快被控制住，没有造成人员伤亡。据悉，事发前，物业曾组织过全小区消防疏散演练，这对此次火灾有序疏散被困居民起到了很大帮助。而且在专业消防人员赶到前，小区微型消防站人员已经在使用消火栓压制火势，这给人员疏散和后续的灭火工作争取了时间。据事后现场清点核对，此次火灾共疏散了180人。

（二）火灾逃生的典型错误行为

1. 原路脱险

在紧急逃生时，许多人往往选择他们熟悉的入口和通道，即他们进入的路径。但当这条路线被火势封锁，他们才被迫寻找替代的出口，此时可能已错失最佳的撤离时机。

2. 向光朝亮

人们通常出于本能反应，会朝向有光源或更亮堂的区域逃离危险。然而，在火灾现场，电源可能会中断，或者已经发生电路短路、跳闸等情况，因此明亮之处很可能是火势蔓延的危险区域。

3. 直身乱跑，大声呼喊

一旦火灾发生，燃烧会产生大量有害烟雾和气体。如果在这种情况下站立着快速奔跑并大声呼救，极易吸入有毒气体，导致窒息甚至死亡。

4. 盲目追随

当人们在火场遇到危机时，若无法保持冷静判断，陷入惊慌，看到或听到他人逃跑便盲目跟随，这可能会误入更加危险的境地。

5. 贪恋财物

在火灾中，有些人担心他们的财物受损而试图抢救它们。他们可能会多次冲进火场，错过正确的逃生时机，最终不幸遇难。请记住，人的生命远比任何物质都珍贵。

案例

某年1月6日晚上，重庆巴南区的弹棉花店火灾导致一名女老板娘不幸遇难。这起悲剧发生在一品菜市场附近的一家专门从事弹棉花的店铺。据报道，火灾发生后，女老板娘试图回到店内取钱，结果被猛烈的大火包围，最终不幸丧生。她的丈夫也在这场火灾中被严重烧伤。

6. 方向错误

在火场中，许多人会选择向上逃往天台，认为那里更容易被救援。然而，由于烟囱效应，火势是向上蔓延的，且速度极快，可能比人向上爬的速度还要迅速。在到达屋顶前，火势可能已超过或赶上你。只有当下行通道不可通行时，才能考虑逃到天台等待救援。

7. 误乘电梯

在高层建筑发生火灾时，很多人出于习惯会立即冲向电梯，希望通过它迅速逃离。但是，火场中的电气系统可能会失效，造成电梯停在楼层之间，增加被困的风险。此外，电梯井中的“烟囱效应”会导致浓烟涌入，增加窒息和中毒的危险。

8. 冒险跳楼

由于人们缺乏逃生自救常识，一旦被火困住，很容易失去理智，盲目采取跳楼等冒险行为。

安全实战

以班级为单位，组织一次消防演练，小组之间就消防演练的开展情况展开交流，总结经验教训。

任务2.3　饮食安全

安全提示： 关注饮食安全可以帮助大学生识别和避免潜在的食品卫生问题，如食品污染、过期食品等，从而保护自己免受食源性疾病的威胁。

知识目标： 了解饮食健康及食物中毒的相关知识。

能力目标： 形成健康的饮食结构，能够识别并处理食物中毒情况。

素质目标： 增强饮食安全意识，防范食物中毒事件，并养成健康饮食的生活习惯。

2.3.1　饮食健康

安全提问

1. 大学生常见的不良饮食习惯有哪些？
2. 我们应该怎样做到健康饮食？

案例

冷饮过度引发健康危机：一名大学生的高血压警示

一位名叫小杨的大学生，因突感身体不适，被紧急送往医院。20岁的小杨，平日里活力四射，但最近却频繁出现头晕、手脚无力等症状，脸部还伴有发麻的感觉。

经过医生细致的检查，诊断结果显示小杨的血压异常升高，达到了160/105毫米汞柱，医生诊断为高血压。面对这一结果，小杨及其家人都感到难以置信，毕竟他还这么年轻，怎么会患上高血压呢？

为了找出高血压的成因，医生开始询问小杨的生活习惯和饮食习惯。小杨透露，他特别喜欢在炎炎夏日里吃冰激凌，几乎每天都会吃上好几支，而且经常是在饭后或者临睡前。这种习惯已经持续了好几年。

心内科的医生指出，像小杨这样的年轻大学生，由于学业压力、生活不规律以及不健康的饮食习惯，很容易成为高血压的潜在患者。特别是过度摄入冷饮，不仅会导致体内热量过剩，还可能对血管造成刺激，增加血管阻力，从而引发高血压。

医生进一步强调，冷饮虽然能带来短暂的清凉感，但长期大量摄入会对身体造成诸多不良影响。除了可能引发高血压外，还可能影响胃肠功能，导致消化不良等问题。

·案例分析·

小杨的案例为广大大学生敲响了警钟，大学生应该保持良好的生活习惯和饮食习惯，避免过度摄入冷饮和高热量食物。同时，还应加强体育锻炼，提高身体素质。

安全课堂

一、认识饮食健康

健康是每个人生命延续的基石，而饮食健康则是直接影响人类生命质量的关键因素。特别是对于正处于青春期向成年过渡阶段的大学生来说，他们的身心都在发育，脑力和体力的消耗都较大，对营养的需求尤为迫切。然而，不少大学生在进入大学后，常感到精力不足，学习难以持久，效率低下，同时还可能伴随着神经衰弱、视力减退、免疫力降低等问题。这些问题的出现，往往与营养供应不足、膳食安排不当有着密切关系。

我们的祖先曾智慧地指出："五谷为养，五果为助，五畜为益，五菜为充，气味合则服之，以补精益气。"这句话深刻揭示了饮食的精髓——合理搭配各种食物，以获得人体所必需的各种营养素。无论是荤食还是素食，都是人体健康不可或缺的部分，切忌偏食。

"合理膳食，平衡营养"是现代营养学的核心理念。它要求我们在饮食中按比例合理搭配各种基本营养素，实现主杂粮、肉菜的和谐共存，同时不忘多食用大豆和新鲜果菜，以满足人体的各种需求。

健康饮食的两大原则为：能量代谢平衡和物质代谢平衡。首先，能量代谢平衡原则要求我们根据年龄、性别和劳动强度来确定每日所需的总能量。在此基础上，合理分配蛋白质、脂肪和碳水化合物的摄入量。一般而言，蛋白质应占11%～14%，脂肪占25%～30%，碳水化合物占60%～70%。随后，根据总能量摄入计算出每日所需的各种营养素的重量。其次，物质代谢平衡原则要求我们根据年龄、性别和劳动强度确定其他营养素的摄入量，如维生素和矿物质。明确这些营养素的摄入量标准后，再确定从哪些食物中摄取这些营养素，以实现膳食的科学搭配。

拓展阅读

古人的饮食智慧

在我国传统文化中，饮食健康一直是人们关注的焦点，古人对饮食养生有着深入的研究和丰富的论述。

1. 五味均衡

五谷为养。五谷，即稻、黍、稷、麦、豆，是古代饮食的基础，富含碳水化合物和膳食纤维，能够提供人体必需的能量。

五果为助。五果指的是枣、桃、杏、栗、李等水果，富含维生素和矿物质，有助于补充人体所需的微量元素和提高免疫力。

五畜为益。五畜包括牛、羊、猪、鸡、狗等肉类，提供蛋白质和脂肪，适量食用有益于增强体质和恢复体力。

五菜为充。五菜是指葵、韭、藿、薤、葱等蔬菜，含有丰富的维生素和膳食纤维，有助于消化和预防疾病。

2. 食疗理论

食疗在疾病的治疗和康复中发挥着重要的作用。食物的性能和味道可以调整人体的阴阳平衡，达到治病的目的。

3. 节制饮食

孔子提出“食不厌精，脍不厌细”的饮食要求，主张食物要精细制作，易于消化吸收。

4. 饮食禁忌

饮食应该适度，不要过量或不足，忌食过饱、过饥，以免对身体造成伤害。忌食过冷、过热的食物，避免过于刺激的食物对身体的伤害。

5. 饮食与卫生

古人非常注意合理的饮食结构，汉唐时期，人们便主张采用谷、果、菜、畜等混合食物，以保证食物营养成分合理搭配。

以上这些原则和观念，对于现代人来说，仍然具有重要的借鉴意义。在快节奏的现代生活中，人们往往会忽视饮食健康，从而导致各种疾病的发生。因此，了解和实践古代饮食养生的智慧，对于提高生活质量和保持身体健康是非常有益的。

二、常见的不良饮食习惯

“病从口入”这一说法从深层次上揭示了饮食习惯对个人健康的重要性。对于正处于生长发育关键阶段的大学生而言，培养良好的饮食习惯尤为重要。然而，一些我们日常中习以为常的不良饮食习惯，不仅阻碍正常的生理发育，还会对身心健康和学习效率产生负面影响。以下是一些常见的不良饮食习惯：

1. 偏食。学生们常常偏好某些食物，尤其是甜食，而对一些基本的“粗茶淡饭”不屑一顾。这种习惯会导致膳食结构失衡，缺乏必要的维生素、纤维素和矿物质，进而引发健康问题并降低抵抗力。

2. 忽视早餐。早餐对人的重要性不言而喻。忽视早餐不仅会导致上午的精力不足，还可能影响全天的营养摄入。

3. 用饮料代替水。一些学生过度依赖饮料，甚至将其当作水来饮用。长期如此，会导致身体水分失衡，影响健康。

案例

小张是一名大二的学生，由于学业和社团活动非常繁忙，他几乎没有足够的时间吃饭。因此，他经常选择快餐或外卖。他的午餐通常由炸鸡、薯条、汉堡和饮料组成，而晚餐往往也是类似的高热量、高脂肪的快餐食品。小张对甜食有着特别的偏好，经常在饭后吃大量的冰激淋、蛋糕或巧克力。这些食物不仅含有大量的添加糖，还富含饱和脂肪和转化糖，能迅速提高血糖水平，导致能量的短暂峰值后迅速下降，使小张在一天中多次感到疲劳和精神不集中。

由于长期摄入过量的高热量食品，小张的体重逐渐增加，一年内体重增加了10公斤。他体检时发现，血糖和血脂水平都偏高，医生警告他有发展为2型糖尿病和心血管疾病的风险。此外，小张的头晕和疲劳症状也逐渐频繁，这影响了他日常的学习和生活表现。他发现自己在课堂上难以保持注意力，而且参与体育活动时体能明显不如以往。

为了改善健康状况，小张开始寻求改变。他尝试调整饮食结构，减少快餐和甜食的摄入，增加蔬菜和水果的比例，并定期进行体育锻炼。经过几个月的努力，小张感觉身体状态有所改善，体重也有所下降。他意识到健康的饮食和规律的锻炼对于维持良好的学习和生活状态至关重要。

4. 用餐时过度使用手机或电脑。学生在用餐时长时间使用手机或电脑，不仅影响肠胃功能，还可能因为忽视饮食选择而导致营养不足。

5. 零食代替正餐。零食种类繁多，有时会成为学生的主食。然而，零食过量会影响食欲，减少正餐的摄入，进而影响身体的正常功能。

6. 烧烤食品过量。烧烤食品虽然美味，但其中的调味品和未充分烤熟的肉质可能含有有害物质，长期食用对健康不利。

7. 偏爱小食品和路边摊。小食品和路边摊往往缺乏卫生保障，且可能含有过量色素和其他添加剂，长期食用会对健康造成损害。

8. 饮酒。虽然少量饮酒可能被视为社交活动的一部分，但对学生而言，饮酒可能影响记忆力和身体健康。

案例

小赵是一名大四的学生，他酷爱社交活动，经常参加各种聚会。在这些聚会上，喝酒成了不可或缺的一部分。小赵特别喜欢啤酒和烈酒，每次聚会都会喝很多，甚至经常喝醉。

小赵的饮酒习惯开始于大学一年级，那时他只是想融入社交场合的氛围。然而，随着时间的推移，他发现自己越来越依赖酒精来放松和应对压力。每当感到焦虑或压力大时，他都会选择喝酒来缓解。

然而，小赵的饮酒习惯对他的身体健康造成了严重的影响。他的肝脏开始出现功能异常，经常感到乏力和疲劳。医生告诉他，长期大量饮酒会导致脂肪肝、肝硬化甚至肝癌等严重疾病。小赵的饮酒习惯也影响了他的学业和人际关系。他发现自己越来越难以集中注意力学习，成绩开始下滑。在社交场合，他也因为醉酒而失去了一些重要的机会和友谊。

9. 水果代替正餐。虽然水果富含营养，但将其作为重要的食物来源会导致营养失衡，缺乏蛋白质和脂肪等必需营养素。

因此，学生们应该培养健康的饮食习惯，避免不良习惯，以确保身体健康发育。

三、养成健康饮食的习惯

（一）养成良好的饮食习惯

要养成良好的饮食习惯，应做到以下几点：

1. 早上要吃好，但不要吃得过饱。一日三餐，定时定量；不饮酒，不暴饮暴食。

2. 不吃不健康的零食，特别是小食品。饮食应注意卫生，不随便在无证摊点上就餐。

3. 吃零食要注意时间和量。睡前两小时不吃食物，否则难以消化，容易引起胃病。

4. 不能长期饮用或一次性大量饮用饮料。

5. 吃饭时要专心，细嚼慢咽，有助于消化。

（二）食用安全、健康的食品

所谓病从口入，从狭义上说是指吃、喝进了不干净、有病原体、变质、有毒的食物、水或饮料等而致病，如吃错东西、食物中毒、酗酒等。因此，应该做到：

1. 不食用腐烂变质的食物，防止生、熟食物的交叉感染。

2. 不食用超过保质期的食品，不食用不新鲜的蔬菜、水果。

3. 不喝生水。

4. 不盲目跟从广告食用营养保健品。

5. 不购买、食用“三无”食品。购买食品时应仔细查看商品标签，如产品名称、配料表、净含量、厂名、厂址、保质期、产品标准号等，不购买标签不规范的食品。

（三）养成良好的个人卫生习惯

在日常生活中要做到：

1. 勤洗手。
2. 早晚刷牙，饭后漱口。
3. 不吸烟，不饮酒。

（四）合理调整膳食结构，平衡营养

1. 三餐分配要合理，以谷类为主，粗细搭配；多吃蔬菜、水果和薯类；吃适量的鱼禽、蛋和瘦肉；每天吃奶类、豆类或其制品。

2. 少吃或不吃高盐、高油、高糖食品；每天保证足量饮水，合理选择饮料；吃零食要适当。

3. 食不过量，天天运动，保持健康体重。

饮食对健康的影响是长期的，需要注意合理安排一日三餐，养成良好的饮食习惯、平衡膳食，并作为健康生活方式的一部分长期坚持，这样才能吃得舒心、吃得健康。

安全实战

制订一个“开始我的健康饮食”的方案，首先做一周饮食日志，了解自己的日常饮食结构，找出需要改善的地方；在此基础上，制定健康饮食方案，并坚持实践。

2.3.2 预防食物中毒

安全提问

1. 造成食物中毒的原因主要有哪些？
2. 若出现了食物中毒，我们应该如何应对？

案例

学生食物中毒事件在现实中屡见不鲜，这些案例通常涉及集体供餐环境，因此涉及人员面广，会造成大范围影响。以下是几个典型的案例：

2021年11月23日，河南封丘县赵岗镇戚城中学30余名学生在食用学校提供的营养午餐后出现集体呕吐和腹泻，引起了社会的广泛关注。

2024年4月26日至28日，在清华大学113周年校庆期间，多地校友在清华大学东南门外某餐厅用餐后，出现食物中毒症状，如呕吐、腹泻、发热等。经北京市海淀区疾控中心调查，确定此次事件是由诺如病毒感染导致的急性胃肠炎。

2021年9月6日，湖南桃源县职业中专发生学生群体性食物中毒事件，90名学生出现腹痛、呕吐和发烧等症状。经调查，该疾病是由志贺氏菌感染引起的细菌性痢疾，并确定该校食堂员工为传染源。

2021年11月23日，河南封丘县赵岗镇戚城中学30多名学生在食用学校提供的营养午餐后出现集体呕吐和腹泻。初步化验结果显示，部分样本检出大肠杆菌及大肠杆菌群含量超标，证实食物存在不卫生的情况 。

2021年9月，河北霸州市东方金子塔学校部分学生出现恶心、呕吐等症状，导致100多名学生前往医院就诊。检测发现部分样品中检出了金黄色葡萄球菌 。

2021年9月17日，安徽淮北市濉溪县临涣镇高皇联中发生学生集体食物中毒事件，涉及近百名学生。据报道，学校食堂的鸡腿是臭的，豆腐是酸的，包子的馅有蛆，面包都发霉了。

· 案例分析 ·

预防校园食物中毒涉及多个方面，包括个人饮食习惯、食品安全意识以及校园食品供应管理等。对于大学生来说，增强饮食安全意识，改善个人饮食习惯等是防范食物中毒的有效手段。因此，大学生应该掌握关于预防食物中毒及食物中毒处理的知识，有效地保障自身安全。

安全课堂

一、认识食物中毒

（一）食物中毒的定义及分类

食物中毒是指通过摄入含有有害因素的食物或饮料后，人体出现的疾病。这些有害因素可能是细菌、病毒、寄生虫、毒素、化学物质或某些药物等。食物中毒通常有消化系统症状，如恶心、呕吐、腹泻和腹痛，也可能影响身体的其他系统。

食物中毒按致病物质的不同，一般可分为细菌性食物中毒、有毒动植物食物中毒、霉菌及霉菌毒素食物中毒、化学性食物中毒四大类。

1. 细菌性食物中毒

细菌性食物中毒是指人们摄入含有细菌毒素的食品而引起的食物中毒。这类在食物中毒中最普遍、最常见，几乎占食物中毒病例总数的90%，多发生在夏、秋炎热季节。因为夏、秋季节气温高，适宜细菌生长繁殖，且炎热季节人体肠道的防御机能下降。细菌性食物中毒的发病率高，但病人只要及时治疗，一般病程短、恢复较快、预后良好。

案例

警惕沙门氏菌感染

随着海鲜市场的繁荣，大家在享受美味的同时，也应高度重视食品安全。特别是像寿司、刺身等生食海鲜，如果处理不当受到污染，可能会引发肠胃不适，严重时甚至危及生命。近期，广东中山大学附属第六医院的重症医学科就收治了一位因大量食用寿司而感染沙门氏菌导致多器官衰竭的女性患者。

患者阿芳，36岁，一个月前突然出现腹痛、腹泻和发热症状，自行服药三周也未见好转。家人注意到阿芳的精神状态日益恶化，出现反应迟钝、嗜睡和心率加快等现象。在持续高烧40度的情况下，阿芳最终决定就医。接诊医生发现，患者已出现多器官系统衰竭，需要紧急转入ICU治疗。

医生追溯阿芳的生活习惯，发现她喜欢吃生冷食物，如鱼生、寿司等。结合细菌培养结果，医生认为可能感染沙门氏菌是直接原因。沙门氏菌可导致肠道感染，甚至进入血液引起沙门氏菌血症，导致感染性休克、脓毒性休克，以及多脏器损伤。

医生提醒，沙门氏菌广泛存在于自然界，能在粪便中存活超过一个月，在水中存活超过两周。它常寄生在人类和动物的消化系统中，肉蛋奶及其制品都可能被污染，而且食物是否被污染难以通过肉眼或气味判断。沙门氏菌最适宜在37摄氏度的环境中生长，夏季高温时其生长速度会加快。

医生还提醒，如果出现发烧、腹泻、腹痛和呕吐等症状，持续1到3天，应及时就医。安全饮食，警惕沙门氏菌感染，保护自己和家人的健康。

2. 有毒动植物食物中毒

引起动物性食物中毒的食品主要有两种：天然含有有毒成分的动物或动物的某一部分，如河豚、猪甲状腺等；在一定条件下产生大量有毒成分的可食的动物性食品，如贝类、鲐鱼等。我国发生的动物性食物中毒主要是河豚中毒，其次是贝类中毒和鱼胆中毒。

引起植物性食物中毒的食品主要有三种：天然含有有毒成分的植物或其加工制品，如有毒的野生菇；在加工过程中未能破坏或除去有毒成分的植物，如木薯、苦杏仁、四季豆（又名菜豆、刀豆、芸豆）、鲜黄花菜等；在一定条件下产生了大量有毒成分的可食用的植物性食品，如发芽土豆等。

3. 霉菌及霉菌毒素食物中毒

霉菌及霉菌毒素种类有很多，其中最主要的是黄曲霉菌和黑斑菌类。黄曲霉毒素主要存在于污染粮食及油料作物中，如发霉的花生、玉米、大米、棉籽及其油类制品等。霉变的核桃、杏仁、牛乳及其制品、咸鱼、干辣椒等也含有黄曲霉毒素。番薯（白薯、红薯）表皮呈褐色或黑色的斑点，是受到黑斑病菌的污染，会分泌出有剧毒的毒素，食用此类食物会引起中毒。

4. 化学性食物中毒

引起化学性食物中毒的食品主要有 4 种：

（1）被有毒有害的化学物质污染的食品，如被农药、老鼠药污染的食品。

（2）某些金属引起的食物中毒，较常见的有铅中毒和锌中毒。铅中毒的主要原因是用含铅的金属容器盛装酒类饮料，或用劣质陶瓷或搪瓷容器来盛装酸性食品。镀锌容器或工具与有机酸或酸性食品长期接触，使锌溶解于食品中，人食用后而致锌中毒。

（3）添加非食品级的、伪造的或禁止使用的食品添加剂、营养强化剂的食品，以及超量使用食品添加剂的食品，如工业酒精、亚硝酸盐加入食品中，吊白块（工业漂白剂、还原剂）加入面粉中增白，甲醛加入水发产品中防腐等。

（4）营养素发生化学变化的食品，如油脂酸败等。

（二）食物中毒的特点

食物中毒的特点包括潜伏期短、症状相似、无传染性和季节性明显。

1. 潜伏期短：食物中毒的潜伏期较短，一般为 4 ~ 6 小时。多人食用有毒食物后会在较短时间内同时或先后发病，发病情况比较剧烈。

2. 症状相似：所有发病者都有相似的临床表现，如恶心、呕吐、腹痛、腹泻等消化道症状。

3. 无传染性：食物中毒病人对健康人不具有传染性，与健康人之间不直接传染，流行病学统计为 0。

4. 季节性明显：夏秋季多发生细菌性食物中毒和有毒动植物食物中毒，冬春季多发生肉毒中毒和亚硝酸盐中毒。

（三）食物中毒的症状

食物中毒症状以胃肠道症状最为常见，但也可能出现其他症状或几种症状叠加的情况。

1. 胃肠道症状：恶心、呕吐、腹痛、腹泻等。食物中毒后，机体会试图通过呕吐来排除有害物质。呕吐通常是突然发生的，且可能伴随恶心感。

2. 发热症状：部分食物中毒患者可能会出现发热症状。如沙门氏菌、副溶血性弧菌等细菌感染所致的食物中毒容易出现发热症状。

3. 神经系统症状：头痛、头晕、乏力、肌肉无力等。这些症状可能与食物中毒引起的脱水、电解质紊乱或毒素对神经系统的影响有关。

4. 皮肤症状：皮疹、瘙痒等。这些症状可能与某些食物过敏或毒素对皮肤的影响有关。

5. 呼吸道症状：喉咙痛、咳嗽、气喘等。这些症状可能与某些食物过敏或毒素对呼吸道的影响有关。

6. 循环系统症状：心悸、胸闷、血压下降等。这些症状可能与食物中毒引起的脱水、电解质紊乱或毒素对循环系统的影响有关。

（四）食物中毒的危害

现有的科学技术虽已达到了一个很高的水平，但食物中毒仍然是一个严重危害人们健康的疾病，也是当前全球最关注的公共卫生问题之一。根据我国各地的报告数据，每年约有5万人因食物中毒而对健康造成损害，其中300多人因此丧命。食物中毒的危害主要体现在以下几个方面：

1. 对人体健康和生命安全产生影响

食物中毒不同于一般的疾病，它的病情通常比较严重，发病速度快，且症状剧烈，患者会感到极度不适。虽然有些食物中毒者经过治疗后能够完全康复，但也有一些人即使治愈也会对某些内脏器官造成永久性损伤。因为解毒过程主要通过肝脏和肾脏进行，这可能导致肝、肾不同程度地受损。

2. 导致经济损失

食物中毒不仅对个人的健康和生命安全构成威胁，同时也会产生经济损失。对于个体而言，经济损失包括医疗费用、误工费、护理费、交通费、住宿费、住院伙食补助费及必要的营养费等各项支出；从社会层面来看，食物中毒会导致资源的大量浪费。

3. 造成不良社会影响

食物中毒事件经常发生在工厂、矿山、学校和机关等集体单位，产生的影响更加广泛。从以往的食物中毒事件中可以看出，食品安全问题的出现不仅给国家经济带来严重的损害，也会影响消费者对政府的信任度，甚至可能威胁到社会的稳定和国家的安全。

二、预防食物中毒

在科学地掌握食物中毒的原理后，食物中毒是可以通过一些方式有效预防的。

（一）细菌性食物中毒的预防

1. 保持食品卫生。在购买、储存、加工和烹饪食品时，要注意卫生。生肉、禽蛋等易受污染的食品要彻底加热煮熟，避免生食或半生食。

2. 注意个人卫生。勤洗手，特别是在接触动物、处理生食材料、上厕所后等要彻底洗手。

3. 避免交叉污染。在烹饪过程中，要将生食材料和熟食分开处理，避免交叉污染。处理生食、熟食时，要使用不同的砧板、刀具和餐具，不要混用。

4. 注意食品保存。将食品储存在干燥、通风、阴凉的地方，避免阳光直射和高温。过期或变质的食品要及时丢弃。

（二）有毒动植物食物中毒的预防

1. 了解有毒植物。在野外活动时，要特别小心，不要采摘和食用不认识的野生植物，尤其是野生蘑菇和非传统食用植物。

2. 正确识别食材。在购买和食用植物性食物时，确保它们是安全且未被污染的。对于一些需要特别处理后才能安全食用的植物，如四季豆、木薯等，应正确处理。

3. 避免食用特定动物部位。某些动物的具体部位可能含有毒素，例如腺体、内脏等。

4. 遵守地方食品法规。在某些地区，可能存在特有的有毒动植物种类，因此遵守当地的食品法规和建议尤为重要。

拓展阅读

正确泡发木耳，谨防食物中毒

在浸泡木耳前，应该先将木耳清洗干净，推荐用温水浸泡。需要注意的是，热水、开水浸泡不能超过 30 分钟，冷水浸泡不能超过 2 小时，冰箱冷藏泡发不超过 4 小时，泡发超过 24 小时的木耳建议不再食用。

如果木耳泡发时间过久，可能会被椰毒假单胞菌污染。这种菌大量繁殖后，会产生一种剧毒的毒素——米酵菌酸。一旦人食用了含有这种毒素的黑木耳，可能会引发中毒，出现恶心、呕吐、腹痛、腹胀、头晕、心悸等症状。重症者还可能出现黄疸、肝肿大、皮下出血、惊厥、抽搐、休克，甚至引起死亡。米酵菌酸这种毒素非常稳定，而且耐热性极高。这意味着一般的烹调方法根本无法破坏其毒性。即使木耳经过爆炒，毒素仍然会存在，对食用者构成巨大威胁。

泡发木耳和做饭一样，吃多少泡多少，泡多的木耳捞出后控干水分到不滴水的状态，再放到盆或者碗里用保鲜膜盖好，放入冰箱冷藏，但最好不超过 24 小时。一旦感觉泡发的木耳已经发黏，即使没有任何异味，也要舍弃不用。

（三）霉菌及霉菌毒素食物中毒的预防

1. 正确储存食品。将食品储存在干燥、通风良好的条件下，减少霉菌生长的条件。确保食品存放在适宜的温度下，避免过湿或过热。

2. 定期检查食品。定期检查储存的食品，及时丢弃发霉、变质或包装破损的食品，特别要留意面包、奶酪、坚果、谷物、豆类和水果等易受霉菌污染的食品。

3. 清洁厨房和食品储存区域。保持厨房和食品储存区域的清洁，定期清洁冰箱、橱柜和食品容器，防止霉菌滋生。

4. 合理购买食品。购买食品时，注意检查食品的保质期和包装完整性，避免购买已经过期或包装破损的食品。

5. 适当烹饪。对于可能含有霉菌毒素的食品，如某些谷物和坚果，通过适当的烹饪过程（例如加热或烘烤）可以降低毒素的风险，但并不能完全消除。

（四）化学性食物中毒的预防

1. 避免食用被有害化学物质或放射性物质污染的食品。确保食品来源的安全，避免食用由农药毒死的牲畜和家禽，这些应当被销毁并深埋。同时，切勿使用非食品专用的包装材料、容器来盛放和包装食品。

2. 正确选择食品容器。避免使用含铅金属的容器盛装酒类饮料，也不应使用镀锌容器来保存酸性饮料和食品，防止铅和锌等有害物质的溶出。

3. 注意腌制食品的过程。腌菜应确保充分发酵后才食用，避免亚硝酸盐中毒的风险。同时，不要饮用苦井水和蒸锅水，避免亚硝酸盐中毒。

4. 彻底清洗蔬菜与水果。在食用蔬菜和水果之前，必须将其彻底清洗干净，以有效去除表面的农药残留和其他可能的化学污染物。

三、食物中毒的处理

一旦发生食物中毒，不要惊慌失措，应理智分析发病原因，针对引起食物中毒的食物及食用时间的长短，采取以下措施：

（一）立即停止食用可疑食物

当发现有人出现食物中毒的症状时，首要任务是立即停止食用任何可能引起中毒的食物。

（二）尽快排除肠胃内未被吸收的食物

1. 催吐。对中毒不久且无明显呕吐者可先用手指、筷子等刺激舌根部催吐，或大量饮用温开水并反复自行催吐，以减少毒素的吸收。但如在呕吐物中发现血性液体，应暂时停止催吐。

2. 导泻。如果病人吃下去的中毒食物时间较长（如超过两小时），而且精神较好，可服用泻药促使有毒食物排出体外。

（三）保存食物样本

在发生食物中毒后，要保存食物样本以提供给医院进行检测。如果身边没有食物样本，也可保留患者的呕吐物和排泄物，以方便医生确诊和救治。

（四）一些紧急情况的处理

1. 当患者出现呕吐时，应让其侧卧，防止窒息，呕吐停止后立即补充水分。

2. 当病人出现脸色发青、冒冷汗、脉搏虚弱时要马上送医院，谨防出现休克。

3. 病人出现抽搐、痉挛时，应将病人移至安全地方，并采取措施防止病人咬破舌头。

4. 如果症状严重或持续，应立即拨打 120 急救电话并送往医院接受专业治疗。

安全实战

以小组为单位，做一期预防食物中毒的手抄报，在班级内展示。

项目3 公共安全

任务3.1 突发自然灾害

安全提示： 我国自然灾害种类多、分布地域广、发生频率高，造成的损失严重。大学生学会如何应对自然灾害不仅能对自身的安全起到保护作用，而且能在一定程度上救助他人。

知识目标： 了解突发自然灾害的种类，学习不同类型的突发自然灾害的形成原因、地理分布等防灾常识。

能力目标： 掌握不同类型的自然灾害，以及正确避险和逃生等各类技能。

素质目标： 提高心理素质，增强警惕性和安全意识，沉着冷静地处理各类突发自然灾害，最大限度地把握“黄金时间”以降低突发自然灾害带来的损害。

3.1.1 自然灾害概述

安全提问

1. 什么是自然灾害？
2. 自然灾害的特点及分类有哪些？

案例

2024年4月16日，江西樟树市的江西农业工程职业学校经历了一次严重的暴雨灾害事件。当天，由于强对流天气的影响，学校的一间教室窗户玻璃在暴雨中突然爆裂。这一突发情况导致学生们陷入恐慌，现场一度非常混乱。幸运的是，大部分学生都及时躲到了安全的地方，没有造成更严重的伤害。

事件发生后，学校迅速启动了应急预案。学校工作人员对受损的玻璃进行了紧急维修，并决定当日上午停课，以确保学生的安全。雨停后，学生们安全返回宿舍，后勤部门也利用这段时间对教室进行了紧急维修。到了下午，学校的教学活动已经恢复正常。

在这次事件中，有两名学生被轻微划伤，并已得到医疗处理。学校还对教室、宿舍等区域进行了全面的安全排查，以防止类似的安全隐患存在。

此外，樟树市气象台在16日凌晨发布了暴雨橙色预警信号，预计未来3小时内部分地区降水量可能超过50毫米，并伴有短时强降水和雷电等强对流天气。气象部门提醒公众，应避免在雷暴大风和雷雨时段外出，远离高耸物体和金属结构。

·案例分析·

这起事件引起了社会各界的广泛关注，提醒了学校和相关部门在极端天气面前必须加强安全防范措施，确保师生安全。同时，公众也应提高自我保护意识，遵循气象部门的指导，减少极端天气带来的潜在风险。

安全课堂

一、自然灾害的含义

自然灾害是指自然环境发生的异常变化引起的危及人类生命财产与生存条件的事件或现象，包括气象灾害、地质灾害、生物灾害等。

二、自然灾害的特点

（一）广泛性

从空间分布上看，部分自然灾害影响范围广，涉及地区多，往往跨国家或地区。

（二）突发性

从时间角度上看，自然灾害往往发生突然，事先难以预测，很难预报。

（三）频发性

从发生的次数来看，自然灾害发生的频率高，一些自然灾害随着气候的变化频繁发生。

（四）群发性

从各种自然灾害之间的关系来看，某些自然灾害的发生会引起连锁反应，形成灾害链，使一系列相关自然灾害同时发生。

（五）破坏性

从所造成的危害看，自然灾害破坏性强，常常会导致人员伤亡、财产损失，严重破坏灾区的生产和生活秩序。

三、自然灾害的分类

1. 气象灾害：主要有干旱、洪涝、台风、寒潮、沙尘暴等。

2. 地质灾害：地震（火山）、滑坡、泥石流等，山区发生地质灾害的频率较高。

3. 生物灾害：虫害、草害、鼠害等。

四、开展防灾减灾活动

我国高度重视防灾减灾工作，已构建起一套完善的应急管理制度，并设立了专门的管理部门负责实施。相关法律法规如《中华人民共和国突发事件应对法》《自然灾害救助条例》及《国家自然灾害救助应急预案》等，为防灾减灾工作提供了坚实的法律保障。特别是2021年5月启动的全国自然灾害综合风险普查工作，旨在全面摸清灾害风险底数，为科学制定防灾减灾措施奠定坚实基础。

作为社会的一员，大学生应积极参与到防灾减灾的行列中来，通过关注中国气象等权威渠道，及时获取并传播预警信息，是提高个人及群体防范能力的重要途径。然而，需认识到地质灾害监测的复杂性与挑战性，目前相关预警措施尚需进一步完善。因此，提升公众对地质灾害的认识与自我防护能力尤为关键。

鉴于自然灾害对人类生命财产安全造成的严重威胁，将保护人民群众的生命财产安全置于首位，是防灾减灾工作的核心原则。大学生应树立“预防为主，防治结合”的理念，结合不同自然灾害的发生规律和特点，因地制宜地开展防灾减灾活动。

3.1.2 主要的自然灾害及自救方法

安全提问

1. 常见自然灾害有哪些表现?
2. 常见自然灾害的应对措施主要有什么?

案例

某年夏天，云南一山区接连几天的暴雨之后，该地区一所小学的3名学生中午放学回家，途经山谷中一条小溪时，在溪中嬉闹玩耍。他们突然听到“轰隆”一声，不知道发生了什么，赶紧四处张望，寻找声源。当看到泥石流汹涌而来时，3名学生匆忙跑到不远处的一个小棚屋中躲避，但很快小棚屋以及3名小学生就被滚滚而来的泥石流卷走了。后经奋力营救，3名小学生中2名重伤，1名死亡。

·案例分析·

3名学生缺乏有关预防泥石流灾害的基本常识，暴雨过后在山谷间玩耍是其遇险的主要原因。我们应掌握常见的自然灾害预防及应对措施，只有做好预防工作，才能在灾难来临时正确应对，减少灾难损伤。

安全课堂

一、气象灾害的应对

气象灾害是自然灾害中最为频繁而又最为严重的灾害。每年雷电、洪水、干旱、大风、冰雪天气、沙尘暴等气象灾害都会严重危及人民生命和财产的安全，所以国家十分重视对气象灾害的预防和相关知识的普及。大学生要加强对此类知识的积累，提高自己对气象灾害的应对能力。

（一）雷电灾害

1. 在路上避雨时不要靠近孤立的高楼、电杆、烟囱、房角房檐等，更不能站在空旷的高地上或到大树下躲雨。

2. 远离开阔地带的金属物品，如拖拉机、农具、摩托车、自行车、高尔夫球车及高尔夫球棒等。

3. 不要去山顶、开阔地、海滩或船只上。

4. 不要待在开阔地、单独的屋棚或其他小建筑内。

5. 有条件的家庭最好安装家用电器过电压保护器（又名避雷器）。

（二）冰雹灾害

1. 关好门窗，妥善安置易受冰雹大风影响的室外物品。

2. 户外作业人员暂停作业，到安全地方暂避。

3. 暂停户外活动，勿随意出行。

4. 骑车、开车要减速慢行，远离树木和广告牌。

（三）高温灾害

1. 尽量留在室内，并避免阳光直射；必须外出时要打遮阳伞、穿浅色衣服、戴宽帽；暂停户外或室内大型集会。

2. 室内空调温度不要过低；空调无法使用时，选择其他降温方法，比如向地面洒些水等。

3. 浑身大汗时不宜立即用冷水洗澡，应先擦干汗水，稍事休息再用温水洗澡。

4. 注意作息时间，保证睡眠；暂停大量消耗体力的工作。

5. 宜吃咸食，多饮凉白开水、冷盐水、白菊花水、绿豆汤等，不要过度饮用冷饮或含酒精类的饮料。

（四）洪涝灾害

1. 日常防范措施

（1）多植树，多绿化，保护大自然的生态环境，不乱砍滥伐。

（2）平时多学习一些防灾、减灾知识，养成关注天气预报的习惯，随时掌握天气变化，做好家庭防护准备。

（3）密切关注汛期的洪水预警，服从统一安排，及时避难。

（4）地处洼地的居民要准备沙袋、挡水板等物品，或砌好防水门槛，设置挡水土坝，以防止洪水进屋。

（5）家中常备船只、木筏、救生衣等可以安全逃生的物品，汛期到来前检查是否可以随时使用。

2. 汛期的物资准备

（1）准备一台无线电收音机，随时收听、了解各种相关信息。

（2）准备饮用水、罐装果汁和其他保质期长的食品，并捆扎密封，以防发霉变质。

（3）准备好保暖用的衣物，以及治疗感冒、痢疾、皮肤感染的药品。

（4）准备手电筒、蜡烛、打火机、颜色鲜艳的衣物及旗帜、哨子等，以便遇险时当作求救信号。

3. 洪水来临时的逃生措施

（1）洪水到来时，来不及转移的人员要就近迅速向山坡、高地、楼房、避洪台等地转移，或者立即爬上屋顶、楼房高层、大树、高墙等高的地方暂避。

（2）如洪水继续上涨，暂避的地方已难自保，则要充分利用准备好的救生器材逃生，或者迅速找一些门板、桌椅、木床、大块的泡沫塑料等能漂浮的材料扎成筏逃生。如果已被洪水包围，要设法尽快与当地政府防汛部门取得联系，报告自己的方位和险情，积极寻求救援。如已被卷入洪水中，一定要尽可能抓住固定的或能漂浮的东西，寻找机会逃生。

（3）发现高压线铁塔倾斜或者电线断头下垂时，一定要迅速远避，防止直接触电或因地面“跨步电压”触电。

4. 洪水后的防范措施

洪水灾害之后，传染病极其常见，如霍乱、伤寒、痢疾、甲型肝炎等。因此要采取良好的预防措施，以降低自己被感染的概率。

（1）要做好饮用水源保护。饮水卫生是灾后预防控制肠道传染病的关键措施，要做好水源保护，对饮用水进行消毒，防止水源污染。

（2）注意饮食卫生。做到不吃腐烂变质的食品，不吃淹死的家禽家畜，不使用污水洗瓜果、碗筷，不生吃食品，不喝生水。生、熟食品要分开，食物要煮熟煮透。

（3）要养成良好的卫生习惯。做到饭前便后要洗手，把住“病从口入”关。

（4）一旦发生呕吐、腹泻等症状，要及时到医院就诊。

（五）海啸

1. 海啸来临的逃生措施

在海边接收到海啸来临的信号，第一选择就是以最快的速度向高山、坚固的建筑物等最高处跑，放弃一切，远离海滨。

如果来不及跑出灾难区，或者巨大的水墙就在身后，此时应该采取的求生行动是立刻抓住一个固定物体。抱住坚固的物体能够防止海浪把人冲走，或者可以用绳子将自己捆在固定的物体上。当浪头过来时，深吸一口气后立刻屏住呼吸，当屏不住时再慢慢呼气，直到浪头过去。

如果在平坦的地区，没有高处可逃，可以立即坐在木板、床垫等具有浮力的物体上，然后背朝浪的来向，身体蹲下或者趴在该物体上，死死抓住。海啸最大的危险在于第一波海浪袭来时，非常容易将人与物体冲击分离，或者打翻。如果能够经受住第一波海浪的袭击，就有很大的生存希望。

2. 海啸落水的自救方法

（1）如果在海啸时不幸落水，要尽量抓住木板等漂浮物，同时注意避免与其他硬物碰撞。

（2）在水中不要举手，也不要乱挣扎，尽量减少动作，能浮在水面随波漂流即可。这样既可以避免下沉，又能够减少体能的无谓消耗。

（3）如果海水温度偏低，不要脱衣服。

（4）尽量不要游泳，以防体内热量过快散失。

（5）不要喝海水。海水不仅不能解渴，反而会使人体内水分大量流失，引发脱水。

（6）尽可能向其他落水者靠拢。这样既便于相互帮助和鼓励，又因为目标扩大，更容易被救援人员发现。

（六）台风灾害

气象台根据台风可能产生的影响，在预报时采用消息、警报和紧急警报三种等级向社会发布；同时，按台风可能造成的影响程度，从轻到重向社会发布蓝、黄、橙、红四级台风预警信号。公众应密切关注媒体有关台风的报道，及时采取预防措施。

1. 台风来临前，应准备好手电筒、收音机 / 手机、食物、饮用水及常用药品等，以备急需。

2. 关好门窗，检查门窗是否坚固；取下悬挂的东西；检查电路、炉火、煤气等设施是否安全。

3. 将养在室外的动植物及其他物品移至室内，特别是要将楼顶的杂物搬进来；室外易被吹动的东西要加固。

4. 不要去台风经过的地区旅游，更不要在台风影响期间到海滩游泳或驾船出海；住在低洼地区和危房中的人员要及时转移到安全住所；及时清理排水管道，保持排水畅通。

5. 遇到危险时，请拨打当地政府的防灾电话求救。

（七）寒潮灾害

1. 注意收听天气预报及紧急状况警报。

2. 尽量留在室内，多穿几层轻、宽、舒适并暖和的衣服。

3. 注意饮食规律，少喝含咖啡因或酒精的饮料；避免过度劳累。

4. 警惕冻伤信号：手指、脚趾、耳垂及鼻头失去知觉或出现泛苍白色。如出现类似症状，立即采取急救措施或就医。

5. 尽量不开车外出；驾车外出走干道；不夜间开车，不单独驾驶。

（八）沙尘暴灾害

1. 沙尘暴的概念

沙尘暴是沙暴和尘暴两者兼有的总称，是指强风把地面大量沙尘物质吹起卷入空中，使空气特别混浊，水平能见度小于 1 km 的严重风沙天气现象。其中沙暴是指大风把大量沙粒吹入近地层所形成的挟沙风暴，尘暴则是大风把大量尘埃及其他细粒物质卷入高空所形成的风暴。

2. 沙尘天气的分类

分为浮尘、扬沙、沙尘暴和强沙尘暴四类。

（1）浮尘：尘土、细沙均匀地浮游在空中，使水平能见度小于 10 km 的天气现象。

（2）扬沙：风将地面尘沙吹起，使空气相当混浊，水平能见度在 1 km 至 10 km 以内的天气现象。

（3）沙尘暴：强风将地面大量尘沙吹起，使空气很混浊，水平能见度小于 1 km 的天气现象。

（4）强沙尘暴：大风将地面尘沙吹起，使空气模糊不清，浑浊不堪，水平能见度小于 500 m 的天气现象。

3. 沙尘暴天气注意事项

（1）关紧门窗。沙尘暴到来时要及时关闭门窗，尽量不要到室外活动。沙尘严重时，可用胶条对窗户进行封闭，以减少受沙尘影响的程度。也可在室内采取喷雾方法降尘，以保持室内空气清新适宜，减少颗粒吸入。

（2）外出时要戴防护口罩。如果必须在室外活动，最好戴防尘口罩、合适的护目镜，以有效减少吸入体内的沙尘。

（3）及时进行皮肤清洗。沙尘暴多发季节，天气比较干燥，加上扬尘，皮肤表层的水分极易丢失，造成皮肤粗糙，尘埃进入毛孔后易发生堵塞，若去除不及时，可能会引起痤疮，过敏体质的人还容易发生各种过敏性皮炎。

（4）多喝水。由于沙尘暴时气候会比平时更为干燥，此时颗粒物很容易通过鼻腔黏膜进入人体内部，多饮水能及时补充丢失的水分，加快体内各种代谢废物的排出。

（5）疾病发作及时就医。一旦发生慢性咳嗽伴咯痰或气短、发作性喘憋及胸痛时均需尽快就诊，求助于专业的医护人员，并在其指导下进行相应治疗。

（6）灰尘迷眼时不要揉。眼睛受到沙尘的刺激会流出大量眼泪，这时再眨动眼皮，沙尘就会随着泪水冲到眼角而流出来。如果眼泪无法将异物冲出，要及时就医。

二、地质灾害的应对

地质灾害是指在自然或者人为因素作用下形成，对人类生命财产、环境造成破坏和损失的地质现象。我国地质灾害主要包括滑坡、地震、泥石流。按照人员伤亡、经济损失的大小，地质灾害分为以下 4 个等级：特大型，因灾死亡 30 人以上或者直接经济损失 1 000 万元以上的；大型，因灾死亡 10 人以上 30 人以下或者直接经济损失 500 万元以上 1 000 万元以下的；中型，因灾死亡 3 人以上 10 人以下或者直接经济损失 100 万元以上 500 万元以下的；小型，因灾死亡 3 人以下或者直接经济损失 100 万元以下的。

（一）地震灾害

地震的致死因素主要是房顶塌落和灰尘呛闷，所以自救的防范目标应针对落顶和呛闷采取措施，宁可受伤，也不要丧命。地震时，如果在瞬间不能离开房屋，最好就近迅速找相对安全的地方避震，地震后迅速撤离，是应急避震较好的办法。

1. 室内避震

为方便他人救助，室内的避震位置宜“近水不近火，靠外不靠内”。居住在平房的，地震时正好在屋内或房屋附近，屋外又是空旷区，附近又无高大建筑物，应当充分利用十几秒钟的时间跑出室外。如果来不及，要以比桌、床高度低的姿势躲在桌子、床铺的旁边或紧挨墙沿下或坚固的家具旁，趴在地上，保护好头部。居住在楼房的，要针对天花板的塌落位置迅速躲靠在支撑力大且自身稳固性好的物体旁边，如铁皮柜、暖气、大器械旁边，但只能靠近支撑物，不能钻进去。也可躲进跨度较小的房间，如厨房、卫生间等。切记，不要去阳台，不要使用电梯，千万不要跳窗或跳楼。当闻到有毒气体时，应用衣物捂住口鼻；正在用火时，要立即关掉煤气或电源后迅速躲避。在车站、商店、地铁、剧院、教室等公共场所，切忌拥向出口，避免摔倒、踩伤、挤伤，要把双手交叉放在胸前，保护自己，用肩和背承受外部压力，要保持镇静，就地蹲在桌、椅旁避震。

2. 户外避震

地震发生时，屋内人员应双手交叉放在头上，最好用合适的物件罩在头上，跑到空旷的地方去。注意避开高大建筑物、狭窄巷道、围墙，尽量远离高压线、高烟囱及石化、煤气等有毒的工厂或设施。正在行驶的车辆应紧急停在开阔处；过桥时紧紧抓住护栏，待地震后向桥头转移；如果正在停车场，千万不要留在车内，以免落下来的天花板压扁汽车，造成伤害，要以卧姿躲在车旁，掉落的天花板压在车上，可能形成一块“生存空间”，不致直接撞击人身，增加存活机会。山区居民还应注意山崩、滚石、滑坡、泥石流的威胁。

3. 震后自救

地震时如被埋压在废墟下，首先要保持呼吸畅通；避开身体上方容易引起掉落的物体；扩大和稳定生存空间，用砖块、木棍等支撑残垣断壁，以防余震，然后设法脱离险境。如果找不到脱离险境的通道，应尽量保存体力，用石块敲击能发出声响的物体，向外发出求救信号，等待救援人员到来。如果被埋在废墟下的时间比较长，就要想办法维持自己的生命，尽量寻找食品和饮用水。

（二）滑坡灾害

1. 注意日常活动不诱发滑坡灾害，不随意开挖坡脚。

2. 学会识别滑坡、泥石流。经验表明，滑坡灾害绝大多数发生在雨季，夜晚发生滑坡较白天发生滑坡的概率更大。

3. 在野外宿营时，应避免选在易发生滑坡、泥石流的地带，特别是雨季的夜晚最好不要在滑坡危险区逗留。

4. 注意发现滑坡前兆：山坡上树木长成马刀状。滑坡发生时导致树木倾斜，滑坡停止一段时间后树木因向上生长，树干部就形成带弯的马刀形状。坡面出现裂缝、坡脚隆起、泉水干枯或者突然变浑、动物惊恐等异常现象是滑坡的前兆，发现这些前兆时应及时撤离。

5. 当看到或听到山坡发生崩塌、滑坡时，应迅速判断崩塌、滑坡来源方向，不能顺着崩塌、滑坡运动方向逃离。通常情况下，应以最快速度向着垂直崩塌、滑坡运动的方向逃离。

6. 当看到或听到沟谷上游可能有泥石流发生时，要选择好逃生路线，不能顺着沟谷向下游逃离，而要以最快速度向沟谷两侧山坡上方逃离。

7. 如果学校校址选在山脚下，平时要留心周围地形环境，预先选定临时避灾场所。低缓宽厚的山冈往往不易发生崩塌、滑坡，可以选作避灾场所；沿山脊展布的道路比沿山谷展布的道路更安全，日常活动和避灾过程中都应尽量选择安全道路行走。

8. 预先做好必要的物资储备。有条件时，应在避灾场地预先搭建临时住所，提供基本生活条件。财产和生活用品也可提前转移到避灾场所，既可方便日常生活又能有效减少经济损失。根据具体情况提前准备好交通工具、通信器材、雨具、常用药品等。

（三）泥石流灾害

泥石流是山区沟谷中，由暴雨或冰雪融水等水源激发，混有大量的泥沙、石块的特殊洪流。泥石流往往突然暴发，浑浊的流体沿着陡峻的山沟前推后拥，奔腾咆哮而下，在很短时间内将大量泥沙、石块冲出沟外，在宽的堆积区横冲直撞、洪流堆积。

泥石流的形成必须同时具备以下 3 个条件：陡峻的，便于集水、集物的地形、地貌；丰富的松散物质；短时间内形成大量的水源。

泥石流主要是受连续降雨，尤其是集中降雨的激发而形成的。因此，泥石流多发生在多雨的夏秋季节，一般是在一次降雨的高峰期，或是在连续降雨稍后时间。此外，泥石流的发生还受暴雨、洪水、地震的影响，其活动周期与暴雨、洪水、地震的活动周期大体相一致。当暴雨、洪水两者的活动周期相叠加时，常常形成泥石流活动的一个高潮。泥石流发生时自救措施主要包括以下几个方面：

1. 迅速撤离到安全的避难场地

慌乱不利于逃生，应快速从容地观察泥石流的走向，不要顺着泥石流可能倾泻的方向跑，要向泥石流倾泻方向的两侧高处躲避。不要在土质松软、土体不稳定的斜坡停留，以免斜坡失衡下滑，应待在基底稳固的高处。发生在河床附近时，应立刻向河床两岸高处跑；发生在山坡上时，应向与泥石流流向成垂直方向的两边山坡高处跑。在确保安全的情况下，切忌不要在逃离时朝着泥石流方向跑，更不要不知所措，随泥石流滚动。

2. 来不及避开时应采取的措施

如果身边发生泥石流，不要惊慌，躲在坚实的障碍物下，如在坚硬的大岩石块下蹲着，不至于被砸伤；或者躲避在树林密集的地方，因为碎石滚落遇树就会减速，这样伤害会减小。如果脚底下的土地快速移动，你无法继续逃离时，应迅速抱住身边的树木等固定物体，并要注意保护好头部，可利用身边的衣物裹住头部。

3. 泥石流停止后的自救方法

泥石流停止后，不要放松警惕。因为泥石流会连续发生，必须快速设法脱离险境。如果不幸受伤或被困，找不到脱离险境的好办法，就要尽量保存体力，不乱动，以免造成新的伤害。向外发出呼救信号，避免大喊大叫，尽可能控制自己的情绪或闭目休息，等待救援人员到来。最实用的求救方法是用石块敲击能发出声响的物体。发生骨折或流血后，首先要将受伤的部位固定下来，其次要设法包扎，避免流血过多。

4. 野外露营时防范措施

（1）出行前要了解目的地天气状况。一定事先要了解当地近期天气实况和未来数日的天气预报，以及地质灾害气象预报。沿山谷徒步时，一旦遭遇大雨，要迅速转移到附近安全的高地，不在谷底过多停留。长时间降雨或暴雨渐小之后或雨刚停不能马上返回危险区，因为泥石流常滞后于降雨暴发。

（2）夜晚露宿要选择平整的高地作为营地，尽可能避开有滚石和大量堆积物的山坡下面，应避开河（沟）弯曲的凹岸或地方狭小、高度不足的凸崖。因为泥石流有很强的沟刷功能及直进性，这些地方很危险，不要在山谷和河沟底部扎营。

（3）选择离泥石流发生地较远的路线。不要存在侥幸心理，以为刚发生过泥石流的地区比较安全，有时泥石流会间歇发生。如果正驾车穿越刚发生泥石流的地区，一定要当心路上的杂物，最好绕道找一条安全的路线。如乘汽车遇到泥石流时，应果断弃车而逃，躲在车上容易被掩埋在车厢里窒息而死。

（4）学会预测泥石流。预测泥石流也很重要。一是听声音，仔细倾听是否有从深谷或沟内传来的类似火车轰鸣声或闷雷的声音，这种声音一旦出现，哪怕极微弱也应迅速撤离。二是看河水，当发现河中正常流水突然断流或洪水突然增大，并夹有较多的杂草、树木、泥土，都可以确认河上游已经形成泥石流。

任务3.2　突发公共卫生事件

安全提示：学校是人群聚集的特殊公共场所，一旦发生公共卫生事件，极易被传染，并可扩大到家庭和社会，因此，学生掌握必要的公共卫生安全知识显得尤为重要。

知识目标：了解公共卫生安全的相关知识。

能力目标：培养良好的生活习惯，掌握各类公共卫生传染病的预防及应对措施。

素质目标：提高对传染病的认识，有良好的知识积累和健康的体魄，能够健康成长，成为社会有用之才。

3.2.1 公共卫生事件概述

安全提问

1. 什么是公共卫生安全事件？
2. 公共卫生事件如何分级？

案例

2024年4月15日上午，某职校5名学生到医院就诊，经询问是在学校食用早餐后出现头晕和肚子痛，感觉像食物中毒症状到医院治疗。随后又有不同程度病情的20多名学生也出现类似症状。相关部门前往学校调查，发现食堂一些饭菜已经变质。

·案例分析·

全国各地学校食堂近年来事件频出，存在安全隐患的学校食堂并不是少数。就餐人数众多的学校食堂的食材采购、烹饪加工属于“规模化生产”，一旦监管有疏忽，很容易产生食品安全问题。

安全课堂

一、突发公共卫生事件

突发公共卫生事件是指突然发生，造成或者可能造成社会公众健康严重损害的重大传染病疫情、群体性不明原因疾病、重大食物和职业中毒，以及其他严重影响公众健康的事件。重大传染病疫情是指某种传染病在短时间内发生、波及范围广泛，出现大量患者或死亡病例，其发病率远远超过常年的发病率水平的情况。群体性不明原因疾病是指在短时间内，某个相对集中的区域内同时或者相继出现具有共同临床表现的患者，且病例不断增加。重大食物和职业中毒是指由于食品污染和职业危害的原因而造成的人数众多或者伤亡较重的中毒事件。

二、突发公共卫生事件的分级

突发公共卫生事件根据性质、危害程度、涉及范围划分为特别重大（Ⅰ级）、重大（Ⅱ级）、较大（Ⅲ级）和一般（Ⅳ级）四级。其中，特别重大突发公共卫生事件主要包括以下内容：

1. 肺鼠疫、肺炭疽在大、中城市发生并有扩散趋势，或肺鼠疫、肺炭疽疫情波及 2 个以上的省份，并有进一步扩散趋势。

2. 发生非典型肺炎、人感染高致病性禽流感病例，并有扩散趋势。

3. 涉及多个省份的群体性不明原因疾病，并有扩散趋势。

4. 发生新传染病或我国尚未发现的传染病发生或传人，并有扩散趋势，或发现我国已消灭的传染病重新流行。

5. 发生烈性病菌株、毒株、致病因子等丢失事件。

6. 周边以及与我国通航的国家和地区发生特大传染病疫情，并出现输入性病例，严重危及我国公共卫生安全的事件。

7. 国务院卫生行政部门认定的其他特别重大突发公共卫生事件。

3.2.2 常见传染病

安全提问

1. 传染病的类型有哪些？
2. 传染病的传播途径有哪些？
3. 如何预防传染病？

案例

2020年10月14日，有网友爆料，江苏某大学科文学院被爆多名学生感染肺结核，其中有一个班级的学生做肺结核检查，19个人肺结核CT存在问题，但学校并未重视。不到一年的时间，该校共有22名学生感染肺结核并休学治疗，曾对43名学生进行单独隔离进行医学观察。

·案例分析·

肺结核是由结核分枝杆菌感染引起的传染病，也就是古代俗称的“肺痨”。结核分枝杆菌本身是不会飞的，但它会与飞沫或者尘埃等结合。这些飞沫或者尘埃非常小，在空气中弥漫，能够通过呼吸道进入肺里。当人体处于免疫力低下的状态时，非常有可能被感染肺结核。作为高校大学生，校园内人员密集，应学会正确辨别结核病并学会自我保护。

安全课堂

一、传染病的含义

传染病，对于大学生来说或许听起来既熟悉又陌生。随着全球化进程的加快，传染病与我们的生活越发紧密相关。了解传染病的含义，不仅有助于保护自己，更有助于防范未来可能的健康威胁。

（一）传染病的含义

传染病是由特定的病原微生物或寄生虫引起的疾病，这些微生物或寄生虫能在人与人、动物与动物或人与动物之间相互传染。换句话说，传染病的一个显著特征就是具有可传播性。这些病原体可能是病毒、细菌、真菌，甚至是原虫或寄生虫。它们可以通过多种方式传播，如空气、食物、水、血液以及直接接触等。

（二）病原体的角色

每一种传染病都有其独特的病原体。例如，流行性感冒由流感病毒引起，艾滋病由人类免疫缺陷病毒（HIV）引起，而疟疾则是由原虫寄生在蚊子中传播的。这些病原体不仅能引起传染病，还具有一定的传染性。这意味着，一旦一个人被感染，他就有可能将病原体传染给其他人，形成传染链。因此，病原体的辨识和分离是研究传染病的基础。

二、传染病的类型

传染病，一个社会各界都在热议的话题，绝对不是离我们很远的概念。而大学生，作为未来社会的中坚力量，了解这些知识既是责任也是必需。

（一）按管理要求分

根据《中华人民共和国传染病防治法》，传染病可以分为甲、乙、丙三类，别被这些名称吓到，其实非常容易理解。

1. 甲类传染病。又称强制管理传染病，比如鼠疫和霍乱。这种病一旦出现，整个社会都得高度警惕，因为其传染性和危害性都非常大。

2. 乙类传染病。也叫严格管理传染病，包括大家耳熟能详的艾滋病、肝炎甚至狂犬病。这类传染病尽管不至于“一夜摧毁整个城市”，但也是需要高度注意和管理的。

3. 丙类传染病。亦称监测管理传染病，如流行性感冒、流行性腮腺炎、风疹等。这类疾病通常流行范围广，但症状较轻，政府会开展实时监测，以便在早期发现并进行防控。

（二）按照传播途径分

传染病的传播方式像拆礼物一样多种多样，有空气传播，也有接触传播，还有通过血液、食物传播等等。

1. 呼吸道传染病。呼吸道传染病主要通过飞沫、空气传播，包括流行性感冒、肺结核、腮腺炎、麻疹和百日咳。学校内空间相对封闭，人群密集，是这类疾病传播的高危环境。因此，保持良好的个人卫生习惯，如勤洗手、佩戴口罩、开窗通风等，尤为关键。

2. 消化道传染病。这一类疾病与咱们日常吃喝关系密切，包括蛔虫病、细菌性痢疾甚至甲型肝炎。饭前洗手，吃东西前检查卫生，这些小事儿可马虎不得。

3. 血液传染病。这些病通过血液传播，乙型肝炎、疟疾就是典型例子。保护自己尤其重要，特别是在使用针具的时候更要小心。

4. 体表传染病。体表传染病主要通过皮肤接触传播，包括一些性传播疾病和寄生虫病。学生在校园内与他人接触频繁，应当注意保护措施，避免与他人共用个人物品，减少感染风险。

5. 性传染病。这个其实并不陌生，比如艾滋病和梅毒。

三、传染病的传播途径

传染病是人类历史上长期存在且具有重大影响的一类疾病。随着全球化进程的加快，传染病的传播途径变得更加复杂和多样化。掌握传染病的传播途径有助于我们更好地预防和控制这些疾病，为社会的健康和稳定贡献力量。

（一）空气传播

空气传播是某些传染病的主要传播途径。当病原体能够在空气中长时间漂浮，它们就能通过呼吸系统感染人体。例如，结核病、流行性感冒和麻疹等疾病的病原体就可以在空气中自由飘散。病原体在空气中的直径通常小于 5 微米，这使得它们能在空气中飘浮较长时间并进行远距离传播。

为了预防通过空气传播的疾病，保持良好的通风是至关重要的。同时，使用口罩和空气净化设备也能有效减少病原体的吸入机会。此外，定期对公共场所进行消毒，可以进一步减少空气中病原体的浓度。

（二）飞沫传播

飞沫传播是许多传染病的主要传播途径之一。当患者咳嗽、打喷嚏或说话时，喷出的飞沫中附带了病原体，这些飞沫是细小液滴，能够在空气中短距离漂浮。细菌性脑膜炎、流行性感冒、腮腺炎、结核、麻疹等都是通过飞沫传播的常见疾病。

戴上口罩不仅可以防止自身感染，也能减少病原体的传播。保持一定的社交距离，尤其是在流感高发季节，是预防飞沫传播的有效方法。对于患者，应尽可能减少与他人的接触，并在咳嗽或打喷嚏时用纸巾或手肘遮掩口鼻，防止飞沫扩散。

（三）粪口传播

粪口传播途径涉及病原体通过污染食物或水进入人体的过程。未经过处理的废水或被病原体污染的食物，是这些病原体的主要传播媒介。霍乱、甲型肝炎、轮状病毒感染和弓形虫感染等疾病都可以通过这种途径传播。

正确处理污水和保证饮用水的清洁是防止粪口传播的关键。养成良好的饮食习惯，如在进食前和如厕后勤洗手，也是减少感染风险的重要措施。此外，食物应充分煮熟，避免饮用生水，以阻止病原体的传播。

（四）接触传播

接触传播指通过直接或间接接触传染病原体的一种传播方式。直接接触包括与患者的亲密接触，如亲吻等；间接接触则是指通过共享物品如毛巾、餐具、牙刷等而造成的感染。例如，水痘、疱疹等疾病就可以通过接触传播。

勤洗手是预防接触传播最基本也是最有效的方法。注意个人卫生，不与他人共用私人生活用品，可以有效减少传播风险。在公共场所，尽量避免与他人共享日用品，也应注意环境的清洁与消毒。

（五）垂直传播

垂直传播是指病原体从母体传递给胎儿的过程。这类传染通常在怀孕期间或分娩时发生，艾滋病和乙型肝炎是典型的通过垂直传播的疾病。

为了减少垂直传播，孕期的妇女应定期进行健康检查，特别是传染病的筛查。

一旦发现感染应在医生的指导下进行相应的治疗和管理，以降低病原体传给胎儿的可能性。此外，科学的产前和产后护理也非常重要。

（六）血液传播

血液传播指的是通过血液或血液制品传染的方式。常见的途径包括不洁的注射器、输血以及一些外科手术。艾滋病和肝炎病毒（如乙型肝炎和丙型肝炎病毒）是通过血液传播的主要病原体。

在医疗过程中，使用一次性无菌注射器和血液制品是避免血液传播的关键。对于医务人员来说，严格遵守消毒和操作规范，采取戴手套等防护措施，也可以有效防止感染。此外，公共场所（如社区诊所和美容院）也需加强管理，确保用具的清洁与消毒。

四、传染病的预防原则

传染病流行的三个基本环节是传染、传播途径和易感人群，三个基本环节中缺乏任何一个都无法造成传染病的流行，所以对于传染病的预防也主要集中在这三个方面。

（一）控制传染源

控制传染源是预防传染病的首要步骤。对于已确诊的患者，第一时间进行隔离是必不可少的。这不仅有助于防止病情蔓延，还能为患者提供更加专业的治疗环境。疑似患者的隔离观察同样重要，因为他们也可能成为潜在的传染源。

确诊病例和疑似病例所产生的分泌物、排泄物等也必须进行严格的消毒处理。传染病的传播往往通过这些途径扩散，因此科学的处理方法是保证环境安全的关键。

（二）切断传播途径

1. 消毒和环境管理

切断传播途径在许多传染病的预防中起着关键作用。例如，肠道传染病的传播途径主要是通过污染的食物和水源，因此环境卫生和消毒至关重要。学校、饭堂和宿舍是防控的重点区域。

2. 空气质量和个人防护

对于像流感这类的呼吸道传染病，空气质量管理和个人防护无疑是切断传播途径最有效的措施之一。通过保持室内通风、使用空气净化器以及佩戴口罩等方法，我们可以显著降低这些传染病的传播风险。

（三）保护易感人群

1. 注射预防性疫苗

保护易感人群是一项较为直接和容易实现的预防措施。对于那些已经有预防性疫苗的传染病，给易感人群接种疫苗是确保其免受感染的重要手段。例如，流感疫苗每年都在更新，以应对不同的病毒株，确保接种人群的预防效果。

2. 营养和免疫力提升

除接种疫苗外，提升易感人群的免疫力也是预防传染病的重要途径。合理的饮食、充足的休息以及适当的体育锻炼都能增强人体的免疫功能，从而提高对传染病的抵抗力。

知识拓展

《突发公共卫生事件应急条例》是国务院于2003年5月7日通过，并于同年5月9日公布的法规。该条例旨在有效预防、及时控制和消除突发公共卫生事件的危害，保障公众身体健康与生命安全，维护正常的社会秩序。条例的制定是基于总结防治非典型肺炎（SARS）工作的实践经验，目的是在我国建立起一个“信息畅通、反应快捷、指挥有力、责任明确”的处理突发公共卫生事件的应急法律制度。

条例的主要内容包括：

1. 总则：规定了条例的制定目的和突发公共卫生事件的定义。

2. 预防与应急准备：包括对突发事件的监测、预警和应急处理技术的准备。

3. 报告与信息发布：规定了突发事件的信息报告时限和要求。

4. 应急处理：涉及突发事件的应急处理措施和责任分工。

5. 法律责任：明确了各级政府和相关部门在应急处理工作中的法律责任。

条例还规定了对于突发公共卫生事件中玩忽职守、失职、渎职的行为将给予行政处分，甚至刑事责任。同时，条例还强调了任何单位和个人不得隐瞒、缓报、谎报突发公共卫生事件。

《突发公共卫生事件应急条例》的公布施行标志着中国突发公共卫生事件应急处理工作纳入法制化轨道，进一步完善了突发公共卫生事件应急处理机制。

五、常见传染病的预防

在大学生的生活和学习中，传染病的预防是一个至关重要的话题。特别是在流感季节，预防措施的落实不仅仅是为了保护自己，更是为了保护周围的同学和朋友。随着全球化的发展，传染病的传播途径变得更加多样和广泛。理解这些常见传染病，并掌握科学有效的预防措施，是每一个学生应当具备的重要素质。

（一）流行性感冒的认识及预防

1. 认识流行性感冒

流行性感冒（流感）是一种由流感病毒引起的高度传染性的急性呼吸道传染病。流感病毒种类繁多，常见的有 A、B、C 三型，其中以 A 型和 B 型病毒为主。流感病毒具有高度的变异性，每年都可能出现新的病毒株，人们对这些新型病毒株通常缺乏免疫力，从而导致流行性感冒的全球性传播。流感的主要症状表现为反复高烧、咳嗽、喉咙痛、肌肉疼痛、疲劳感等，严重者可能会出现肺炎、支气管炎、心肌炎等并发症。

2. 预防措施

流感的预防措施被广泛推广，并且被证实是有效的。想要预防流感，最重要的就是做到以下几点：

（1）早期发现，隔离病人

流感具有很强的传染性，因此，早期发现症状并隔离病人是控制其传播的关键一步。医学院的教授常常强调，如果感觉到发热、咳嗽等流感症状，应立即就医，并尽量避免与他人接触。

（2）定期开窗通风，多到户外活动

密闭的环境更容易滋生病菌，流感病毒也不例外。定期开窗通风，保持室内空气新鲜，可以有效减少病毒的浓度。此外，多到户外活动，呼吸新鲜空气，对增强体质，提升免疫力也有很大的帮助。

（3）养成良好的个人卫生习惯

流感病毒可以通过接触传播，因此日常卫生习惯显得尤为重要。洗手是减少病毒通过接触传播的有效方法，并且应该使用流动的清水和肥皂或者消毒洗手液。正确的洗手步骤也很关键，简单地冲洗几下并不能有效去除病菌。

（4）避免到人群密集的场所或佩戴口罩

流感流行期间，人群密集的地方往往是高危区，病毒在空气中的传播速度会更快。因此，尽量避免到人多的地方，如果必须出行，佩戴口罩可以大大降低感染的风险。

（5）接种流感疫苗

流感疫苗可以有效预防流感，每年秋季接种流感疫苗，对预防当年流行的流感病毒有良好的效果。

（二）艾滋病的认识及预防

1. 艾滋病的概述

艾滋病（AIDS），全称为获得性免疫缺陷综合征，是由人类免疫缺陷病毒（HIV）引起的一种慢性、致命性传染病。自从1981年首次发现以来，艾滋病已经在全球范围内造成了巨大的社会和公共卫生挑战。

2. 预防措施

（1）避免婚前性行为，反对性混乱

艾滋病的主要传播途径之一是性接触，因此，性行为的规范化是预防艾滋病的重要措施之一。很多患者因为缺乏性教育和保护意识，曾有多次不安全的性行为，导致感染艾滋病毒。接受正确的性教育不仅仅是一个生理知识的问题，更是一个关乎生命健康和社会责任感的问题。

（2）打击卖淫、嫖娼，远离毒品

卖淫、嫖娼和吸毒行为是艾滋病传播的高危行为，打击这些行为有助于减少艾滋病的传播风险。

（3）不用未经检验的血液制品，不与他人共用个人用品

艾滋病可以通过血液传播，因此，使用安全的血液制品和避免共用可能有血液污染的个人用品（如牙刷、剃须刀等）是预防的重要环节。

（三）结核病的认识及预防

1. 肺结核的概念

结核病（Tuberculosis，简称 TB）是由结核分枝杆菌引起的慢性传染病，以肺部感染最为常见。结核病具有较高的传染性，通过空气飞沫传播，发病往往缓慢，症状隐匿，但一旦确诊，若未及时治疗，可能会导致严重的后果。

2. 预防措施

结核病的预防措施既包括对感染者的管理，也包括对普通人群的日常防护。

（1）保持良好的个人卫生习惯，保持居住场所干燥通风。结核病菌在潮湿、闭塞的环境中容易存活和传播，保持环境的通风和干燥、良好的个人卫生习惯对预防结核病起到至关重要的作用。

（2）对感染者进行预防性服药，已患病者需规范化治疗。结核病的治疗需要长期坚持，规范化治疗能够有效控制病情并减少传染风险。

（3）避免参加聚集性活动，及时处理病人用的物品。结核病的传播速度快，特别是在密闭和人员密集的场所。在流感季节或病情高发期，尽量避免去人群密集的地方，同时也要注意清洁和消毒接触过结核病患者的物品。

（四）禽流感的认识及预防

1. 禽流感的概述

禽流感看似是鸟类的专属疾病，但它能跨物种传染给人类。这些病毒主要通过猎禽分泌物如粪便的直接接触传播给人类。截至目前，大部分人感染案例是通过接触感染禽类产生的，但尚未发现人与人之间直接传播的病例。

一旦人类感染禽流感，症状可能跟普通流感有些相似，但更加严重。例如，高热、咳嗽、流涕、肌痛、咽痛、头痛和全身不适等都是常见症状。此外，一些患者会出现恶心、腹痛、腹泻等消化道症状，还有部分患者眼部也可能受到影响，例如眼结膜炎等。

2. 预防措施

（1）购买经过检疫的禽类产品

尽量在正规的销售场所购买经过检疫的禽类产品，以降低感染的风险。在购买禽类产品时，注意查看是否有检疫合格的标志，不购买来源不明的禽类。

（2）减少与禽类的接触

尽可能减少与活禽的接触，尤其是要避免与病禽、死禽的接触。例如，在市场选购禽类时，要注意保持安全距离，不要随意触摸禽类或者其排泄物。

（3）养成良好的卫生习惯

接触过禽鸟或禽鸟粪便后，要使用消毒液和清水彻底清洁双手，防止病毒通过手接触传播。此外，坚持每天开窗通风 1 ~ 2 次，每次半小时，保持室内空气流通。

（4）饮食卫生

吃禽肉时一定要煮熟、煮透，在食用鸡蛋前应将蛋壳先用流水清洗，并且烹调加热充分，不食用生的或半生的鸡蛋。

（5）避免与野生禽类的接触

不要喂养野鸽或其他雀鸟，外出时尽量避免接触禽鸟。例如不前往观鸟园、农场、生禽市场，不到公园喂白鸽或野鸟等。这样可以有效减少与潜在感染源的接触。

（五）病毒性肝炎的认识及预防

病毒性肝炎是由不同类型的肝炎病毒引起的，以肝脏炎症和坏死为主要特征的一组传染性疾病。它拥有高传染性、复杂的传播途径，以及广泛的流行面。大学生作为社会的未来栋梁，了解并预防病毒性肝炎对于个人健康和公众卫生具有重大意义。

1. 病毒性肝炎的类型及症状

病毒性肝炎主要包括甲型、乙型、丙型、丁型和戊型肝炎五种。甲型和戊型肝炎的主要表现为急性肝炎，而乙型、丙型和丁型肝炎可以表现为急性或慢性肝炎，不同类型的肝炎对人体健康影响各有不同。

急性肝炎的症状包括乏力、食欲减退、恶心、肝区疼痛等，病程较短。慢性肝炎则症状隐匿，但可能导致肝硬化和肝癌，严重影响生命质量和预期寿命。

2. 传播途径

（1）甲型肝炎

甲型肝炎通过消化道传播，传染源为急性病人和感染者。主要通过受污染的食物和水传播，儿童及青少年是高发人群。

（2）乙型肝炎

乙型肝炎主要通过医源性传播、伤口感染和母婴垂直传播。其传播途径复杂，常见于 20—40 岁的青壮年。

（3）丙型肝炎

丙型肝炎主要通过输血、血制品和伤口感染传播。与乙型肝炎不同，它在幼儿中的感染概率较低，对于成人来说具有高危特性。

（4）丁型和戊型肝炎

丁型肝炎的传播方式与乙型肝炎类似，需要乙型肝炎病毒共同感染。而戊型肝炎主要通过被患者粪便污染的水源或食物传播，多见于成人。

3. 预防措施

（1）个人卫生与生活习惯

每天勤洗手，特别是饭前便后；饮用干净的水，食用安全卫生的食品。在疫情流行期间，应避免前往人流密集的场所，以降低感染风险。养成良好的个人卫生习惯对于预防甲型和戊型肝炎尤为重要。

（2）医疗和注射安全

避免使用未经消毒的医疗器械和血制品是减少乙型和丙型肝炎传播的重要措施。对于高危人群，接种疫苗，如甲肝疫苗和乙肝疫苗，可以有效预防感染。

（3）特殊人群的保护

对于母婴传播高风险的产妇，应及时注射乙肝免疫球蛋白，以保护新生儿免受病毒感染。此外，对于急性期病人，应进行严格隔离，注重防控工作。

（六）狂犬病的认识及预防

狂犬病，一种由狂犬病毒引起的急性传染病，被称为“恐水症”，其可怕性不言而喻。由于感染后病死率接近 100%，一旦症状出现，患者几乎无望生还。因此，对狂犬病的认识与预防至关重要，尤其对于年轻的大学生而言，了解如何保护自己是非常必要的。

1. 狂犬病概述

狂犬病是一种急性传染病，由狂犬病毒引起。它主要通过被患病动物咬伤或抓伤而传染给人类。犬、猫，甚至如狼和蝙蝠等野生动物都是狂犬病的常见传播者。狂犬病症状包括恐水、怕风、咽肌痉挛和进行性瘫痪。在我国，狂犬病主要通过犬类传播，而无症状的携带者（健康的家犬）同样会对人类健康构成重大威胁。

狂犬病一旦发病，几乎 100% 致命。其症状出现后的 3 到 6 天内，患者通常会因呼吸或循环衰竭而死亡。因为至今没有有效的治疗手段，所以预防工作显得尤为关键。相关研究指出，尽早接种疫苗和采取防治措施是预防狂犬病的有效途径。

2. 狂犬病的传播和危害

（1）人畜共患病

狂犬病被称为“人畜共患病”，意味着它能够在动物与人类之间互相传播。受感染的动物通过咬伤、抓伤或舔伤口将病毒传播给人类。一旦感染，病毒就会攻击中枢神经系统，引发一系列严重的症状，包括恐水、抽搐，最终导致瘫痪。

（2）狂犬病的速发特性

狂犬病的可怕之处在于其速发特性。病情一旦发作，几乎没有生还的机会。每年全球数以万计的人因狂犬病死亡，大部分病例发生在亚洲和非洲。禁止与流浪动物接触及及时处理伤口成为极为重要的防御策略。

3. 预防措施

（1）管理传染源

预防狂犬病的第一步是管理传染源。这包括对家养宠物的免疫接种，控制流浪动物数量。对因狂犬病死亡的动物，应采取焚烧或深埋的方式处理，避免剥皮或食用，以防病毒传播。

（2）及时处理伤口

被动物咬伤或抓伤后，应立即用肥皂水反复冲洗伤口，再用 75% 的酒精或碘酒涂抹伤口内外。深而严重的创口需用导管持续灌注清洗，并尽量去除狗涎及挤出污血，可以最大限度地减少感染风险。及时就医。

（3）接种狂犬疫苗

狂犬疫苗是预防狂犬病的有效手段。若被咬伤，应立即按 0、3、7、14、28 天五次注射狂犬疫苗。对于头部、颈部以及其他严重创伤，注射狂犬病血清也是必要的，这能提供直接的免疫保护。

知识拓展

狂犬病的常见误区

1. 狂犬病只在乡村高发？

狂犬病不仅仅在乡村地区存在，城市中流浪动物和未受过免疫接种的宠物同样是高危因素。城市居民也应当高度重视。

2. 被猫抓伤不用担心？

许多人误以为只有被狗咬伤才会感染狂犬病。事实上，猫也是狂犬病的传播者之一，被抓伤后同样需要及时处理伤口并接种疫苗。

任务3.3　突发社会安全事件

安全提示： 社会各类突发事件时有发生，并有逐渐增加的趋势，加强对突发公共事件的防范很有必要。大学生应提高应对突发事件的能力，知晓各种应急预案，便于在灾害发生时，及时脱险、保护好自己，减少不必要的损失。

知识目标： 提高应对社会安全事件的认知能力。

能力目标： 掌握在灾害发生时，及时脱险、保护好自己等各类技能。

素质目标： 知晓各种应急预案，减少不必要的伤亡和损失。

3.3.1　突发社会安全事件概述

安全提问

1. 什么是突发社会安全事件？

2. 突发社会安全事件发生的原因有哪些？

案例

2023年11月3日，宁波某大学发生了一起校园暴力事件，一名即将大学毕业步入薪新生活的大四学生跳楼自杀，生前留下的3 000字遗书控诉了生活的窒息，遗书中有写到多次被同学、室友侮辱的场景，自己承受了巨大的精神压力。

· 案例分析 ·

在面临校园暴力时，应积极寻求帮助，要敢于拿起法律武器来保护自己的合法权益不受侵害。

安全课堂

一、突发社会安全事件的定义

所谓突发社会安全事件，是指突然发生并可能迅速演变或激化为较大规模和影响，并且将危及社会安定的事件。突发社会安全事件按照其性质、严重程度、可控性和影响范围等因素一般划分为4级：Ⅰ级（特别重大）、Ⅱ级（重大）、Ⅲ级（较大）和Ⅰ级（一般）。

校园突发社会安全事件，指的是在校园内部突然发生的，对师生人身安全、学校财产安全以及教育教学秩序带来或可能带来严重后果的紧急情况。这类事件的显著特征有突发性、紧迫性、极高的不确定性和广泛的波及效应等。面对此类紧急状况，学校必须迅速启动预先制定的应急响应机制，实施切实有效的应对策略，确保师生生命财产安全及校园的稳定运行。

校园突发社会安全事件的范围广泛，涵盖多个领域，具体包括但不限于以下几类：安全事故，如火灾、交通事故、体育活动意外、劳动及社会实践中的意外、设施故障等；公共卫生事件，如食物中毒、传染病流行等；群体性事件，如校园暴力、欺凌现象、冲突斗殴、学生集体上访等；自然灾害，如地震、洪水、泥石流等灾害；其他紧急情况，如网络安全问题、心理健康危机等。

二、高校突发社会安全事件的原因

高校突发社会安全事件发生的原因多种多样，但仔细分析，其发生的潜在因素或深层次原因具有一定的共性，可以概括地归纳为学校、学生、社会3个方面。

（一）学校方面

首先，随着我国高等教育的普及，各高校在校生人数快速增长，人员密集易引发突发事件。

其次，学校管理中存在薄弱环节，学校的专业人员配备和所投入财力、物力还有所欠缺，预防突发事件的机制有待进一步完善。

（二）学生方面

一方面，大学生年轻、涉世不深，判断是非的能力整体较弱，思考方法容易片面，情绪容易偏激，行为容易冲动且不计后果。如果不能及时发现、引导和处置，就有可能演化为影响较大的事件。另一方面，部分大学生纪律观念不强，加上平时参加演练不够，遇事容易混乱等，使得突发事件不易解决。

（三）社会方面

中国社会发生了巨大的变化，人民生活水平普遍大幅提高。但是随着经济的增长，贫富差距进一步拉大，社会矛盾和不稳定因素经过多年的积累也逐渐暴露。同时，在经济快速发展下，社会也处于转型阶段，存在食品安全、腐败问题、医疗保险、就业形势严峻等影响民生的情况和问题。这些都对高校学生的稳定存在潜在的影响，是不容忽视的社会因素。

三、应对突发社会安全事件的措施

1. 认真学习有关应对突发事件的应急措施，熟悉相关知识和程序。

2. 积极参加学校、社会组织的突发事件应急演练，熟知各种场所逃生通道和逃生方法。

3. 常备小药箱，在突发事件发生时，可以及时地进行简单救助。

4. 在突发事件发生时，要听从相关人员的指挥，切忌混乱。

5. 自己未受伤的情况下，要科学地对被困人员实施救助，设法帮助他人脱险。

3.3.2 社会安全事件防范

安全提问

1. 常见的突发社会安全事件有哪些？

2. 如何应对突发社会安全事件？

案例

2023年7月5日，北京某职业学院发生了一起校园欺凌事件。根据报道，事件中一名男学生因试图制止校园霸凌而遭到其他同学的辱骂和围堵。这名男生在食堂就餐时，看到一名女同学被欺凌，他上前劝阻，但随后遭到多名同学的围攻和侮辱。事件视频在网络上流传，引起了公众的广泛关注。

学校对此事件表示了零容忍的态度，并立即启动了调查程序。学校表示将严肃处理此事，并对涉及的学生进行相应的纪律处分。同时，学校也强调了加强校园欺凌防治的重要性，并承诺采取更加有效的措施来保障学生的安全和维护校园秩序。

· 案例分析 ·

这起事件再次凸显了校园欺凌问题的严重性，以及学校在预防和处理此类事件中需要承担的责任。学校和教育部门需要采取更加积极的措施，包括加强师生对校园欺凌的认识，完善相关制度和法规，以及提供有效的干预和支持，以营造一个安全、和谐的校园环境。

安全课堂

一、群体性事件

群体性事件，指的是在一定社会矛盾触发下，由特定群体或非特定多数人临时聚集而成的偶合群体所发起的行动。这类事件通常以人民内部矛盾的形式出现，表现为未经合法授权的大规模集结，其目的在于通过集体的语言或肢体冲突等行为，传达诉求、主张权利、维护自身利益，或是宣泄不满情绪，旨在制造社会影响。此类活动往往会对社会秩序和稳定带来显著的负面影响。

高校常见的群体性社会安全事件主要包括以下几种类型：群体斗殴事件，可能由个人恩怨、地域差异、民族矛盾等原因引发。集体抗议活动，学生可能因为对学校的管理政策、教学质量、费用问题等不满，组织起来进行集体抗议，包括集会、示威、罢课等形式。食品安全事件，如校园食堂出现食品安全问题，导致学生集体食物中毒，这类事件容易引发学生的恐慌和集体行动。公共卫生事件，如传染病在校园内的爆发，可能会引起学生和家长的广泛关注，甚至出现集体恐慌。网络群体性事件，通过网络平台传播的谣言、不实信息，可能引发学生在现实中的集体行动，如集体罢课、聚集等。紧急疏散事件，如火灾、地震等自然灾害或人为事故，需要高校组织大规模的紧急疏散，这类事件若处理不当，可能引发踩踏等二次灾害。心理危机引发的群体性事件，如学生因心理压力过大或其他心理问题，可能在校园内引发集体性的心理危机事件。

二、校园暴力

（一）校园暴力的概念

暴力行为是指故意使用肢体力量或者权力，对他人、群体或者社会进行威胁或者伤害，或有较大的可能造成人身伤害甚至死亡的破坏或抢夺的行为。

校园暴力顾名思义是指发生在校园及其附近的，以学校教师或学生为施暴对象的恃强凌弱的暴力行为。一个学生如果反复或长期地受到一人或多人的攻击，这个学生即是暴力或迫害行为的受害者。

（二）校园暴力的常见形式

1. 行为暴力

行为暴力主要指打架斗殴、敲诈勒索、抢劫财物等一系列对人身及精神造成某种严重伤害的侵害行为。校园暴力的形式主要有五种：一是索要钱物，不给就拳脚相加，威逼利诱；二是以大欺小，以众欺寡；三是为了一点小事大打出手；四是同学之间因“义气”之争，以暴力手段争长论短；五是不堪长期受辱，以暴制暴。

2. 语言暴力

语言暴力主要指通过语言对精神造成某种严重伤害的侵害行为，包括起侮辱性外号、造谣污蔑等行为。

3. 心理暴力

心理暴力主要指通过言语、行为或其他方式对精神造成某种严重伤害的侵害行为。恐吓、侮辱、排斥、歧视、孤立等行为都是心理暴力行为。

（三）应对校园暴力

应对校园暴力，能否辨别是前提。既不能在遭遇突发事件、生命安全受到威胁时全然不知，以为那仅仅是不礼貌行为；更不能在目睹校园暴力时无动于衷，以为只是同学间的嬉笑打闹。要抵制校园暴力，首先要具备对校园暴力的识别能力。

1. 注重心理的健康发展

心理因素是引发校园暴力的一个重要因素。当我们面临心理压力时，一定要做到不要让压力占据我们的头脑，保持乐观是缓解心理压力的关键，不养成消极的思考习惯，遇事要多往好处想。与他人交流时能有效地沟通，合理地表达自己的情绪，有利于自我调节心理压力。在平时的生活中，应主动与他人沟通，尽量敞开心扉，表达心情，诉说心声，通过外界的帮助来完善思维，从而避免遇事冲动，自作主张。

2. 加强自身的法律意识和法制观念

施暴者法律意识的淡薄，是产生校园暴力的另一个主要原因。一些同学考虑问题过于偏激，过于钻牛角尖，认准了一点就无法考虑其他问题，想不到可能导致的严重后果，等到需要承担法律责任时才发现问题的严重性，但往往这时候后悔已晚。所以为了加强自身的法律意识和法制观念，我们要学法、懂法、守法、用法，既要以法律来规范自己的行为，也要以法律来保护自身的合法权益。

3. 树立正确的安全道德观念

在关注自身安全的同时关注他人的安全。助人为快乐之本，社会需要弘扬正气。同情我们身边的人，珍爱自己和他人的生命，避免悲剧的发生，这是我们应该做的。

4. 不参与校园暴力

道理是讲出来的，而不是打出来的。我们在日常校园生活中，文明用语"你好""请""谢谢""对不起""再见"这10字应常挂口中，不讲粗言秽语。同学之间应和睦相处，不拉帮结派。宽以待人，互相尊重，相互礼让，相互体谅。遇到问题时，需要的是解决问题的办法，而不是制造问题的暴力手段。当有同学"邀请"我们去参与校园暴力时，我们应该断然拒绝，坚决不当校园暴力行为的帮凶。

5. 不崇拜暴力文化

首先，应该远离那些充斥着暴力文化的影视作品、书籍、报刊及游戏等，不给暴力文化的存在留空间。在现实生活中，暴力不会帮助解决任何问题，只会激化矛盾。其次，正确认识影视、书刊中英雄人物的形象和意义，不盲目崇拜影视作品中那些“除暴安良”的英雄人物，不用暴力表现自己的价值。最后，培养健康高尚的审美情操，多接触有益身心的文化。

6. 避免自己成为施暴者的目标

平时不要随身携带太多的钱、首饰等贵重物品，不公开显露自己的财物。学校僻静的角落、厕所或楼道拐角是校园暴力的多发地带，在这些地方活动时尤其要注意，最好结伴而行。应对暴力，临危不乱。如果无法避免危险的发生，那么一定不要惊慌，保持冷静、清醒的头脑是制胜的关键。

7. 遭受语言暴力时的自救

应对语言暴力，通常可以采取以下方式：一是淡然处之，对付语言暴力最好的办法是保持沉默；二是自我反省，遭遇语言暴力的同时，还应该分析自身，自己的行为或做事的方法是否存在问题；三是无畏回应，如果对方是有意并且是较为恶劣的人身攻击或伤害，就有必要对攻击者郑重地声明自己的立场；四是肯定自己，不要受对方侮辱性语言的影响，要积极肯定自己的价值；五是调整心理，对于外界的打击和辱骂，要有一个好的心态，要学会爱惜自己，不要让他人来影响你的情绪和健康，调节好心理；六是法律维权，如果语言施暴者的行为已经构成了诽谤，并对自我造成严重的精神伤害，可以诉诸法律，用法律来维护自身的权益。

8. 遭受行为暴力时的自救

如果被攻击者殴打该怎么办？一是找机会逃跑；二是大声呼救；三是如果以上退路被攻击者截断，那么应双手抱头，尽力保护头部，尤其是太阳穴和后脑。

9. 遭受心理暴力时的自救

对于心理施暴，要从自我心理调整入手。如果在学校遇到了排斥、歧视、孤立等心理暴力行为，我们应该自己积极、主动地去与别人沟通，弄清楚原因。如果自己无法解决，可以向老师、家长等求助。

10. 及时报告，以法维权

一些同学不敢把校园暴力告诉家长和老师，更不敢报警，甚至警方破案后也不敢出面作证，成为“沉默的羔羊”。然而，忍气吞声往往会导致新的暴力事件的发生。所以一旦有暴力情况发生，要及时告诉家长、老师和警察。发现他人遭遇紧急情况，要第一时间打电话向公安机关求助，采取有效的救助措施。

三、踩踏事故

（一）踩踏事故的含义

踩踏事故指在聚众集会中，特别是在整个队伍产生拥挤移动时，有人意外跌倒后，后面不明真相的人依然在前行，踩踏跌倒的人，并恶性循环的群体伤害意外事件。

（二）踩踏事故的特点

1. 人数多，人群密集

大型社会活动的首要特征就是参与人员多。一般大型社会活动参与人数动辄在万人以上，而国际性的大型社会活动更是以组织规模庞大、参与人数众多而引人注目。

2. 人群构成复杂

大型活动的参与者在性别、年龄、职业、学历、文化、信仰等方面存在诸多差异，一旦发生突发事件，不便于进行统一管理。例如，老年人、女性和儿童等属于弱势群体，他们在拥挤踩踏事故中由于体力、安全技能等比中年男性弱，更容易受到伤害。

3. 人群心理素质难以预测

心理素质包括人的情绪、性格、心理状态等方面，这些潜藏在人们内心的因素难以准确预测，而良好与否的心理素质是能否有效应对拥挤踩踏事故的重要因素。稳定理性、沉着冷静、性格乐观等状态使人们容易科学正确地认识、分析问题，迅速从事故中逃生；慌乱、焦虑、急躁、恐惧、悲观等思想则使人们更易丧失理智，盲目从众，使拥挤踩踏事故进一步严重。

（三）踩踏事故的预防和应对

当身处密集人群环境中，如果没有科学完善的管理措施及一定的安全常识，一旦遇到突发事件极易造成严重后果。因此，在人多拥挤的地方要学会判别危险，加强自我保护意识，并迅速脱离险境。

1. 遭遇拥挤，及时退避

当发觉人群向着自己行走的方向拥挤而来时，应该马上避到一旁，切勿奔跑，以免摔倒。如果路边有商店、咖啡馆等可暂时躲避的地方，应先躲避。切记不要逆人流前进，那样非常容易被推倒在地。若身不由己陷入人群之中，一定要先稳住双脚。切记远离店铺的玻璃窗，以免因玻璃破碎而被扎伤。遭遇拥挤的人流时，一定不要采用体位前倾或者低重心的姿势，即便鞋子被踩掉，也不要贸然弯腰提鞋或系鞋带。抓住一样坚固牢靠的东西，例如路灯柱之类，待人群过去后，迅速而镇静地离开现场。

2. 若被推倒，蜷成球状

在拥挤的人群中，要时刻保持警惕，当发现人群情绪异常，或人群开始骚动时，及时做好保护自己的准备。脚下应保持敏感，千万不能被绊倒。发现前面有人摔倒，应马上停下脚步，同时大声呼救，告知后面的人不要向前靠近。当带着孩子遭遇拥挤的人群时，最好把孩子抱起来，避免孩子在混乱中被踩伤。若被推倒，要设法靠近墙壁。面向墙壁，身体蜷成球状以保护身体脆弱部位，并双手在颈后紧扣。

3. 保持镇定，及时自救

拥挤踩踏事故发生后，应赶快报警，等待救援。在医务人员到达现场前要抓紧时间用科学的方法开展自救和互救。在救治中，要遵循先救重伤者、老人、儿童及妇女的原则。发现伤者呼吸、心跳停止时，要赶快做人工呼吸，辅之胸外按压。

四、电梯事故

随着科技的进步，滚梯、传送带、电梯等一系列代步工具越来越多地出现在人们的生活之中，在给大家带来便利的同时，安全隐患也随之而来。

（一）乘坐扶梯时的注意事项

1. 要与前后行人保持距离。
2. 要靠右侧站立，给左侧急行的人留出空间。
3. 不要在扶梯上逆行、打闹或坐卧。
4. 不要将头或身体探到扶梯以外，防止被悬挂物碰伤。
5. 防止衣物或携带物品被卷入扶梯中。

（二）乘坐直梯时的注意事项

1. 乘电梯时要遵循先下后上、快进快出原则，避免在地面与轿厢连接处停留。
2. 乘电梯时要避免电梯超员。
3. 当电梯门将要闭合时不要强行拉、撞电梯门，以免造成电梯的接触器损坏，引发危险事故。
4. 当电梯轿厢地面与外部地面明显不在同一水平面上时，不要使用电梯，并及时与工作人员联系。

5. 发生地震、火灾、电梯进水等紧急情况时，不使用电梯，改走消防通道或楼梯。

（三）电梯紧急避险

1. 如果衣物或携带物品被卷入扶梯，应在短时间内迅速判断能否拉出。如果不行，要迅速脱下衣物或松开携带物品，防止受到伤害。出现这种情况后，要快速通知相关管理人员。如果附近没有管理人员，应找到并按下位于扶梯两端的红色紧急制动按钮，并大声示意已经在扶梯上的人员，避免因扶梯的突然减速停止而给其他人造成伤害。

2. 乘坐电梯时，如果电梯因故障而发生停梯，乘坐人员切勿慌乱，应通过警铃应急电话或手机等方式与相关人员取得联系，请求救助。如果以上联络方式无效，也可以通过叫喊，拍打厢体，或脱下鞋子，用鞋拍门等方式引起电梯外人员的注意。如果无人回应，需镇静等待，观察动静，适时呼救，保持体力，等待救援。

3. 困在电梯里的人无法确认电梯的所在位置，因此不要强行扒门或从轿厢顶端逃生，这样会带来新的危险。

4. 当电梯急剧上升或急剧下降时，要迅速把每一层楼的按键都按上。如果有应急电源，应立即按下。

5. 如果电梯坠落已无可避免，此时应该紧握电梯扶手固定身体，将整个背部和头部紧贴电梯轿厢内壁，以保护脊椎。同时下肢呈弯曲状，前脚掌着地，脚跟提起以减缓冲力。

五、动物致伤

近年来，饲养宠物变为一种时尚。宠物与人相处得好，便是人类的好朋友；但若发起狂来，也会给人带来伤害。另外，在郊外游玩的过程中，难免遇到毒虫或毒蛇。掌握预防和处理动物致伤的方法，既可以远离危险，也可以把握宝贵的救援时机。

（一）被猫、狗咬伤

1. 应该立即用大量肥皂水、盐水或清水反复冲洗伤口，将粘在伤口上的血液和猫、狗唾液冲洗干净，冲洗时间最好在半小时以上。如果现场没有水源，也可以先用小便代替，再设法寻找水源。

2. 由于猫、狗咬的伤口往往外口小、里面深，所以冲洗时尽量把伤口扩大，让其充分暴露，并用力挤压伤口周围软组织。

3. 伤口处理之后应注射狂犬病疫苗或狂犬病抗毒血清。在注射疫苗期间，不要饮酒、喝浓茶或咖啡，也不要吃有刺激性的食物，如辣椒、葱、大蒜等。同时要避免受凉、运动或过度疲劳，防止感冒。

（二）毒虫致伤

1. 被蜈蚣咬伤，应用 3% 氨水或 5% 的碳酸氢钠液冷湿敷，也可以立即用 5% 的碳酸氢钠或肥皂水、石灰水冲洗，不可用碘酒。

2. 被蝎子蜇伤，如果伤口在四肢，应在伤口靠近心脏一侧缠止血带，取出蝎子毒钩，将明矾研碎，用米醋调成糊状涂在伤口上。

3. 被毒蜂蜇伤，应先用消毒针将留在肉内的断刺剔除，然后用力掐住被蜇伤部分，用嘴吸出毒素。用肥皂水充分清洗患处，然后用酸性溶液（如食醋）洗敷。全身症状较重者应速到医院诊疗。

4. 被蚂蟥咬住，不可用力拉扯。应该用手掌或鞋底使劲儿拍击，或者在其身上撒一些食盐或点几滴盐水，蚂蟥自然会松开吸盘

5. 被毛虫蜇伤，应该立即用橡皮膏将毒毛黏出。

六、恐怖活动

（一）恐怖活动的定义

《关于加强反恐怖工作有关问题的决定》规定：“恐怖活动是指以制造社会恐慌、危害公共安全或胁迫国家机关、国际组织为目的，采取暴力、破坏、恐吓等手段，造成或者意图造成人员伤亡、重大财产损失、公共设施损坏、社会秩序混乱等严重社会危害的行为，以及煽动、资助或者以其他方式协助实施上述活动的行为。”与恐怖活动相关的事件通常被称为“恐怖事件”“恐怖袭击”等。

（二）恐怖活动的防范

1. 防范爆炸袭击

大学生在日常生活中，对某些异常情况要有足够的警惕。一旦发现可疑爆炸装置，应掌握如下应对措施：

（1）保持冷静，切勿翻动可疑物品，保持其原状。

（2）迅速远离可疑物品，确保自身安全，并将有关情况立即报告有关部门，请公安机关派人前来处理。

（3）在有关人员处理过程中，要听从指挥，不要围观及大声喧哗，制造紧张气氛。在没有确认事实的情况下，不要散布不属实的信息。

（4）如果恐怖分子扔的是手雷，在它爆炸前（一般为 2～4 秒内）找到掩体，比如桌子或椅子，注意保护好头部及重要部位。如果没有掩体，倒地远离它，尽量让自己缩成一团，并且使重要器官背对它，双手捂住耳朵，减少被炸伤的面积。

（5）遭遇爆炸袭击时，俯下身体尽量呼吸离地面比较近的新鲜空气。爆炸后产生的烟雾常常是致死的重要物质。寻找如衣服、纸巾等简易防护物来捂鼻，采用低姿势撤离。视线不清时，用手摸墙壁撤离，不要盲目跟从人流相互拥挤、乱冲乱摸，要注意朝明亮处，迎着新鲜空气跑；身上着火不要奔跑，可就地打滚或用厚重衣物压灭。

2. 防范恐怖邮件（包）袭击

恐怖信件一般包括邮件（包）炸弹或生化病毒信件。邮件（包）炸弹通常是由恐怖分子用信件或包裹把炸弹或者燃烧装置送至目标处，制造爆炸。邮件（包）炸弹的破坏威力相对较小，其目的是伤害特定人员和引起人们精神层面的不安定。要防范恐怖邮包袭击可做以下措施：

首先，一般的邮件（包）炸弹都是由松发式开关作为引爆装置的，所以尽量避免开启或剧烈晃动。在收到陌生或者可疑邮件时，应仔细核对寄件人的姓名和地址以及邮政邮戳，对于邮寄地址及署名模糊的可疑邮件要有警惕性，避免因好奇而轻易打开，可用手指摸、对光照，但不要嗅、舔。不能确定时，应立即报有关部门处理。

其次，如发现有粉末状异物时，应立即停止操作，用塑料袋密封好并不要移动，然后立即报告学校相关部门及公安、卫生防疫等应急部门。

最后，要对双手及接触邮件的部位进行消毒。

3. 遭遇恐怖分子劫持的应对

（1）遭遇劫持时，务必保持冷静，不要反抗，不可大喊大叫，以免激怒对方。相信营救人员；不对视，不对话，趴在地上，动作要缓慢，尽量不引起劫持者注意，服从劫持者要求。

（2）如在飞机上，机组人员一般都接受过应对劫机的训练，应积极配合其开展工作。

（3）尽可能保留和隐藏自己的通信工具，及时把手机改为静音，适时用短信等方式向警方求救，短信的主要内容有自己所在位置、人质人数、恐怖分子人数等。在警方发起突击的瞬间，尽可能趴在地上，在警方掩护下脱离现场。

4. 生物、化学恐怖袭击及应对

（1）生物、化学恐怖袭击概述

生物恐怖袭击。生物恐怖袭击是使用生物制剂诱导人类、动物及植物疾病或导致其死亡。事件发生后，会发现不明粉末或液体、遗弃的容器和面具及大量的昆虫，现场也会出现大量相同的临床病例或极其罕见异常的疾病。

化学恐怖袭击。化学恐怖袭击是利用空气为传播介质，使人呼吸空气时中毒。遭遇化学恐怖袭击一般会有以下几种异常：出现异常的气味，如大蒜味、辛辣味、苦杏仁味；出现异常现象，如大量昆虫死亡，出现异常烟雾，植物出现异常变化等；出现异常感觉，一般受到化学毒剂、毒物侵害后，会出现不同程度的不适感觉，如恶心胸闷、皮疹等。

（2）应对措施

遇到生物、化学恐怖袭击时，应尽量保持镇静，不要惊慌，判明情况；要尽快利用环境设施和随身携带的物品掩蔽身体和口鼻，避免或减少毒物的侵袭和吸入；尽快寻找窗口，迅速离开污染源或污染区域，尽量逆风撤离；撤离后要及时报警，请求救助。

项目4

校园安全

任务4.1　高校实验室安全

安全提示： 高校实验室是高校中潜在安全风险较高的区域。进入实验室，应首先系统识别实验室活动所有阶段可预见的危险源，识别所有与各类活动相关的可预见的危险，提高安全意识，确保实训实验安全。

知识目标： 深入了解高校实验室中存在的安全隐患，牢记规避、处置安全事故风险的方法。

能力目标： 能够严格遵守高校实验室安全操作章程和实验室各项管理规定，能够规避、处置实验实训过程中可能遇到的事故风险。

素质目标： 树立"安全第一，预防为主"的安全意识，养成自觉遵守实验室基本安全操作规范的良好习惯。

4.1.1 高校化学实验室安全

安全提问

1. 高校化学实验室中存在的安全隐患有哪些？
2. 高校化学实验室基本安全操作规范有哪些？
3. 高校化学实验室常用应急预案有哪些？

案例

2021 年 7 月 27 日，中山大学药学院实验室发生一起安全事故，一博士生在用水冲洗此前毕业生遗留在烧瓶内的未知白色固体时发生炸裂，玻璃碎片刺穿该生手臂动脉血管，后送往医院救治，无生命危险。经实验室负责人分析，烧瓶内的未知白色固体，可能含有氢化钠或者氢化钙，遇水发生剧烈反应而爆炸。

·案例分析·

事故的主要因素，一是该博士生思想上未能正确对待化学废弃物，在未分析化学物成分的情况下，贸然用水冲洗，未考虑某些化学物很容易与水发生反应，从而爆炸。同时，处理过程也不专业，在未带任何防护设备的情况下，直接面对未知废弃物，导致玻璃碎片刺穿该生手臂动脉血管。二是之前学生做完试验后，未能及时处理废弃物，也未做标记和记录，把风险留给了后面处理的人员。

安全课堂

高校化学实验室是指隶属普通高等学校开展实验教学、科学研究、技术研发等活动的实验场所以及配套的附属场所，不包括中试性质和工业化放大性质的实验室和试验场所。

一、充分了解高校化学实验室安全隐患

高校化学实验室中可能存在的安全隐患有多种，常见的有化学品管理不当、个人防护装备（PPE）使用不足、实验操作不规范、废弃物处理不当等几种。

《化学化工实验室安全管理规范》

（一）化学品管理不当

化学实验室中的化学品种类繁多，按照《化学化工实验室安全管理规范》（T/CCSAS 005−2019）规定的，化学品按其危险性分为 3 大类 28 项：

（1）理化危险（16 项）：爆炸物、易燃气体、气溶胶、氧化性气体、加压气体、易燃液体、易燃固体、自反应物质和混合物、自燃液体、自燃固体、自热物质和混合物、遇水放出易燃气体的物质和混合物、氧化性液体、氧化性固体、有机过氧化物和金属腐蚀物。

（2）健康危险（10 项）：急性毒性、皮肤腐蚀 / 刺激、严重眼损伤 / 眼刺激、呼吸或皮肤过敏、生殖细胞致突变性、致癌性、生殖毒性、特异性靶器官系统毒性—单次接触、特异性靶器官系统毒性—反复接触、吸入危险。

（3）环境危险（2 项）：危害水生环境、危害臭氧层。

化学品的管理不当是造成实验室安全事故的主要原因之一。化学品的管理过程一般包括采购、验收、贮存、使用等几个环节。每个环节都需要严格遵守规定和标准，以防止出现任何可能的安全风险。例如，采购环节中如果采购的化学品质量不达标，或者购买了不必要的化学品，可能会导致实验失败或产生危险物质；验收环节中未对化学品进行严格的质量检查，可能会使不合格的化学品进入实验室，增加发生事故的风险；不按照规定的条件贮存化学品，如温度、湿度控制不当，可能导致化学品变质或泄漏，引发火灾、爆炸等严重事故；未按照规定操作，可能会导致化学品溅出、吸入或接触皮肤，造成人身伤害。

（二）个人防护装备（PPE）使用不足

个人防护装备通常简称为 PPE，全称为 Personal Protective Equipment，包括口罩、手套、防护服、护目镜、耳塞等，是保护同学们免受职业病危害的第一道防线。PPE 使用不足的原因多种多样，首先是对 PPE 的重要性认识不足，许多同学认为自己不会接触到危险物质，或者认为短暂的接触不会造成伤害；其次，缺乏有效的培训和教育，许多同学不知道如何正确地选择和使用 PPE。

PPE 使用不足可能带来严重的后果，不仅会增加同学们感染化学危险品的风险，还可能对周围同学和公众健康构成威胁。例如，不佩戴防护眼镜、手套等，或者在需要穿戴防护服的情况下未穿戴，使实验者暴露在潜在的危险化学品和生物危害之下。

（三）实验操作不规范

实验操作不规范是化学实验的重要隐患之一，可能导致实验过程中发生爆炸、火灾、中毒等安全事故。这些事故发生的原因是多方面的：一是使用者不重视标准操作程序，实验前不阅读或不理解实验指导书，随意更改实验步骤，或者在没有充分准备的情况下开始实验；二是未经过培训或未获得相应资格的人员擅自进行化学实验，增加了实验出错和发生意外的风险；三是化学品存放混乱，没有明确的标签指示内容物性质，导致误用或交叉污染。

（四）废弃物处理不当

化学实验室废弃物处理不当会对环境和人类健康造成不良影响。化学实验室废弃物处理不当的表现主要包括：第一，未按照规定分类存放。例如将化学废弃物随意堆放在实验室内，或者混放在同一容器中，不区分其危险性和性质，导致无法进行有效的后续处理。第二，未使用专用容器。例如将有害废弃物放入普通垃圾袋或非指定的容器中，增加了泄漏和环境污染的风险。第三，未标记和记录废弃物。未对废弃物容器进行明确的标识，或者未记录废弃物的来源、类型、数量等信息，使得追溯和管理困难。第四，未及时处理废弃物。长时间存放未处理的化学废弃物，特别是在高温、潮湿或其他不利于废弃物稳定存放的环境中，可能导致泄漏、自燃或产生有毒气体。第五，未经授权处置废弃物。未经专业培训或未获得相应资质的人员处理化学废弃物，可能因不熟悉正确的处置方法而导致事故。第六，未遵循安全操作规程。在搬运和处理废弃物时，未采取适当的安全措施，如穿戴防护服、手套、护目镜等，增加了暴露于有害物质的风险。第七，非法排放。将化学废弃物直接排放到下水道、土壤或大气中，无视环境保护的相关法规，造成严重的环境污染。

二、严格遵守化学实验室安全操作规范

为规避高校化学实验室中存在的安全隐患问题，同学们在平常进行实验学习和实训学习中，要严格遵守安全操作规范。

化学实训室基本安全操作规范通常会贴在实验室的显眼位置，如入口、出口、实验台旁边等。这些位置容易被进入实验室的人看到，以便他们在开始实验前能够迅速了解和遵守相关的安全规定。此外，一些实验室还可能将安全操作规范制作成手册或电子文档，分发给学生和教职员工，或者在实验室的网站上提供下载链接，确保每个人都能够随时查阅和学习这些重要的安全信息。

（一）加强化学品管理

实施化学品安全管理要求从源头到最终处理进行全过程、严格控制。

1. 化学品清单管理

建立完整的化学品清单，记录每种化学品的名称、化学式、CAS 号、物理和化学性质、危害特性、用途以及储存条件。定期更新化学品清单，确保信息的准确性和时效性。

2. 安全数据表管理

为每种化学品获取并保存安全数据表，这是提供化学品安全信息的重要文件。确保所有进行实验实训的师生能够轻松访问并理解安全数据表内容。

3. 化学品存储管理

在存储化学品时，首先要了解并遵守国家关于化学品存储、使用和处置的相关法律法规，确保实验室的活动符合国家规定。

分类存储：不同类型的化学品应根据其危险性和化学性质分别储存。危险化学品应储存在专用仓库、专用储存室、气瓶间或专柜等专门的储存场所内，不应露天存放，互为禁忌的化学品不应混合存放，灭火方法不同的危险化学品应进行隔离储存。例如，易燃易爆化学品应与氧化剂分开，酸碱性化学品应分开存放。

标签管理：每种化学品都应有清晰的标签，标明化学品名称、化学式、危险性、生产日期等信息。标签应易于辨认且不易脱落。

安全设施：化学品存储区域应设有适当的安全设施，如通风系统、灭火器、防泄漏设备等，以防止火灾、泄漏等事故的发生。

定期检查：实验室应定期对化学品的存储条件和标签进行检查，确保其符合安全标准。如有发现化学品变质、标签损坏等情况，应及时处理。

4. 化学品使用管理

一般高校实验室都有化学品使用管理办法、实验室操作章程，明确操作步骤和安全措施。同学们进入实验室之后，要首先阅读实验室与安全相关的制度、章程，熟识当前实验室常见的安全隐患有哪些，掌握化学品的危险特性，严格按照实验室安全管理办法使用化学品。开展实验操作时做好个体防护。

（二）正确使用个人防护装备

正确佩戴个人防护装备不仅能够保护自己，也是对其他人和环境负责的表现。以下是正确使用个人防护装备的方法：

1. 开始进入实验前，应该了解本次实验所使用化学品的危害特性，并选择合适的个人防护装备。
2. 定期更换和清洁防护装备，特别是在接触到有害物质后。
3. 在脱下防护装备时，遵循正确的程序，避免接触到皮肤或衣物。
4. 存储防护装备在干燥、清洁的地方，避免受到污染。

（三）遵守化学实训室基本安全操作步骤

开展实验实训操作过程中，严格遵守基本安全操作步骤，可以最大限度地减少化学实验中的风险，确保实验的顺利进行。

1. 遵守安全教育培训与准入制度。进入实验室学习或工作的所有人员应先进行安全知识、安全技能和操作规范培训，掌握设备设施、防护用品正确使用的技能，考核合格后方可进入实验室。

2. 穿戴适当的防护装备。在进入实验室前，必须穿上实验服，戴上安全眼镜、防护手套和必要的口罩或耳塞。这是预防化学品溅到皮肤或眼睛，以及吸入有害气体的第一道防线。

3. 了解实验环境。熟悉实验室的布局，包括紧急出口、消防器材和洗眼设施的位置。这有助于在紧急情况下快速反应。

4. 遵守实验室规章制度。遵循实验室的所有规章制度和安全协议，包括不在实验室内进食、饮水或存储食品。

5. 阅读实验指导书。在开始实验前，仔细阅读实验指导书，了解实验的目的、步骤、使用的化学品和潜在的危险，确保理解每个步骤的目的和操作方法。

6. 准备实验材料。根据实验需求，提前准备好所有必要的试剂、仪器和工具。检查仪器是否完好，确保没有损坏或过期的试剂。

7. 使用化学品时的注意事项：在打开或使用任何化学品之前，先阅读其物质安全数据表，了解其性质、危险性和安全处理方法。使用镊子或夹子取用固体化学品，避免直接接触。使用移液管或滴管时，确保它们干净且无裂纹。

8. 废弃物处理。按照实验室规定的方法分类收集废弃物，如有机废液、无机废液、生物危险废物等。不要随意丢弃或混合不同类型的废弃物。

9. 清洁和整理工作区。实验结束后，及时清理工作台，归还未使用的试剂和仪器。确保所有废弃物被正确收集并标记。

10. 关闭设备和水源。在离开实验室前，关闭所有使用的设备和水源，确保实验室的安全。

（四）正确处理化学废弃物

正确处理化学废弃物是实验室安全管理的重要环节，同学们要了解其中的关键步骤和注意事项。

1. 合规处置：遵守当地关于化学废弃物处理的法律法规，确保废弃物的合法合规处置。如果可能，可以优先考虑回收和再利用废弃物。

2. 废弃物分类：根据废弃物的性质将其分为有机溶剂、酸碱废液、重金属废液、生物危险废物等类别。使用不同颜色的容器区分不同类别的废弃物，如红色用于有害废物，黄色用于生物危险废物等。

3. 标签标识：每个废弃物容器都应有清晰的标签，注明废弃物的种类、危险性以及产生日期。标签应具有耐久性，能够抵抗化学品的腐蚀和环境的影响。

4. 最小化生成量：在实验设计阶段尽量减少使用有毒或危险化学品，采用绿色化学原则，如使用水性溶剂替代有机溶剂。实施“减量化”原则，尽量减少废弃物的产生。

5. 临时储存：废弃物应暂时存放在指定的、有盖的、防漏的容器中，容器应放置在通风良好、温度适宜、远离热源和水源的地方。避免长时间储存大量废弃物，应定期处理。

6. 处理方法：根据废弃物的类型选择合适的处理方法，如中和、沉淀、蒸馏、焚烧等。对于生物危险废物，应按照生物安全规定进行消毒、灭活或特殊处理。

7. 记录管理：记录废弃物的产生、存储、转移和处理情况，包括废弃物的类型、数量、处理日期和方法等。保留记录的时间应符合当地法规的要求。

三、化学实验室紧急情况应对

学生在校园中遇到危险化学品事故时，应迅速采取以下行动来启动紧急预案。

1. 保持冷静：尽量保持冷静，不要惊慌失措。

2. 报警：立即向学校的安全管理部门或实验室负责人报告情况，并拨打学校的紧急联系电话。如果情况严重，应直接拨打 110 或 120 报警。

3. 疏散：按照学校的紧急疏散指示，迅速离开危险区域，前往指定的安全集合点。在疏散过程中，注意避开烟火、有毒气体扩散区域和可能的坍塌区域。

4. 通知他人：在确保自己安全的前提下，提醒周围同学一起撤离，并告知他们可能的危险和疏散路线。

5. 提供帮助：如果有受伤的同学，根据自己的能力提供初步的医疗救助，并等待专业医疗人员到来。

6. 配合调查：在安全撤离后，积极配合学校和相关部门进行事故调查，提供可能有助于调查的信息和证据。

7. 学习和反思：事故处理结束后，参加学校组织的后续培训和讨论，学习如何更好地预防类似事故的发生，以及在紧急情况下如何更有效地响应。

4.1.2 高校电气实验室安全

安全提问

1. 高校电气实验室中常见的安全隐患有哪些?
2. 高校电气实验室基本安全操作规范有哪些?
3. 高校电气实验室常用应急预案有哪些?

案例

2023年5月15日，某高校实验室发生一起电气火灾事故。当天下午2点左右，实验室内突然传来火警报警器的响声，实验室的工作人员立即使用灭火器扑救火灾，并及时通知消防部门赶到现场进行救援。火灾经过20分钟的扑救，最终被成功扑灭，没有造成人员伤亡，但是实验室内的一些仪器设备和实验材料被烧毁。经过事故调查组的调查，该实验室电气火灾事故主要是由设备老化、线路故障和使用不当等原因导致的。

·案例分析·

这起实验室电气火灾事故虽然没有造成人员伤亡，但是给实验室的设备和实验材料造成了严重损失。同时，火灾所产生的烟雾和气味也可能对实验室内的环境和空气质量产生影响，给实验室的工作人员和周围的环境带来一定的危害。

安全课堂

高校电气实验室是高等教育机构中专门从事电气工程相关学科教学和科研活动的场所。电气实验室通常包含电力系统、电机控制、自动控制、信号处理等多个实验区域，支持电气工程及其自动化、电子信息工程等专业的课程教学和科研项目。

一、充分了解高校电气实验室安全隐患

高校电气实验室中可能存在的安全隐患主要包括以下几个方面：

（一）电气设备故障

实验室中的电气设备可能因为长时间使用、维护不当或设计缺陷而出现故障，如短路、过载、漏电等。这些故障可能导致设备损坏、火灾甚至触电事故。

（二）电线老化

随着时间的推移，实验室内的电线可能会老化、磨损，绝缘层可能被破损，增加了触电的风险。

（三）错误的操作

学生在进行实验操作时，可能由于缺乏经验或对操作规程不熟悉，进行错误的操作，如错误连接电路、忽视安全警示标志等，这些行为可能导致设备损坏或人身伤害。

（四）缺乏足够的防护措施

实验室可能缺乏必要的防护设施，如接地保护、漏电保护装置等，或者这些设施未得到正确的安装和维护。

（五）实验环境问题

实验室内的通风、照明、温湿度等环境条件可能不符合要求，长时间在不适宜的环境下工作可能会对实验设备和人员造成不良影响。

（六）废弃物处理不当

实验室产生的废弃物，如废旧电路板、电子元件等，如果没有得到妥善的分类和处理，可能会成为火灾和环境污染的潜在源头。

（七）人为破坏

实验室内的设备和设施可能遭受人为破坏，如故意短路、破坏电缆等，这些行为会严重威胁实验室的安全运行。

二、严格遵守电气实验室安全操作规范

为规避高校电气实验室中存在的安全隐患问题，大学生在平常进行实验学习和实训学习中，要严格遵守安全操作规范，避免危险的发生。

高校电气实验室基本安全操作规范主要包括以下几个方面：

（一）安全教育培训与准入管理

1. 进入实验室学习或工作的所有人员应先进行安全知识、安全技能和操作规范培训，掌握设备设施、防护用品正确使用的技能，考核合格后方可进入实验室。

2. 学生必须穿着合适的工作服和鞋子，严禁穿着拖鞋、高跟鞋等进入实验室。

3. 实验室应设立明显的安全警示标识，并确保学生在实验前了解并遵守这些标识。

（二）个人防护措施

1. 实验人员必须佩戴适当的防护设备，如防护眼镜、绝缘手套、耳塞等。

2. 在操作高压设备时，应特别注意个人防护，避免身体任何部分直接接触带电部分。

（三）设备操作规范

1. 在操作任何电气设备前，应确保已经阅读并理解了设备的操作手册。

2. 在连接电源前，应检查线路是否完好无损，确保接地良好。

3. 避免在潮湿环境中操作电气设备，以防触电。

4. 在进行实验时，应严格遵守实验指导书的要求，不擅自改变实验步骤或参数。

（四）电气设备使用

1. 使用电气设备时，应确保设备处于良好的工作状态，定期进行保养和检查。

2. 对于有故障的设备，应立即停止使用，并报告给实验室管理员或维修人员。

3. 在离开实验室时，应确保所有设备已关闭，避免长时间通电造成不必要的能源浪费和潜在的安全风险。

（五）实验环境维护

1. 保持实验室整洁干净，及时清理实验产生的垃圾和废弃物。

2. 确保实验室有良好的通风系统，以降低有害气体的浓度。

3. 实验室内应配备适当的灭火器材，如灭火器、沙桶等，并定期检查其有效性。

（六）紧急情况应对

1. 实验室内应制定紧急情况应对预案，并定期进行演练。

2. 在发生电气火灾或其他紧急情况时，应迅速切断电源，并按照预案进行疏散和报警。

（七）废弃物处理

1. 实验室内产生的废弃物应分类收集，按照危险废弃物处理规定进行处置。

2. 对于含有有害物质的废弃物，应采取特殊的包装和标识，并按照规定的程序进行处理。

三、电气实验室紧急情况应对

电气事故专项应急预案的制定与实施是保障师生安全、维护校园稳定的重要措施。学生在校园中遇到危险电气品事故时，应迅速采取以下行动来启动紧急预案。

1. 保持冷静：首先，尽量保持冷静，迅速评估情况的严重程度和可能的影响范围。观察是否有烟雾、火焰、异常声响或气味，这有助于判断是电气故障还是其他类型的紧急情况。

2. 切断电源：如果紧急情况涉及电气设备，尝试找到并切断相关设备的电源开关，以防止电流继续流动可能导致的进一步损害或火灾。

3. 触发警报系统：按下紧急按钮或使用其他预先设定的报警系统，通知校园安全部门或消防部门，确保他们能够及时响应。如果情况严重，应直接拨打 110 或 120 报警。

4. 疏散人员：按照学校的紧急疏散指示，迅速离开危险区域，前往指定的安全集合点。在疏散过程中，注意避开烟火和有可能触电的区域。

5. 使用防护设备：如果有必要，穿戴适当的防护装备，如防火手套、防护眼镜和口罩，以保护自己免受可能的伤害。

6. 通知他人：在确保自己安全的前提下，提醒周围同学一起撤离，并告知他们可能的危险和疏散路线。

7. 提供初步医疗帮助：对于受伤的人员，根据所受的伤害提供初步的医疗救助，如简单的止血或心肺复苏术，等待专业医疗人员到达。

8. 记录事件详情：在确保自身安全的前提下，记录下紧急情况的详细信息，包括发生的时间、地点、原因、采取的措施以及结果。这些记录对于事后分析和改进预防措施至关重要。

9. 配合调查：在安全撤离后，积极配合学校和相关部门进行事故调查，提供可能有助于调查的信息和证据。

10. 学习和反思：事故处理结束后，参加学校组织的后续培训和讨论，学习如何更好地预防类似事故的发生，以及在紧急情况下如何更有效地响应。

以上详细的处理措施可以有效地应对电气实验室的紧急情况，最大限度地减少潜在的危害和损失。同时，这些措施也有助于提高实验室的安全意识和应对能力，为未来可能发生的类似事件做好准备。

4.1.3 高校机械实验室安全

安全提问

1. 高校机械实验室中常见的安全隐患有哪些？
2. 高校机械实验室基本安全操作规范有哪些？
3. 高校机械实验室常用应急预案有哪些？

安全课堂

高校机械实训室是高等教育机构中专门使用机械及相关专业学生进行实践教学和技能训练的场所。在这样的实验室中，同学们可能会进行材料加工、机械设计验证、动力学分析、制造工艺研究等工作。机械实验室可能包含各种设备，如三维打印机、数控机床、力学测试机、流体动力学模拟软件等，用于支持和促进机械工程领域的创新和发展。

一、充分了解高校机械实验室安全隐患

（一）设备故障与维护不当

实训室内的机械设备种类繁多，包括车床、铣床、钻床等，这些设备在长时间使用后，可能因磨损、老化或维护不当而出现故障。例如，设备的传动部件可能因润滑不足而卡死，切割工具可能因磨损而失去锋利度，这些都可能导致学生在操作过程中发生意外。

（二）操作不当

学生在使用机械设备时，由于缺乏经验或对操作规程不熟悉，可能会进行错误的操作。例如，错误的设置参数、错误的操作顺序等，这些都可能导致设备损坏，甚至引发火灾或爆炸等严重事故。

（三）电气安全问题

实训室内的电气设备众多，如电线、插头、开关等，如果存在老化、破损或接触不良等问题，可能会引发触电事故。此外，学生在使用电气设备时，如果不遵守安全规定，如随意触摸带电部分，也可能导致触电。

（四）火灾风险

实训室内的易燃物质较多，如木材、塑料、油等，一旦发生火灾，火势可能

迅速蔓延，对人员和设备安全构成严重威胁。此外，电气设备的过载运行、短路等问题也可能引发火灾。

（五）噪音和振动问题

机械设备在运行过程中会产生大量的噪音和振动，长时间在这样的环境下工作，可能会对学生的听力和身体健康造成损害。

（六）化学危害

在某些特殊的机械加工过程中，可能会涉及有毒有害的化学物质，如焊接过程中产生的烟尘、冷却液等，这些物质可能对学生的呼吸系统造成损害。

（七）通风不良

如果实训室内的通风系统设计不合理或维护不当，可能导致空气流通不畅，有害气体和粉尘在室内积聚，对学生的健康构成威胁。

（八）紧急情况应对不当

在紧急情况下，如火灾、设备故障等，学生和教师可能缺乏必要的应急处理能力，无法及时采取有效的应对措施，加剧事故的严重程度。

（九）人为因素

学生可能因为好奇、冲动或缺乏安全意识，进行违规操作，如私自拆卸设备、擅自调整参数等，这些行为极易引发安全事故。

（十）管理不善

如果实训室的管理不到位，如缺乏有效的监控和管理制度，可能导致学生和教师在使用过程中出现疏忽和违规行为，增加安全事故的风险。

二、严格遵守机械实验室安全操作规范

为规避高校机械实验室中存在的安全隐患问题，同学们在平常进行实验学习和实训学习中，要严格遵守安全操作规范，避免危险的发生。

高校机械实验室基本安全操作规范主要包括以下几个方面：

（一）安全教育培训与准入管理。

1. 进入实验室学习或工作的所有人员应先进行安全知识、安全技能和操作规范培训，掌握设备设施、防护用品正确使用的技能，考核合格后方可进入实验室。

2. 学生必须穿着合适的工作服和鞋子，严禁穿着拖鞋、高跟鞋等进入实验室。

3. 实验室应设立明显的安全警示标识，并确保学生在实验前了解并遵守这些标识。

（二）个人防护措施

进入实验室前，学生必须穿上工作服，以防止衣物被机器卷入。此外，安全帽、防护眼镜、耳塞等个人防护装备也是必不可少的，它们能够有效地防止头部受到撞击、眼睛受到飞溅物伤害，以及减少长时间暴露在高噪音环境下对听力的损害。

（三）设备操作规范

1. 在使用任何机械设备之前，学生必须阅读并理解该设备的操作手册。这不仅包括设备的工作原理、操作流程，还包括设备的维护和保养要求。只有充分了解设备的特性和限制，才能确保操作的安全性。

2. 学生在操作过程中必须严格按照设备的操作规程进行操作，不得擅自改变设备的设置或参数。例如，在使用车床时，应保持刀具锋利、调整好转速和进给速度，以确保加工质量和安全。

（四）机械设备使用

1. 在开始操作前，学生应仔细检查设备是否处于良好状态。这包括检查设备是否有松动的部件、是否有漏油等情况。如果发现任何异常，应立即停止使用，并报告给实验室管理员。

2. 在操作过程中，学生应远离机械运动部件，如旋转轴、齿轮等。这些部件在高速运转时具有极高的危险性，一旦接触可能导致严重的伤害。因此，学生应始终保持警惕，避免在机械运动部件附近停留或操作。

3. 学生应确保所有电气设备的接地良好，以防止触电事故的发生。此外，使用电气设备时，应避免湿手操作，以防触电。定期检查电气线路，确保没有老化、破损的现象，也是预防电气事故的关键措施之一。

（五）实验环境维护

1. 保持实验室整洁干净，及时清理实验产生的垃圾和废弃物。

2. 确保实验室有良好的通风系统，以降低有害气体的浓度。

3. 实验室内应配备适当的灭火器材，如灭火器、沙桶等，并定期检查其有效性。

（六）紧急情况应对

学生应熟悉实验室内的紧急出口位置，以便在紧急情况下迅速撤离。此外，掌握基本的急救知识也是非常重要的，以便在发生意外时能够进行初步的救治。例如，在发生火灾时，应立即按下紧急停止按钮，关闭电源，然后使用灭火器进行灭火。

（七）废弃物处理

学生应将废料和废弃物分类收集，不得随意丢弃在地面上。这样不仅可以保持实验室的整洁，还可以减少滑倒或引发火灾的风险。

三、机械实验室紧急情况应对

机械事故专项应急预案的制定与实施是保障师生安全、维护校园稳定的重要措施。学生在校园中遇到危险机械品事故时，应迅速采取以下行动来启动紧急预案。

（一）火灾应对

立即按下紧急停止按钮，切断设备电源。使用灭火器对准火源进行喷射，注意不要让灭火剂喷向其他人员或电气设备。如果火势无法控制，立即撤离实验室，并拨打消防电话报警。

（二）电气故障应对

立即切断电源，避免触电事故的发生。通知专业电工或实验室管理员进行检查和维修。在等待维修期间，不要擅自尝试修复电气设备。

（三）机械故障应对

立即停止操作，并确保设备处于停止状态。报告给实验室管理员或专业维修人员，等待他们前来处理。在等待期间，保持距离，避免接触故障设备。

（四）人员伤害应对

立即停止操作，并确保现场安全。对受伤人员进行初步的急救处理，如止血、包扎等。尽快联系校医院或紧急医疗服务，请求协助。

（五）化学品泄漏应对

立即停止操作，并确保现场通风良好。使用吸收材料（如沙子、活性炭等）清理泄漏的化学品。将清理后的废物放入指定的危险废物容器中。如果泄漏的化学品对人体有害，应立即撤离现场，并报告给实验室管理员。

（六）紧急撤离

在紧急情况下，立即按下紧急撤离按钮或警报装置。按照预先设定的疏散路线迅速撤离实验室。在安全区域集合，并报告给实验室管理员或相关负责人。

（七）其他应对措施

定期进行安全演练，提高学生和教师的应急处理能力。确保实验室内配备必要的急救箱和消防器材。对学生进行安全教育，提高他们的安全意识和自我保护能力。

任务4.2　实习安全

安全提示：在实习前充分了解实习单位的安全规章制度，熟悉工作中的潜在危险源，掌握必要的应急处置技能。

知识目标：了解国家关于劳动安全的法律法规，了解实习安全的重要性，熟识实习过程中可能碰到的安全隐患。

能力目标：能够严格遵守实习企业安全操作章程和企业管理规定，能够规避、处置实习过程中可能遇到的事故风险。

素质目标：树立“安全第一，预防为主”的安全意识，建立“安全生产，人人有责”的责任和担当。

4.2.1　充分了解《职业学校学生实习管理规定》

安全提问

1.《职业学校学生实习管理规定》中跟安全相关的核心内容有哪些？

2. 如何运用《职业学校学生实习管理规定》保障自己的安全？

案例

2023年4月20日，某市汽车制造有限公司生产线上，一名实习生在进行汽车车身部件的冲压作业时，由于对设备的操作规程不够熟悉，错误地设置了冲压机的参数，导致机器在启动时出现异常运动。由于实习生未能及时发现并采取紧急停止措施，他的手在未穿戴足够防护的情况下被机器的冲压头夹住。初步调查显示，实习生在执行任务前没有充分阅读和理解操作手册，也没有接受过足够的现场安全指导。此外，实习单位在安全管理和监督方面存在不足，没有确保实习生在操作前接受充分的安全教育和技能培训，也没有在现场设置足够的警示标识和防护设施。

事故发生后，实习生被立即送往附近的医院接受紧急手术和后续治疗。尽管最终保住了受伤的手指，但仍需较长时间的康复期。

· 案例分析 ·

此类事故不仅对受害学生和家庭造成了巨大的心理和经济影响，也引发了社会对实习生安全问题的广泛关注。大学生提高安全意识和自我保护能力十分重要。

安全课堂

企业实习是同学们开展实践学习的重要组成部分。2021 年，教育部等八部门印发了《职业学校学生实习管理规定》，这个文件规范了职业学校学生的实习活动。安全是一切工作的前提。实习生应充分认识到安全的重要性，将安全放在首位，遵守企业的安全规章制度，保持认真、负责的工作态度，不随意冒险，不违反操作规程。

一、《职业学校学生实习管理规定》的核心内容

《职业学校学生实习管理规定》构建了全方位的安全保障体系，以确保学生在实习期间的安全和健康，同时促进学生的专业成长和技能提升。为保障学生实习期间的安全，提出的具体措施主要包括如下内容：

《职业学校学生实习管理规定》

（一）相关法律法规

实习学生应遵守国家法律法规、校纪校规和实习单位安全管理规定，认真完成实习方案规定的实习任务，提高自我保护意识。相关的法律法规包括《中华人民共和国教育法》《中华人民共和国职业教育法》《中华人民共和国劳动法》《中华人民共和国安全生产法》《中华人民共和国未成年人保护法》《中华人民共和国职业病防治法》等。

（二）安全教育培训

学校必须对即将实习的学生进行系统的安全教育和培训，包括但不限于安全意识、安全操作规程、应急处理等。实习单位在学生开始实习前，也应提供针对性的安全操作和岗位职责培训。

（三）实习环境评估

学校应与实习单位合作，对实习环境进行全面评估，确保符合国家安全生产法规和行业标准。实习单位必须提供符合安全卫生要求的工作环境，确保学生在实习期间的人身安全。

（四）实习过程监管

学校应指派专人定期巡查实习单位，监督学生实习情况，确保学生遵守实习规定和操作规程。实习单位应指定专人负责学生的日常管理和安全教育，及时纠正学生的不安全行为。

（五）实习保险

学校应为学生购买实习期间的意外伤害保险，提高学生实习期间的风险保障水平。

（六）应急预案制定

学校和实习单位应共同制定实习期间可能发生的各种紧急情况的应急预案，并进行演练。

（七）学生权益保护

学校应确保学生在实习期间的合法权益不受侵犯，严禁任何形式的歧视、欺凌和虐待行为。

（八）实习日志与反馈

学生应记录实习日志，反映实习过程中的学习和生活情况，及时向学校和实习单位反馈实习中遇到的问题。

（九）安全事故处理

对于发生的实习安全事故，学校和实习单位应迅速采取措施，确保学生安全，并按照规定程序报告和处理。

（十）法律责任

对于违反实习管理规定导致学生安全事故的，学校和实习单位应依法承担相应的法律责任。

二、利用《职业学校学生实习管理规定》保障自身安全

学生可以通过以下方式保障自身安全：

1. 认真学习和理解规定内容：学生应仔细阅读并理解《职业学校学生实习管理规定》中的各项条款，特别是涉及安全管理的部分，确保自己清楚实习期间应遵守的安全规定和要求。

2. 参加安全教育培训：学生应积极参加学校组织的实习安全教育培训，通过培训了解实习岗位的安全操作规程、应急处理措施等，提高自己的安全意识和应对能力。

3. 做好实习前的安全准备：在实习前，学生应按照规定进行安全检查，确保实习环境和工具符合安全标准，同时准备好必要的防护用品，如安全帽、防护手套等。

4. 严格遵守安全操作规程：在实习过程中，学生应严格遵守实习单位的安全操作规程，不擅自改变设备设置，不冒险行事，确保自己的操作符合安全要求。

5. 积极参与安全管理：学生应积极参与实习单位的安全管理活动，如定期参加安全检查、提出安全隐患整改建议等，共同营造安全的实习环境。

6. 及时报告安全隐患：学生在实习过程中发现任何安全隐患或问题，应立即向实习指导老师或实习单位负责人报告，并按照规定采取相应的安全措施。

7. 了解并执行应急预案：学生应了解实习单位的应急预案，熟悉在紧急情况下的疏散路线和自救措施，确保在突发事件发生时能够迅速反应。

8. 培养良好的安全习惯：学生应养成良好的安全习惯，如不随意触摸设备、不在危险区域逗留、不私自离开实习岗位等，始终保持高度的警觉性。

9. 自我保护意识的培养：学生应树立强烈的自我保护意识，了解自身的权利和责任，在实习过程中既要保证自己的安全，也要尊重他人和公共财产。

三、签订三方协议

学生应该自行阅读三方协议，充分理解并认同协议内容，确保实习协议的有效性和合法性，为自己的实习提供法律保障。

1. 仔细阅读实习协议：在签订实习协议之前，学生应详细阅读协议的所有条款，确保完全理解其中的内容，包括实习期限、工作内容、工作时间、报酬待遇、保密协议等。

2. 核实实习单位信息：学生需要核实实习单位的基本信息，包括单位名称、地址、联系方式等，确保实习单位的合法性和可靠性。

3. 确认实习岗位和职责：学生应明确自己的实习岗位、工作内容和职责范围，以及在实习期间需要完成的工作任务和目标。

4. 了解实习期间的待遇和福利：学生应了解实习期间的工资、补贴、社会保险等福利待遇，确保这些内容在协议中有明确的约定。

5. 确认实习期间的安全保障措施：学生应确保实习协议中包含实习期间的安全保障措施，包括提供必要的防护装备、安全培训等。

6. 讨论并协商协议条款：学生可以就实习协议中的条款与实习单位进行讨论和协商，确保双方的权益得到妥善保障。

7. 咨询法律专业人士：在签订实习协议前，学生可以咨询法律专业人士，以确保协议的合法性和公平性。

8. 双方签字盖章：在确认无误后，学生和实习单位代表应在实习协议上签字，并加盖单位公章，以表明协议的正式生效。

9. 保留协议副本：学生应保存实习协议的副本，作为实习期间权益保障的依据。

4.2.2 实习过程中的安全

安全提问

1. 大学生在实习过程中可能碰到哪些安全问题？

2. 大学生如果遇到安全问题，应该如何解决？

案例

小王是某职业学校的学生，于2024年暑假期间在一家机械制造公司进行实习。实习期间，小王负责操作一台数控机床。由于实习单位未能提供充分的安全培训和有效的安全防护措施，小王在操作过程中因操作不当导致手指受伤，需要接受手术治疗。

小王在受伤后向当地的劳动保障部门申请工伤认定。劳动保障部门调查了事故现场，收集了相关证据，包括实习单位的安全管理制度、小王的实习记录、医疗诊断证明等。经过调查，劳动保障部门认定小王的受伤属于工伤事故，因为事故发生在实习期间，且与小王的实习工作直接相关。法院判决小王的伤害属于工伤，实习单位应当依法为小王办理工伤保险手续，并承担相应的赔偿责任。

法院要求实习单位支付小王的医疗费用、误工费、康复费等相关费用，并根据小王的伤情给予一定的一次性伤残补助金。

安全课堂

大学生在实习过程中可能面临许多安全问题，这些问题既有物质方面的，也有精神方面的。同学们应该了解实习过程中可能会遇到的安全问题，碰到安全问题后能够及时采取正确的措施应对，保障自身安全，维护自己的合法权益。

一、实习过程中可能遇到的安全问题

1. 物理伤害：由于工作环境中存在的机械、电气设备、高温高压等因素，实习生可能会遭受割伤、烫伤、电击、摔伤等物理伤害。

2. 化学危害：实习生可能会接触到酸、碱、溶剂等有毒有害的化学品，可能会引起中毒、皮肤灼伤等。

3. 生物危害：在医疗、实验室等领域实习时，实习生可能会接触到病毒、细菌等微生物，存在感染的风险。

4. 心理压力：实习过程中可能面临较大的工作压力和学习压力，长期处于高压状态可能导致心理疲劳、焦虑甚至抑郁。

5. 劳动权益受损：实习生可能会遭遇工资低、工时长、工作环境差等劳动权

益问题。

6. 意外事故：例如火灾、爆炸、倒塌等突发事件，可能导致严重的人身伤害甚至死亡。

7. 交通安全：实习生往返于学校和实习单位之间，可能会发生交通事故。

8. 信息安全：在涉及数据处理和网络使用的实习岗位上，实习生可能会面临信息泄露、网络攻击等安全问题。

二、安全问题解决方案

（一）物理伤害解决方案

预防措施：确保在操作前接受充分的培训，了解所有潜在的风险，并穿戴适当的防护装备，如安全帽、防护眼镜、手套等。

应急处理：如果发生伤害，立即停止工作，采取必要的急救措施，并根据伤势严重程度，及时就医。

后续行动：记录事故详情，进行事故调查，分析原因，并采取措施防止类似事件再次发生。

（二）化学危害解决方案

预防措施：在接触化学品之前，确保了解其性质和安全操作规程，使用个人防护装备，如防护服、呼吸器等。

应急处理：如发生泄漏或接触，立即按照应急预案进行操作，如使用中和剂、隔离泄漏区域等，并尽快就医。

后续行动：对受污染的区域进行清洁和消毒，记录事故详情，并评估是否需要调整安全措施。

（三）生物危害解决方案

预防措施：在接触生物样本前，了解相关的生物安全等级，穿戴适当的防护装备，如实验室大衣、手套、口罩等。

应急处理：如发生暴露或感染，立即按照生物安全规程进行处置，如清洗伤口、接种疫苗等，并及时就医。

后续行动：记录事故详情，进行必要的健康监测，并评估是否需要调整实验室的生物安全措施。

（四）心理压力解决方案

预防措施：提供心理支持服务，如定期的心理咨询；确保有足够的休息时间，建立合理的工作和学习计划。

应急处理：如果出现严重的心理问题，如焦虑或抑郁症状，应及时寻求专业心理咨询师的帮助。

后续行动：为实习生提供必要的心理辅导，帮助他们应对工作压力，并调整实习计划以减轻压力。

（五）劳动权益受损解决方案

预防措施：了解自己的劳动权益，包括工资、工时、工作条件等，并监督实习单位遵守相关法律法规。

应急处理：如果发现自己的劳动权益受到侵犯，应首先与实习单位沟通解决，必要时向劳动监察部门投诉。

后续行动：记录侵权行为，提供必要的证据，并寻求法律援助，以维护实习生的合法权益。

（六）意外事故解决方案

预防措施：了解详细的应急预案，包括火灾、爆炸等突发事件的应对措施，并定期组织演练。

应急处理：在发生意外事故时，立即启动应急预案，确保人员疏散到安全区域，并通知紧急救援部门。

后续行动：对事故现场进行清理和修复，记录事故详情，进行事故调查，并根据调查结果采取措施，防止类似事故再次发生。

（七）交通安全解决方案

预防措施：参与交通安全培训，强调交通规则和安全驾驶的重要性，在上下班途中保持警觉。

应急处理：如果发生交通事故，应立即停车，保护现场，拨打急救电话，并按照法律程序处理事故。

后续行动：记录事故详情，进行必要的保险理赔，并从中吸取教训，提高交通安全意识。

（八）信息安全解决方案

预防措施：加强网络安全教育，保护个人信息，不随意分享敏感数据。

应急处理：如发现信息泄露或网络攻击，立即报告给 IT 部门或安全负责人，采取措施阻止进一步的数据损失。

后续行动：进行安全审计，评估信息系统的安全性，加强网络安全防护措施，并提供必要的技术支持和培训。

（九）法律责任解决方案

预防措施：了解实习单位的法律责任和实习生的法律义务，避免因不熟悉法律而导致违法行为。

应急处理：如果发生法律纠纷，应首先与实习单位协商解决，必要时寻求法律顾问的帮助。

后续行动：根据法律顾问的建议，采取适当的法律行动，维护实习生的合法权益。

（十）保险理赔解决方案

预防措施：在实习开始前，了解并购买必要的保险，如意外伤害保险、医疗保险等。

应急处理：如果发生保险事故，及时向保险公司报案，提供必要的证明文件，按照保险合同的规定办理理赔。

后续行动：与保险公司保持沟通，确保理赔流程顺利进行，及时获得赔偿。

任务4.3　日常活动安全

安全提示： 时刻保持警惕，遵守安全规范，确保日常活动中的个人财物和身心安全。

知识目标： 了解大学生校园日常活动中的安全规章制度，了解可能碰到的安全隐患，掌握基本安全知识和应急处理流程。

能力目标： 能够遵守校园中关于安全的相关规定和制度，规避、处置校园日常活动过程中可能遇到的事故风险。

素质目标： 加强安全意识，提高自我保护能力。

4.3.1 宿舍安全

安全提问

1. 大学生宿舍中的安全隐患有哪些？

2. 如何规避宿舍安全隐患？

案例

某年12月21日上午，湖南省长沙市某大学，学生宿舍13栋4楼411寝室突发火灾，浓烟迅速蔓延到楼层阳台。所幸学生已经陆续疏散撤离，消防员迅速将起火现场处置完毕。现场过火面积约2平方米，411宿舍学生当时并未在宿舍，未造成人员伤亡。

事发前一晚（20日）该宿舍的学生，使用大功率电器导致宿舍跳闸，次日学生到宿管处请求恢复用电，后便离开宿舍去上课。但是，学生忘记关闭了仍放在棉被上的吹风机和电插板开关，随后宿管没有核实断电原因，便为该宿舍送电，导致了这一起火灾的发生。

安全课堂

大学生宿舍是学生休息的地方，是学生在校园中的“家”。大学生宿舍安全至关重要，关乎每位学生的生命财产安全与身心健康。一个安全和谐的宿舍环境，是学生们安心学习、快乐生活的基础。因此，我们必须时刻绷紧安全这根弦，增强自我防护意识，遵守宿舍管理规定，共同营造一个安全、整洁、温馨的宿舍氛围，让青春在安全中绽放光彩。

一、宿舍安全隐患

（一）用电隐患

违规使用电器。大功率电器如电热毯、电暖器、电吹风等，由于功率较大，容易使电路超负荷运行，导致电线发热、短路甚至引发火灾。此外，这些电器在使用过程中也容易产生高温，如果周围存在易燃物品，很容易引发火灾。

私拉乱接电源。有的学生为了方便使用电器，可能会在宿舍内私拉乱接电线，这不仅违反了宿舍管理规定，还可能因电线老化、接触不良等原因引发火灾。

插排质量不过关。随着电子产品的普及和广泛应用，插排（也称电源插座、接线板等）作为连接电源与电子设备的桥梁，其质量和安全性变得尤为重要。低质量的充电插排往往存在诸多隐患，可能引发电路问题，甚至导致火灾、触电等严重后果。长时间插排通电不断电、充电器等电器设备长时间插在插座上等，也可能导致电线和电器蓄热引发火灾。

（二）火灾隐患

宿舍区吸烟。由于宿舍内人员密集，且存放着大量易燃物品（如被褥、衣物等），吸烟时如果不小心将烟蒂、火柴等未熄灭的火源乱扔，很容易引燃这些易燃物品，从而引发火灾。此外，躺在床上吸烟更是极度危险的行为，一旦烟蒂掉落在床上，极易引发火灾事故。

使用明火焚烧杂物。在宿舍或走廊内焚烧杂物也是宿舍火灾隐患之一。如果人离开而火未熄，或是火势太大无法控制，都极易引起火灾。这种行为不仅威胁到宿舍内人员的生命安全，还可能对宿舍楼及周边建筑造成严重的影响。

（三）盗窃隐患

门窗安全隐患。有些学生离开宿舍时会忘记锁门或关窗，或者门窗损坏不及时报修，增加了被盗窃的风险。

贵重物品管理不当。有些学生将现金、手机、电脑等贵重物品随意放在桌面、床上或柜子里，未采取任何防护措施。

钥匙管理不善。不慎丢失钥匙或钥匙被他人复制，将宿舍钥匙随意借给同学或朋友，将钥匙放到门框上面，等，这些都会给不法分子创造了登堂入室的机会。

宿舍管理制度不严。严格的宿舍管理制度是保障学生安全的第一道防护。如果宿舍管理人员未严格把控外来人员进出，会使得小偷有机会混入宿舍区。同时，如果宿舍管理人员或学校安保部门巡查力度不够，也会造成潜在的安全隐患。

（四）人际关系隐患

宿舍中的人际关系可以被视为一种潜在的安全隐患。虽然它可能不直接涉及身体伤害或物质损失，但不良的人际关系却能对个体的心理安全、情感健康及整体生活环境产生负面影响。

不良的人际关系可能带来心理压力，导致焦虑、抑郁等心理问题，影响学习和生活；可能带来情感伤害，被孤立、排斥或嘲笑都可能对个体的自尊心和自信心造成打击；可能造成冲突升级，如言语暴力甚至肢体冲突；可能造成生活环境恶化，如室友之间可能因为琐事而破坏对方的私人物品。

（五）安全意识淡薄

部分大学生对宿舍安全缺乏足够的重视和警惕性，这是一个值得关注的问题。这种忽视可能源于多种原因，如过于繁忙的学习生活、对安全的误解或轻视，以及缺乏相关的安全教育等。

二、宿舍安全隐患防护措施

（一）用电安全防范措施

禁止使用大功率电器，如电热锅、电暖器、吹风机等，以防电线短路或火灾。

不乱拉乱接电线，确保电线不被拖来拖去，以免绝缘层损坏导致短路。

离开宿舍时，应关闭所有电源，拔掉插头，避免电器长时间待机。

定期检查电器设备，确保其正常工作，无老化、损坏现象。

（二）防火措施

加强消防安全教育。学校应定期开展消防安全教育活动，提高学生的消防安全意识和自防自救能力。

严格遵守宿舍管理规定。学生应严格遵守宿舍管理规定，不私拉乱接电线、不违规使用电器、不存放易燃易爆物品等。

定期检查消防设施。学校应定期检查宿舍内的消防设施是否完好有效，如灭火器、消防栓等是否处于正常状态。

加强宿舍管理。学校应加强对宿舍的巡查和管理力度，及时发现并整改存在的消防安全隐患。

提高自救能力。学生应掌握一定的自救知识和技能，如熟悉宿舍内的安全疏散通道、了解灭火器的使用方法等。在火灾发生时能够迅速采取正确的逃生和自救措施。

（三）防盗措施

大学生要严格遵守宿舍管理制度，配合管理人员的工作。认真学习防盗知识和技能，提高自我防护能力。

保管好个人财物，不在人前炫耀，保持一颗平常心。在离开宿舍时，要确保门窗紧闭，锁好贵重物品。注意钥匙管理，不随意借出钥匙并妥善保管。

（四）建立良好的人际关系

加强沟通。室友之间应保持良好的沟通习惯，及时交流彼此的想法和感受，避免产生误解和冲突。

尊重差异。每个人都有自己的生活习惯和性格特点，室友之间应相互尊重和理解对方的差异。

共同制定一些宿舍生活的规则，如卫生打扫、作息时间等，以维护共同的生活环境。

及时求助。如果遇到无法自行解决的人际关系问题，可以及时向宿舍管理员、辅导员或心理咨询师等求助。

（五）加强安全教育，提高安全意识

加强安全教育。学校应定期组织学生进行安全教育，包括宿舍安全、消防安全、网络安全等方面的知识。学生通过案例分析、模拟演练等形式，深刻认识到安全的重要性，并掌握基本的应对技能。

提高安全意识。鼓励学生关注宿舍及周边环境的安全状况，发现潜在的安全隐患并及时上报。同时，学校可以设立安全举报奖励机制，激发学生参与安全管理的积极性。

制定应对措施。针对不同类型的安全事故，学校应制定详细的应对措施和应急预案。例如，对于火灾事故，应明确逃生路线、灭火器的使用方法等；对于盗窃事件，应提醒学生保管好贵重物品、加强门窗防护等。同时，学校应定期组织学生进行应急演练，确保在真正面对危险时能够迅速、有序地应对。

加强宿舍管理。学校应加强对宿舍的日常管理，包括外来人员管理、卫生检查、设施维护等方面。通过严格的管理措施，减少安全事故的发生概率。

建立安全文化。学校应积极营造安全文化氛围，鼓励学生之间相互提醒、相互帮助，形成人人关注安全、人人参与安全管理的良好局面。

4.3.2 体育活动安全

安全提问

1. 如何有效预防运动中的意外伤害？
2. 参加体育活动，遇到紧急情况时，应采取哪些措施？

案例

2024年6月9日，沈阳某大学体育科学学院发生了一起大学生减重后猝死的事件。大一学生小许为备战拳击赛，在39天内减重近20斤。然而，在减重过程中，小许身体已出现头晕、呕吐等症状，并被诊断为急性胃炎和低钾血症。尽管存在健康问题，但他仍坚持训练。6月9日，小许在学校寝室内突发猝死，经医院抢救无效死亡。

·案例分析·

该案例反映了大学生在追求运动成绩时忽视自身健康的极端情况。它提醒我们，在进行体育锻炼时，应科学合理地安排训练计划，注意营养补充和休息，避免过度训练和盲目减重。同时，学校也应加强对学生的健康监测和指导，及时发现并干预潜在的健康问题。

安全课堂

一、有效预防运动中的意外伤害

大学生预防运动中出现意外伤害要从多个方面入手，包括充分热身与拉伸、了解运动知识、循序渐进、选择合适的装备与场地、关注身体状况及寻求专业指导等。

（一）充分热身与拉伸

运动前进行充分的热身活动，可以提高中枢神经系统的兴奋性，使身体各部位逐渐进入运动状态，减少因突然运动而导致的损伤。热身活动应包括全身各关节的旋转、拉伸，以及慢跑、快走等轻度的有氧运动。

运动后进行全身拉伸，有助于缓解肌肉紧张，减少乳酸堆积，降低肌肉酸痛和损伤的风险。拉伸时应保持动作缓慢、平稳，避免过度拉伸造成新的损伤。

（二）了解运动知识

在参与任何运动前，都应先了解该运动的规则、技巧和特点，掌握正确的动作要领和姿势，有助于避免因动作不规范而导致的损伤。应评估自身的身体状况、运动能力和经验水平，选择适合自己的运动项目和强度，避免盲目追求高强度或高难度的运动，导致身体受损。

（三）循序渐进

在运动过程中，应根据自身的体能和适应性逐步增加运动量，避免突然增加运动负荷导致的身体损伤。长时间持续的运动容易导致肌肉疲劳和神经紧张，因此应合理安排休息时间，让身体得到充分的恢复和放松。

（四）选择合适的装备与场地

根据运动项目的特点选择合适的运动装备，如运动鞋、护具等。这些装备可以提供必要的保护和支撑，减少运动中的损伤风险。

选择平整、干燥、无杂物的运动场地进行锻炼，避免在湿滑、坑洼或杂物多的场地上运动。

（五）关注身体状况

定期进行体检可以及时发现潜在的健康问题，如心脏病、高血压等，这些疾病在运动过程中可能会加重或导致意外伤害。

在运动过程中应时刻关注自身的身体反应，如出现头晕、胸闷、心悸等不适症状时，应立即停止运动并寻求帮助。

（六）寻求专业指导

在参与新的运动项目或高难度动作时，最好寻求专业教练的指导。教练可以根据学生的实际情况制定个性化的训练计划，并提供正确的动作示范和纠正错误的动作。

二、紧急情况下的自救与互救措施

（一）自救措施

在遇到紧急情况时，同学们可以尝试采取以下自救措施：

1. 保持冷静

同学们遇到紧急情况，首先要保持冷静，不要惊慌失措，以便能够迅速做出正确的判断和行动。

2. 评估伤情

对自身或他人的伤情进行初步评估，判断是否需要立即采取急救措施。

3. 止血

如果出现出血情况，应立即采取止血措施。可以使用干净的纱布、衣物等物品直接压迫伤口，或者使用止血带绑扎在伤口近心端进行止血。注意止血带的使用时间不宜过长，以免造成肢体缺血坏死。

4. 固定骨折部位

如果发生骨折，应使用木板、树枝等物品对骨折部位进行固定，以减少骨折端对周围组织的损伤，并减轻疼痛。固定时应注意不要过紧或过松，以免影响血液循环。

5. 保持呼吸道通畅

如果出现呼吸困难或窒息症状，应立即采取措施保持呼吸道通畅。可以解开衣领、腰带等束缚物，清除口鼻中的异物，并采取侧卧位以防止误吸呕吐物。

6. 寻求帮助

在采取自救措施的同时，应尽快向周围的人或拨打急救电话，寻求帮助。

（二）互救措施

在遇到紧急情况时，同学们可以尝试采取以下互救措施：

1. 迅速报警

在发现他人遭遇紧急情况时，应立即拨打急救电话或报警电话，告知事故发生的地点、人数、伤情等信息。

2. 评估伤情并施救

到达现场后，首先对伤者的伤情进行评估，并根据伤情采取相应的急救措施，如止血、固定骨折、保持呼吸道通畅等。

3. 安抚情绪

在施救过程中，应注意安抚伤者的情绪，可以通过语言安慰、握手等方式给予伤者支持和鼓励，减轻其恐惧和焦虑心理。

4. 协助搬运

如果需要将伤者搬运至安全地带或送往医院，应多人协作进行搬运。搬运过程中应注意保持伤者的体位稳定，避免造成二次伤害。

5. 记录伤情

在施救过程中，可以简要记录伤者的伤情和施救过程，以便为后续的救治提供参考。

需要注意的是，以上自救与互救措施仅供参考，并不能替代专业的医疗救治。在遇到紧急情况时，应尽快拨打急救电话并遵循专业人员的指导进行救治。同时，大学生应积极参加急救知识培训和学习，提高自身的急救技能和应对能力。

项目5 人身安全

任务5.1 财产安全

安全提示：财产安全是大学生生活、学习顺利进行的基本保障。如何切实保障自身的财产安全是大学生必须高度重视的问题。当代社会，大学生的财产安全引起了广泛关注，抢劫、宿舍盗窃、大学生校园贷、电信诈骗等造成财产损失的事件屡见不鲜，严重影响大学生在校期间的人身财产以及合法利益，扰乱了高校正常的管理秩序。

知识目标：了解盗窃、诈骗、校园贷等行为的表现形式，掌握防盗、防骗、防抢劫、防抢夺等保护生命财产安全的方法。

能力目标：增强防盗窃、防诈骗、预防不良校园贷的意识。

素质目标：提高警惕性，增强安全意识，能运用所学知识预防盗窃、诈骗、不良校园贷。

5.1.1 防盗窃

安全提问

1. 盗窃的主要形式有哪些？
2. 校园盗窃的特点有哪些？
3. 自己的财务被盗窃后，应该怎么办？

案例

某学院大二学生小阳，兼职为某企业作宣传时，在大学城某僻静处，遇到4个歹徒，被歹徒抢劫走手机一部。由于势单力薄，显然只能智斗，他细心观察了几个作案人的相貌特征，以及作案车辆牌照号码，在歹徒离开后迅速拨打110报案，为抓获歹徒赢得了宝贵的时间。当警察到达后，在相距原发案地几公里处，发现了劫匪，并一网打尽。事后电视台记者采访了小阳，对他机智灵活、勇敢无畏的精神给予了充分肯定。

·案例分析·

从以上案例中，我们可以看出，抢劫与抢夺行为已经侵入高校及周边地区，给广大师生员工的人身和财产造成严重的威胁。大学生应当具备应付突发事件的心理素质和应变能力，懂得如何避免和应对这类案件，做到“以防为主，遇事不慌”。

安全课堂

一、盗窃的基本含义与动机

（一）盗窃的概述

盗窃，这个词可能听起来离我们很远，但事实上，它经常出现在我们身边。盗窃，是指以非法占有为目的，秘密窃取他人财物的行为。这一定义看似简单，却包含了盗窃行为的核心特征和法律判定的关键依据。

（二）盗窃分子的作案手段

1. 顺手牵羊

顺手牵羊是盗窃分子最常用的手段之一。他们往往选择在主人不在意的时刻，将放在桌上、床上、椅子上等明处的物品顺手带走。这一手段依赖受害者的疏忽，决定了这类盗窃更容易发生在无人看管的场合。

2. 乘虚而入

乘虚而入是指盗窃分子趁主人不在，进入未锁的房内，打开未锁的抽屉、橱柜等进行行窃。这种手段利用了宿舍和办公室等场所的安全疏漏，往往作案速度极快。

3. 窗外钓鱼

窗外钓鱼是一种比较奇特的盗窃手段，盗窃分子会使用竹竿等工具，通过窗户将室内的贵重物品钩走。这种手段尤其危险，因为它经常出现在位于低楼层且没有安装防护栏的宿舍。

4. 翻窗入室

翻窗入室的盗窃手法更为大胆，盗窃分子通过翻越未装防护设施的窗户或气窗进入室内行窃。这类作案方式需要盗窃分子有一定的体能和心理素质，一旦成功，获取的战利品往往不菲。

5. 撬门扭锁

撬门扭锁是盗窃分子使用各种工具撬开门窗而入室行窃的方法。这类手段虽然比较费时，但安全系数高，很少会被当场抓获。改良锁具和监控设施的安装是防止这类行窃手段的有效方法。

6. 溜门串户

溜门串户是一种比较常见的手段，这类盗窃分子会以找人、推销商品为名，趁机入室行窃。房门未锁、宿舍无人时，盗窃分子很短时间内便可完成作案。

7. 插片开门

插片开门是指盗窃分子通过插入硬卡片，将门锁撬开的方法。由于很多宿舍楼使用多年的门锁较为老旧，没有反锁功能，防范这类手段显得尤为重要。

8. 盗取密码

在大学生中，盗取密码的现象并不少见，尤其是在熟悉的同学或室友之间。这类手法常见于获取存折与信用卡密码后，再伺机到银行盗取现金。

9. 抽芯盗窃

抽芯盗窃是一种非常隐蔽的手段，盗窃分子会在一叠现金中抽出少量而不被发现。这类手法由于不易引起受害者注意，受害者往往会对自己的损失感到迷茫。

二、校园盗窃的特点

在风景如画的校园背后，潜藏着许多不为人知的安全隐患。其中，校园盗窃事件尤为引人注目。校园盗窃不仅使学生遭受经济损失，还可能造成心理阴影，影响学业和生活。

（一）时间上的选择性

1. 空闲时段与夜晚作案

盗窃分子通常选择在无人的时候进行作案，如课间、午休、晚自习或夜深人静时。这些时段都是比较理想的作案时段。根据一项研究数据显示，夜晚时段在校园盗窃案件中占有较高比例，尤其是在学生睡眠期间，盗窃分子更容易得手。

2. 节假日的高发期

另一个常见的作案时间是节假日。此时，校园内的学生和教职工都相对较少，校园成为盗窃分子眼中的“天堂”。美国某大学对近五年校园盗窃案件的统计数据表明，节假日期间的盗窃事件占全年总数的 26%。

（二）目标上的准确性

1. 高价值物品锁定

盗窃分子通常有明确的目标：高价值的物品和现金。很多学生习惯将手机、笔记本电脑和现金放在床铺附近或书桌上，这无疑是对盗窃分子的“公开邀请”。这种精准锁定目标的行为，使得盗窃分子一旦动手，便极易得手。

2. 生活习惯的掌握

学生的生活习惯也被盗窃分子掌握，他们清楚哪些时间段学生会离开宿舍，哪些地方学生容易忽视。核对钥匙放置的地点、日常作息等细节，盗窃分子可谓“了如指掌”。

（三）技术上的智能性

1. 高智商的作案手段

在高校中，盗窃案件的作案主体往往具备一定的高学历和高智商，甚至有些是大学生自己。这些高智商的犯罪分子会使用更加隐蔽和高效的手段，如利用“万能钥匙”开锁、通过技术手段破解电子设备等。

2. 使用高科技工具

一些作案人员甚至使用高科技工具，如借助无线网络设备进行监听，偷取信息等，这都使得他们的盗窃行为更加智能化和隐蔽性强。

（四）作案上的连续性

1. 侥幸心理驱动

盗窃分子一旦在第一次作案中成功，往往会产生一种“侥幸心理”，认为自己能够屡次得手。此类连续作案，一方面是因为盗窃行为未被及时发现和举报，另一方面也因犯罪分子对调查和破案速度的轻视。

2. 连续作案的隐患

连续作案不仅加重了受害者的经济损失，也使得校园的安全环境愈发恶劣。如果不及时采取有效措施，盗窃行为将更加肆无忌惮，难以遏制。

（五）作案人员构成特点

1. 外部人员混入

虽然校园盗窃案件大多由外部人员所为，他们通常混入校园进行偷窃。这类人员的流动性较大，给抓捕带来一定难度。

2. 内部学生作案

内贼往往更为隐蔽且难以捉摸，他们对校园环境和人员都相当熟悉，能够轻松避开监控和巡逻人员。根据某高校的研究报告显示，宿舍、餐厅、图书馆、教室等场所发生的盗窃案中，内部大学生作案占大多数。

三、盗窃的预防及应对

校园生活是学生们美好而充实的一段时光，但不幸的是，校园盗窃的频发给这一宁静带来了阴影。根据最新的调查研究，大学生由于防范意识薄弱，往往成为盗窃分子的目标。

（一）盗窃的预防

1. 树立防盗意识

大学生应当明确一个现实——校园并非安全的世外桃源。盗窃事件可能发生在校园的各个角落，无论是教室、宿舍还是图书馆。提高警惕心，消除麻痹大意的思想，是防止盗窃的第一步。学校可以定期举办安全教育讲座，让学生了解各种盗窃手法和预防措施。学生通过案例分析和互动环节，可以更直观地认识到防盗的重要性。

2. 妥善保管个人财物

（1）现金和银行卡的管理

建议学生尽量减少现金持有量，避免随身携带大量现金，大额现金应及时存入银行。设置银行卡密码时要选择不易破解的密码，并且不要与身份证等其他重要证件放在一起。

（2）贵重物品的存放

对于贵重物品，如笔记本电脑、手机、相机等，应妥善存放在加锁的抽屉或柜子里。离开宿舍或教室时，不要把这些物品随意放在桌子上或床边。

（3）钥匙的管理

学生应养成随手锁门关窗的习惯，尤其是最后一个离开宿舍的同学。宿舍钥匙不要随便借给他人，丢失钥匙立即换锁，确保安全。

3. 宿舍管理

（1）规范宿舍秩序

保持良好的宿舍秩序，对于降低安全隐患至关重要。不在宿舍内举行聚会、聚餐等活动，减少外来人员的进出，减少盗窃风险。

（2）宿舍人员的管理

不随便留宿非本宿舍成员，尤其是对来历不明的人要格外警惕。陌生人进入宿舍楼内时，注意观察其行踪，若有异常及时上报有关部门。

4. 公共场所防范

（1）教室和图书馆的防范

在教室、图书馆等公共场所学习时，不用包占座，不在包里放现金、贵重物品或钥匙。离开座位时，应将贵重物品随身带走，防止顺手牵羊。

（2）避免携带大量现金

外出参加集体活动、参加校园活动时，尽量不要携带大量现金和贵重物品，以减少盗窃的可能性。

（3）选择可靠的购买渠道

购买自行车或电动车时，尽量选择正规的销售点，确保车子的合法来源。索要购买凭证，如发票和相关证件。

（4）合理存放和加锁

停车时，应将自行车或电动车停放在有人看管的区域，使用结实的防盗锁具。最好使用多种锁具，并养成随手锁车的好习惯。

5. 技术防护措施

（1）安装个人防盗器材

学生们可以考虑在宿舍门窗安装防盗报警器、监控摄像头等设备，及时发现和阻止盗窃行为。这些技术设备虽然投资不大，但防盗效果显著。

（2）利用校园安全系统

学校应在各主要通道安装视频监控系统，并定期检修，确保设备正常运行。学生一旦发现异常情况，可以及时向学校保卫部门求助。

（二）盗窃的应对

1. 保护现场，及时报案

一旦发生被盗案件，第一时间要确保现场不被破坏。组织在场人员保护好现场，并迅速向学校保卫部门报告，这点非常重要。不要急于查看自己丢失了什么，否则可能会破坏现场的痕迹和物证，影响调查取证的效果。这里有研究指出，现场保护直接关系到案件侦破成功率 。

2. 发现可疑人员，及时控制

在校园内，如果遇到可疑人员，不要惊慌失措。保持冷静，寻找机会主动上前询问。若对方回答含糊不清或有问题，应设法将其稳住，可发动同学利用团体力量进行围堵，并及时报告给校保卫部门。一定要注意安全，防止盗贼因被逼急而行凶伤人。无法当场抓获的情况下，记住盗贼的详细特征，如年龄、性别、身高、体型、相貌、衣着、口音及动作习惯等，并向警方提供这些破案线索 。

3. 及时报失，配合调查

发现存折、银行卡等贵重物品被盗，务必尽快到银行挂失，并积极配合公安和保卫部门的调查取证工作，抓住最佳破案时机。如果是其他物品被盗，应立即向保卫部门报案，详尽提供丢失物品的特征，以便及时、准确地破案。同时，还可组织同学在校园其他地方帮助寻找，一旦发现丢失物品，应立即报告给保卫部门，在原地等待以防惊动盗贼。

5.1.2 防诈骗

安全提问

1. 诈骗的主要形式有哪些？
2. 各类诈骗的特点有哪些？
3. 遇到诈骗犯罪后，你应该怎么办？

安全课堂

一、诈骗的定义

（一）诈骗的概述

诈骗，是指通过虚构事实或隐瞒真相，以非法占有为目的，使被害人产生错误认识，从而自愿交付财物或利益的行为。根据我国的《刑法》第二百六十六条规定，诈骗罪是指以非法占有为目的，采用虚构事实或者隐瞒真相的方法，骗取数额较大的公私财物的行为。这一定义明确了两个关键元素：非法占有的意图和欺骗手段。

（二）诈骗的种类

诈骗手段多种多样，常见的包括电信诈骗、网络诈骗、金融诈骗及街头诈骗等。电信诈骗常以冒充官方机构、家人、朋友甚至是电商平台客服的方式进行，网络诈骗则多通过虚假网站、网络招工等形式，金融诈骗往往涉及虚假投资理财项目，街头诈骗则通过行骗手法上演“苦情戏”或“中奖骗局”。

二、诈骗发生的原因

（一）思想单纯，分辨能力差

大部分大学生由于与社会接触较少，思想较为单纯，对一些人或事缺乏应有的分辨能力，缺乏刨根问底的习惯，对于事物的分析往往停留在表象上，或根本不去分析。这种情况下，很容易被诈骗分子的花言巧语迷惑，进而陷入骗局。研究表明，受害者通常在面对陌生信息时会出现判断失误，尤其当这些信息符合其期望时更是如此。

（二）感情用事，疏于防范

帮助有困难的人是我国的优良传统，但如果不假思索地“帮”一个不相识或相识不久的人，这就极为危险。不少同学凭借一时的同情心或怜悯，被骗子的花言巧语蒙蔽，继而“慷慨解囊”。年轻人在情感上更容易受他人影响，尤其是当他们觉得帮助他人能够增强自我价值感时，更加缺乏防范意识。

（三）有求于人，轻率行事

每个人都免不了求别人相助，但关键是要了解对方的人品和身份。有些同学在急需帮助时往往放松警惕，对于对方提出的要求，不加考虑便遵从，显示出很“积极”的配合。这种轻率行为常被骗子利用。

（四）贪小便宜，急于求成

贪心是受害者最大的心理缺点。不少诈骗分子之所以屡屡得手，主要是利用了人们贪小便宜的心理。受害者往往被诈骗分子夸大的“好处”和“利益”吸引，自以为可以用最小的代价获得最大的回报，而对诈骗分子的行为不加深究，最终落得个“捡了芝麻丢了西瓜”的下场。

三、高校诈骗案件的特点

近年来，随着信息化技术的快速发展，各类诈骗手段层出不穷，尤其在高等职业院校中，诈骗案件更是频发。大学生由于经验不足、法律意识薄弱，是诈骗分子眼中的“理想目标”。

（一）作案动机复杂化

1. 多种目标

诈骗分子的作案动机多种多样，不仅仅是为了骗取财物，还有感情诈骗、版权侵权、学历造假等多种情况。研究表明，诈骗分子可能只是为了一时的快感或者心理不平衡而行骗。

2. 心理状态

诈骗分子在行骗过程中常常表现出极大的狡猾与冷静。他们通过观察和分析大学生的心理弱点，从而设计出各类迷惑性极强的骗局。

（二）作案手段智能化

1. 利用科技

诈骗分子越来越多地运用高科技手段，如虚拟电话、伪装网站、钓鱼邮件等。他们利用这些手段，使受骗者误以为自己在与合法的机构或个人进行交易，从而上当受骗。

2. 信息搜集

诈骗分子通常会提前搜集受骗者的各类信息，如社交媒体账号、日常活动轨迹等。他们利用这些信息，设计出个性化的诈骗手段，增加成功率。

（三）作案方式多样化

1. 伪装身份，骗取信任

诈骗分子常常假冒老乡、同学、亲戚，甚至伪造教师身份，以此来取得学生的信任。伪装身份的手法多样，如利用假身份证、假名片等，形成一个完整的虚假身份故事。

2. 投其所好，引诱上钩

利用学生热衷于兼职、出国留学、名校推荐的心理，诈骗分子会提供看似合法的机会来吸引学生上钩。例如，一些高薪兼职、100% 录取的出国留学项目，不但要求缴纳高额费用，还往往会盗取个人信息。

3. 真实身份，虚假合同

诈骗分子化身为公司代表或企业家，以假身份和伪造的合同，骗取学生的信任。他们通常会提供高额酬金的兼职机会，但在学生完成任务后，却拒绝支付酬金。

4. 借贷为名，骗钱为实

学生通常缺乏理财经验，容易被高利集资、快速赚取的骗局吸引。诈骗分子利用学生急需用钱的心理，提出各类诱人的借贷条件，但一旦得手便消失不见。

5. 以次充好，连骗带盗

一些诈骗分子利用学生经验少又图便宜的特点，上门推销假冒产品。更有甚者，在推销不成时，转而盗取财物。

6. 招聘为名，设置骗局

诈骗分子利用学生想要兼职赚取生活费的心理，以虚假的招聘信息骗取介绍费、押金、报名费等。而当学生发觉上当时，已经为时已晚。

7. 编造谎言，骗取钱财

这些诈骗分子擅长编造谎言，例如教师失散、急需医疗费用等，以博得学生的同情和信任，从而骗取钱财。

8. 恋爱为名，骗情骗钱

一些诈骗分子通过假意与学生恋爱，既骗取感情，又骗取财物。这种案例在近年来越来越多，诈骗分子通过社交网络平台认识目标，迅速建立“感情”基础，随后以各种理由骗取钱财。

（四）作案目标选择性

1. 特定人群

诈骗分子通常选择疏于防范、贪图便宜、思想单纯的学生作为目标。这些学生容易因为一时大意或缺乏经验而上当。

2. 环境适应

诈骗分子擅于根据不同的校园环境调整自己的行骗策略。例如，在技术学校，他们可能会专注于技术设备和软件的诈骗；在综合性大学，他们可能更倾向于假冒讲座嘉宾或公司招聘的诈骗。

（五）作案地点流窜性

诈骗分子通常并不局限于某一地点，他们会选择在不同的校区甚至城市间流窜行骗。这使得他们更难被公安部门抓获，增加了追查案件的难度。

四、防范诈骗的策略与行动指南

（一）预防诈骗的策略

1. 培育防骗意识，自学自护之道

在知识的殿堂中，大学生们应积极参与校方举办的法制与安全教育系列活动，汲取法律知识，广泛掌握防骗技巧，提升辨识真伪的能力。同时，要自律自爱，对自己提出更高的要求，让防骗成为生活的必修课。

2. 抵制诱惑，坚守正道原则

青春的旅途中，大学生需树立正确的人生观和价值观，不断提升个人理想、道德和情操。面对金钱和名利的诱惑，我们要坚守本心，不贪图小利，增强抗诱惑力。对于突如其来的“好处”，尤其是陌生人的承诺，要学会理性思考，坚信天下没有免费的午餐，抵制贪小便宜的心态。

3. 理性交往，保持警惕之心

在人际交往的海洋中，大学生应坚守原则，不被对方的外表和言辞迷惑，对陌生人保持必要的警惕。个人信息如同珍宝，不轻易透露，避免单独行动，让安全成为交往的底线。

4. 慎重交友，情感与理智并重

在友谊的花园里，应选择品德高尚的朋友。对于那些只谈感情和义气的诈骗者，我们要保持清醒，不被花言巧语迷惑，学会理性分析，避免不必要的损失。

5. 增进同学间的沟通与合作

在校园这个大家庭中，同学们应加强沟通，互相扶持，这不仅有助于友谊的增进，还能在关键时刻得到他人的宝贵意见，避免陷入迷茫。

6. 关注个人安全，守护青春岁月

在参与社会实践等活动时，要警惕非学习工作场所的约会、面试或就餐，保持通信畅通，牢记紧急求助电话，让安全成为青春的守护神。

（二）应对诈骗的行动指南

1. 敏锐观察，精准识别

面对可疑之人，保持冷静，细心观察其言行举止，核实身份信息。如有必要，可向同学或他人求助，共同辨识真伪，让智慧成为防骗的利剑。

2. 灵活应对，有效制止

让冷静成为应对诈骗的盾牌。在疑虑未解之时，有策略地与对方周旋，寻找破绽，必要时可采取适当言辞让对方有所顾忌，不敢轻易行动。

3. 受骗之后，勇敢面对，及时报案

即使因个人疏忽受骗，也要保持积极心态，吸取教训，及时向警方报案。不让诈骗行为得逞，让正义照亮受骗的阴影。

4. 提供线索，协助调查

报案时，详细向警方描述受骗经过、诈骗者的特征及手法，提供相关证据。协助警方追踪诈骗者，追回损失财物，共同维护校园安全，让合作成为打击诈骗的基石。

5.1.3 谨防校园贷

安全提问

1. 校园贷的主要形式有哪些？
2. 不良校园贷的特点有哪些？
3. 遇到不良校园贷后，我们应该怎么办？

案例

在河南的一所高校里，郑同学对足球有着浓厚的兴趣，然而，他不幸误入歧途，开始涉足购买足球彩票。起初，他只是以2元的小额投注尝试，偶尔的胜利让他尝到了甜头，进而逐渐加大投注额。尽管他曾幸运地中过7 000元的大奖，但这并未让他停止赌球，反而使他越陷越深。

随着赢来的钱和生活费的付诸东流，郑同学想到了通过贷款来筹集资金。他越输越多，也越渴望能够翻盘。利用班里同学对他的信任，他以28位同学的名义，向14家网络分期贷款和小额贷款平台借款，用以继续购买彩票。他的父亲，一位收入并不丰厚的劳动者，在得知儿子赌球的情况后，尽管尽力帮儿子还了两笔债务，共计10万元，但借贷的雪球却越滚越大。

最终，郑同学无法承受近60万元的债务重压，他在班级微信群里留下了一条语音信息，告诉同学们可以过些日子联合起来告他诈骗。在给父母发送了最后一条短信后，他从青岛一家宾馆的8楼纵身跃下，以21岁的年轻生命为这场因校园贷引发的悲剧画上了句号。

· 案例分析 ·

这一案例警示我们，校园贷的诱惑如同无形的陷阱，一旦陷入，便难以自拔。它不仅摧毁了一个年轻人的未来，也给家庭带来无法承受之重。让我们以此为鉴，提高警惕，远离校园贷的诱惑，共同守护校园的纯净与安宁。

安全课堂

一、校园贷的陷阱

校园贷是针对在校学生的一种网络贷款形式，是通过各种贷款平台和金融机构在网上申请信用贷款的一种方式。然而，这种看似方便的贷款方式背后，却隐藏着诸多风险和陷阱。

（一）高息贷或高利贷的陷阱

许多不良贷款平台通过低息、快速放款的宣传吸引学生，但实际上这些贷款往往伴随着高额的利息和各种隐藏费用。这些平台通常会以“0.99%月息”等低息广告吸引学生，但实际上，加上各种服务费、滞纳金等，年利率可能会远高于24%，甚至达到36%以上，形成非法高利贷。一旦陷入高息贷或高利贷，学生可能会因为还不上贷款而被迫继续借贷，导致债务累积。这种恶性循环可能导致学生无法承受巨大的还款压力，甚至影响他们的学业和生活。

（二）不良校园贷的陷阱

不良校园贷主要是指那些采取虚假宣传、降低贷款门槛、隐瞒实际资费标准、不文明催收等不合规手段，诱导学生过度消费或给学生带来恶意贷款的平台行为。大学生一旦使用这些平台，很容易陷入过度借贷和负债的困境。这些平台通常以零首付、低门槛、放款快等虚假宣传手段，吸引那些存在盲目攀比、虚荣心、贪小便宜心理的大学生，诱导他们过度消费或恶意借贷，最终导致他们陷入“拆东墙补西墙”的困境。因此，大学生需要警惕这些不良校园贷，防止陷入不必要的债务危机。

（三）传销式诈骗贷的陷阱

传销式诈骗贷是指不法分子利用校园贷款平台招募大学生作为校园代理，并要求他们发展下线进行逐级敛财。判断是否为传销有三个原则：是否需要上交会费，是否存在诱导发展下线，是否进行逐级提成。在校园贷刷单代理过程中，参与学生既是受害者又是作案者。他们往往在不知情和利益驱使下被不法分子利用，最终导致大学生陷入还款陷阱。

（四）多头借贷的陷阱

多头借贷是指大学生从多个校园贷平台进行借贷。由于目前借贷市场主体间信息共享不足，在还款压力的作用下，借款者可能被迫从多个平台进行贷款，最终形成巨额借款。

（五）套路贷的陷阱

套路贷是指不法贷款平台或个人采用设套方式诱导大学生贷款，并迫使他们陷入还款泥潭。以下是几种常见的套路贷方式：

1. 债务转移陷阱：放贷人会以借款金额达到借贷合同上限为由，将借款人的债务转移到另一家放贷人那里。当借款人向多个平台借款时，年利率会急剧上升，形成一个无法填补的“还款黑洞”。

2. 培训费陷阱：不法分子以培训名义要求学生通过贷款缴纳培训费，一旦学生一次性成功付费，不法分子便消失无踪。此外，他们还可能以作为贷款凭证为由骗取学生的裸照信息，一旦获取成功后，便以散发裸照为由进行威胁或敲诈。

3. 身份信息陷阱：不法分子以“好处费”为诱饵，通过虚假制作贷款申请表等方式骗取学生的身份信息进行个人贷款。一旦贷款成功，不法分子便人间蒸发，留下学生独自面对债务。

4. 保证金陷阱：不法分子在网上发布放贷信息，并伪造虚假合同，诱骗学生缴纳高额保证金。一旦学生上当，不法分子便消失无踪。

5. 注册费陷阱：不法分子以谎称“黑户”漏洞为由，骗取学生进行注册贷款。一旦获取注册费，不法分子便失去联系，留下学生独自面对债务。

二、校园贷的特点

目前，校园贷大多属于民间借贷，由于借贷市场发展不充分并缺乏有效监管，导致借贷平台对于借贷个人是否存在多方借贷、是否具有还款能力等情况审核不严。当无还款能力的大学生陷入多头借贷后，往往造成巨大的还款压力，轻则造成极大心理压力，重则引发恶性或极端事件。

（一）费率不明

一些校园不良网络借贷平台往往只宣传分期产品或小额贷款的低门槛、零首付、零利息等好处，却弱化其高利息、高违约金、高服务费的分期成本，甚至隐瞒或模糊实际资费标准、逾期滞纳金、违约金等。看似免息、低息的平台利息通常高达 20% 以上，成了高利贷，逾期后每日费率最高与最低相差 60 倍之多。很多大学生因为一时冲动购物而选择贷款，最终要偿还的“本息和”相当于贷款本金 1.5 倍，甚至更多。

（二）隐形担保

网络借贷平台并非真的免担保，大学生申请过程中提供的家庭住址、父母电话、同学电话、辅导员联系方式等信息，实际上就是隐形担保。如不能按期还款，平台就会向贷款人的父母、同学、辅导员等催款。

（三）贷款门槛低、审核不严，身份可冒用

一些不良网贷平台打出“零门槛，无抵押”“线上审核，最快 3 分钟到账”等类似广告。在一些校园不良网络借贷平台上注册用户，一般只需要学信网数据、学生证、身份证，以及常用联系人信息，就可贷款两三万。这一方面刺激、诱导了学生非正常的消费或使用资金；另一方面，大部分校园贷只需提供身份证及学生信息，就可通过网络申请，资质审核方面存在漏洞。

（四）高额度诱惑

如果看到“只要本科学历即可办理贷款，最低几万起”的广告，千万不要相信，因为一般本科生无论如何也无法凭信用贷款几万元。高利贷提高授信额度，

诱导贷款，易导致学生陷入连环贷陷阱。

（五）不文明的催收手段

很多校园不良网络借贷平台普遍存在不文明的催收手段，比如关系催收，学生借款时被要求填写数名同学、朋友或亲属的真实联系方式，如果不能按时还款，平台就会把逾期信息告知该学生的关系圈，严重干扰和伤害借款学生。催收机构采取短信、电话甚至上门骚扰或收取高额逾期费用、口头恐吓、胁迫、跟踪、盯梢、非法拘禁等极端手段暴力追债，威胁学生的人身安全。特别是“裸照贷”现象的存在，严重影响大学生的身心健康。

（六）风险难控，易将风险转嫁给家庭

部分校园借贷平台利用少数学生金融知识匮乏，诱导学生过度消费，往往最后由家长兜底。

（七）校园代理人无资质

校园贷的许多代理人由在校大学生担任，并没有金融行业方面的相关从业资格。

（八）替人网贷有风险

有的同学碍于人情关系等原因，用自己的身份证件替别人办理贷款。这种行为风险很高，因为对方一旦无力还款，剩余的债务就由被办理人独自承担。

（九）分期购物，质量难保

有的网贷平台针对大学生推出了分期购物功能，本质上是以消费之名行借贷之实。利滚利之后，将是巨额本息。

三、预防和抵制校园贷

在青春洋溢的大学校园里，每一步成长都伴随着对世界的探索与自我认知的深化。然而，随着金融产品的日益丰富，特别是校园贷这类看似便捷实则暗藏风险的金融服务，悄然成为部分大学生生活中的一个隐患。为了守护每一位学子的纯真梦想与光明未来，我们应当从多个维度出发，共同构建一个健康、理性的消费环境，让每一位大学生都能学会如何预防和抵制校园贷的侵袭。

（一）培养理性消费观，践行节俭之道

步入大学，是独立生活的开始，也是自我管理能力的一次重要考验。在这个阶段，树立正确的消费观念至关重要。我们应当倡导“量入为出，适度消费”的原则，避免盲目跟风，陷入攀比与虚荣的漩涡。在享受现代消费便利的同时，更

应铭记勤俭节约的传统美德，合理规划每一笔开支，让每一分钱都花在刀刃上。面对琳琅满目的商品和诱惑，学会说“不”，拒绝不必要的分期购物，更不可采取“以贷还贷”的危险做法，以免陷入债务泥潭，影响学业与人生规划。

（二）勤工俭学，拓宽经济来源

经济独立是人格独立的重要体现。大学生可以利用课余时间参与勤工俭学活动，这不仅能够缓解经济压力，改善生活质量，更是提前接触社会、积累实践经验的有效途径。在兼职过程中，要保持警惕，选择正规渠道，避免落入诈骗陷阱。通过自己的双手创造价值，你将收获的不仅仅是物质上的满足，更是自我价值的实现和社会责任感的增强。

（三）守护个人信息，筑牢安全防线

在这个数字化时代，个人信息的安全尤为重要。大学生应当时刻保持警惕，妥善保管好自己的身份证、学生证、银行卡及网络支付账号等敏感信息，不轻易透露给任何人，包括所谓的“熟人”。因为一旦个人信息泄露，就可能被不法分子利用，进行诈骗或非法借贷，给自己带来不可预知的损失和麻烦。因此，加强个人信息保护意识，是每位大学生必备的生存技能。

（四）增强法律意识，学会依法维权

法律是维护公平正义的利剑。大学生应当主动学习法律知识，了解哪些行为是合法的，哪些行为是违法的，以及如何在自身权益受到侵害时依法维权。对于校园贷这类金融产品，更要保持清醒头脑，明确其潜在风险与法律责任。一旦遭遇不法侵害，要敢于拿起法律武器保护自己，及时向学校、警方或相关部门求助，避免事态恶化。

（五）拒绝参与非法借贷活动

作为有责任感的大学生，我们应当自觉抵制校园贷等非法借贷行为。不参与校园内的网贷宣传，不担任网贷代理人或中介，不向同学介绍网贷经历或途径，更不直接开展网贷业务。同时，还要积极向身边的同学传递正能量，引导他们树立正确的消费观和金钱观，共同营造一个风清气正的校园环境。

（六）警惕贷款陷阱，谨慎选择金融机构

在选择金融服务时，大学生应当保持谨慎态度，认真甄别贷款机构的合法性与正规性。正规公司往往有严格的审批流程和收费标准，不会在放贷前要求缴纳任何费用。遇到以贷款培训作为入职要求的公司时更应提高警惕，这类公司往往

存在欺诈嫌疑。在决定贷款前，可以通过工商局等官方渠道查询公司信息，确保自己的合法权益不受侵害。

（七）谨慎充当担保人，避免连带责任

在人际交往中，我们要珍惜友谊与信任，但也要保持清醒的头脑。在涉及贷款等金融事务时，要谨慎“担保人”这个角色，避免因一时的好意而承担不必要的连带责任或还款责任。同时，也要警惕他人利用自己的身份信息进行非法借贷活动，保护好自己的信用记录。

面对校园贷的诱惑与挑战，大学生应当成为自己命运的主宰者而非受害者。通过培养理性消费观、参与勤工俭学、加强个人信息保护、增强法律意识、拒绝参与非法借贷活动、谨慎选择金融机构以及避免成为担保人等措施的共同努力下，我们一定能够远离校园贷的陷阱与危害，为自己的大学生活和未来人生铺设一条坚实而光明的道路。

知识链接

《中华人民共和国民法典》

第一百五十七条：民事法律行为无效、被撤销或者确定不发生效力后，行为人因该行为取得的财产，应当予以返还；不能返还或者没有必要返还的，应当折价补偿。有过错的一方应当赔偿对方由此所受到的损失；各方都有过错的，应当各自承担相应的责任。法律另有规定的，依照其规定。

第六百八十条：禁止高利放贷，借款的利率不得违反国家有关规定。借款合同对支付利息没有约定的，视为没有利息。借款合同对支付利息约定不明确，当事人不能达成补充协议的，按照当地或者当事人的交易方式、交易习惯、市场利率等因素确定利息；自然人之间借款的，视为没有利息。

任务5.2　常见意外伤害

安全提示： 时刻警惕周边环境，增强自我保护意识，预防意外伤害。

知识目标： 理解常见突发疾病的基本概念分类、常见症状。识别突发疾病的高危因素和预防措施。了解急救的基本知识和操作技能。

能力目标： 能够根据患者的临床表现和症状，初步判断可能患的疾病类型，并评估病情的严重程度。在专业医疗人员到达前，能够进行有效的现场急救措施。

素质目标： 培养责任心和同理心，在紧急情况下能保持冷静，迅速有效地做出反应，处理突发状况。

5.2.1　认识常见突发疾病

安全提问

1. 常见的突发疾病有哪些？

2. 你熟知几种突发疾病的急救方法？

安全课堂

在大学的时光里，我们不仅是知识的探索者，更是自我健康与安全的守护者。面对生活中可能突发的健康挑战，掌握一些基本的自救与救助他人的技能，无疑是我们成长道路上不可或缺的一部分。

1. 心脏骤停

自我救治：若意识尚存，请立即用尽全身力气，拨打120紧急电话。

他人救治：当目睹这一幕时，请毫不犹豫地成为生命的守护者。迅速进行心肺复苏（CPR），那是对生命最直接的呼唤。若条件允许，更应寻找并使用自动体外除颤器（AED），它可能是逆转命运的关键。

2. 中风

自我救治：记住那四个简单的字母——FAST（面部下垂、手臂无力、语言不清、时间紧迫），它们是你自救的指南针。一旦发现症状，立即拨打 120 急救电话，并告知家人或室友。

他人救治：立即拨打急救电话，同时保持安静，使患者舒适，避免任何可能加重病情的举动，如喂食或饮水。

3. 哮喘发作

自我救治：哮喘的突袭，让人措手不及。但请记得，你的急救吸入器是守护呼吸的勇士。迅速使用，并尽量保持冷静，深呼吸，让每一次呼吸都充满力量。

他人救治：当你看到身边的朋友因哮喘而挣扎时，请迅速协助他们使用急救吸入器，并立即拨打 120 急救电话。你的陪伴与帮助，是他们最坚实的后盾。

4. 血糖失衡

自我救治：低血糖时，一份甜蜜的慰藉或许就能化解危机。根据症状，及时摄入糖分，如糖果、果汁等。而高血糖则需谨慎使用胰岛素，遵循医嘱，调整饮食。

他人救治：面对血糖失衡的朋友，提供适量的糖分或果汁，同时鼓励他们保持平静，并尽快联系医疗人员。你的关怀，是他们恢复平衡的温暖力量。

5. 过敏反应

自我救治：过敏，是身体发出的紧急警报。迅速使用抗过敏药物，如抗组胺药物，以缓解症状。同时，保持冷静，观察身体反应，必要时寻求医疗帮助。

他人救治：当看到他人出现严重过敏反应时，立即拨打急救电话，并尽量保持患者呼吸道通畅。你的迅速行动，可能是他们脱离危险的关键。

6. 骨折与扭伤

自我救治：面对突如其来的疼痛，使用冰敷和抬高受伤部位，以减轻肿胀和疼痛。避免移动受伤部位，以免加重损伤。

他人救治：在稳定受伤部位的同时，迅速寻求医疗援助。你的细心照料与及时行动，将为患者争取到宝贵的治疗时间。

7. 热射病与脱水

自我救治：炎炎夏日，记得给自己降温。进入阴凉处，补充水分或电解质饮料，让身体重新找回平衡。

他人救治：当看到有人因高温而虚脱时，迅速将他们移至阴凉处，给予水分和电解质饮料，并立即拨打急救电话。你的援手，将是他们渡过难关的清凉之风。

8. 食物中毒

自我救治：一旦怀疑食物中毒，立即停止进食，并大量饮水以稀释毒素。避免刺激性食物的摄入，以免加重症状。

他人救治：为中毒者提供清水和电解质饮料，并鼓励他们尽快就医。你的关心与支持，将帮助他们更快地恢复健康。

9. 心绞痛

自救与救助：当胸口传来阵阵隐痛，立即停止活动并休息。若疼痛持续不减，迅速拨打急救电话。在等待救援的过程中，可尝试咀嚼阿司匹林以缓解疼痛（但请务必遵循医嘱）。对于他人，同样要迅速行动，确保患者得到及时的医疗救助。

10. 感染

自我救治：面对感染如流感、肺炎等，充足的休息与均衡的饮食是恢复的关键。使用非处方药物缓解症状时，请务必遵循说明书或医嘱。

他人救治：鼓励患者多休息、多喝水，并关注他们的病情变化。如症状持续或加重，应及时陪同就医。你的陪伴与鼓励，将是他们战胜病魔的强大动力。

11. 烫伤

自我救助：立即将烫伤部位置于流动的冷水下，轻轻冲洗至少 10 ~ 15 分钟，以降低皮肤温度，减少组织损伤。避免使用冰块或冰水，以免过度冷却造成二次伤害。轻轻擦干伤口，使用干净的纱布或毛巾，避免用力摩擦。不要涂抹油脂、牙膏、酱油等家用物品，这些不仅不能帮助恢复，还可能引起感染。如有需要，可适量服用非处方止痛药，如布洛芬，但务必遵循医嘱或说明书。持续观察烫伤部位的变化，若出现红肿、水疱、渗出物或疼痛加剧，应及时就医。

救助他人：保持冷静，迅速将患者的烫伤部位置于冷水下冲洗，以减轻疼痛和防止伤害扩大。如果衣物与烫伤部位粘连，切勿强行撕扯，以免加重损伤。可以用剪刀轻轻剪开衣物，留下与伤口粘连的部分，等待医疗人员处理。在患者接受处理的过程中，给予他们安慰和陪伴，减轻他们的紧张和恐惧。对于大面积的烫伤或特殊部位的烫伤（如面部、手、脚等），应立即拨打急救电话，寻求专业医疗援助。

12. 烧伤

自我救助（主要针对小面积烧伤）：首先确保自己已完全脱离火源，避免进一步的烧伤。立即用冷水冲洗烧伤部位，直至疼痛减轻。用干净的纱布或无菌敷料轻轻覆盖伤口，以保护创面免受污染。对于大面积烧伤或伴有其他严重症状（如呼吸困难、昏迷等），应立即拨打急救电话。

救助他人：在确保自身安全的前提下，迅速评估烧伤者的伤势和周围环境。同样使用冷水冲洗烧伤部位，以减轻疼痛和防止热量继续向深层组织传导。对于伴有烟雾吸入的烧伤者，要特别注意保持其呼吸道通畅，必要时进行人工呼吸或心肺复苏。用干净的纱布或衣物覆盖烧伤部位，以减少污染和疼痛。避免使用有毛、有刺或颜色深的物品覆盖伤口。对于严重烧伤者，应立即拨打急救电话，并详细描述患者情况和所在位置。

13. 割伤

自我救助：用干净的布或绷带紧紧压迫伤口以止血。如果血液渗透了布料，不要去除它，可以在上面再加一层。在止血后，用清水清洁伤口周围皮肤，但要避免直接冲洗伤口内部。用无菌纱布或干净的布覆盖伤口，以减少感染风险。如果伤口较深或较大，可以使用医用胶带或绷带固定纱布。避免使用酒精、碘酒等刺激性物质直接涂抹在伤口上。对于深而窄的伤口（如被生锈的刀片割伤）、出血不止的伤口或怀疑有异物残留的伤口，应尽快就医。

救助他人：首先安抚患者的情绪，让他们保持平静以减少出血。帮助患者用干净的布或绷带压迫伤口以止血。如果伤口在四肢上，可以抬高受伤部位以减少出血。在处理伤口时，要注意保持双手和工具的清洁，避免将细菌带入伤口。对于严重割伤或无法自行处理的伤口，应立即拨打急救电话并寻求专业医疗援助。在等待救援的过程中，可以继续压迫伤口以止血并保持患者安静舒适。

5.2.2 紧急情况的应对

安全提问

一、落水

落水是一个紧急情况，需要迅速而冷静地做出反应。以下是一些建议，帮助大学生了解如何在水中自救和救助他人。

（一）自我救助

尽量保持冷静，避免恐慌，因为恐慌会消耗你的能量和氧气。如果你穿着救生衣，让它帮你浮起来。如果没有救生衣，尝试用脚踩水，手臂打圈，保持身体平衡，头部保持在水面上。如果可能，尝试背浮，这是最节省体力的方法。将头向后仰，让身体自然浮起，深呼吸时将头部转向一侧呼吸。

评估周围环境，确定最近的岸边或安全地点。使用蛙泳、自由泳或仰泳等游泳技巧，稳定地向目标游去。注意水中的漩涡、暗流和其他潜在危险，如船只、岩石等。如果有人在附近，大声呼救。如果水温较低，尽量减少身体的活动，以减少热量流失。采取胎儿姿势或紧缩身体，减少暴露在水中的面积。

（二）救助他人

首先确保自己处于安全的位置。不要直接跳入水中，除非你有救生技能和设备。如果有救生圈、绳子或其他浮动物体，立即投掷给落水者。如果有长杆、树枝或绳索，尝试将其伸向落水者，让他们抓住。大声指导和鼓励落水者，告诉他们你正在寻求帮助。立即拨打当地的紧急救援电话或寻求附近人员的帮助。如果有其他人在场，将他们组织在一起进行救援。分工合作，一部分人负责呼叫救援，一部分人负责现场救援。一旦落水者被救上岸，立即检查他们的呼吸和脉搏，如果需要，立即进行心肺复苏（CPR）。

二、应对猥亵

猥亵，这一性骚扰行为，会对受害者的心灵造成不可小觑的创伤。作为大学生，我们有必要采取一系列预防措施来保护自己，并学会在遭遇不测时冷静应对。

（一）预防是关键

我们需要深入了解猥亵行为的本质，学习如何敏锐地识别并预防性骚扰的发生。在日常生活中，无论是身处公共场合还是与人交往，都应保持高度的警觉性，细心观察他人的行为和言辞，以便及时发现潜在的威胁。同时，明确并坚守自己的个人界限，对于任何不适当的身体接触或言语冒犯，都要坚决而明确地表示拒绝，不让对方有可乘之机。

（二）明确界限

我们还需尽量避免与潜在的骚扰者单独相处，尤其是在私密或封闭的空间内，以减少被侵犯的风险。当直觉告诉我们某人的行为或言辞令人不安时，应毫不犹豫地相信自己的感觉，并尽快远离那个人。为了进一步增强自我保护能力，参加自卫课程是一个不错的选择，它能帮助我们学习如何在紧急情况下有效地保护自己。同时，随身携带一些合法的防身工具，如哨子或防狼喷雾，也能在关键时刻为我们提供一份安心。

（三）学会自卫

如果我们做好了充分的预防准备，仍无法完全避免遭遇猥亵的可能性时，保持冷静至关重要。深呼吸，努力控制自己的情绪，不要表现出恐慌或攻击性，以免激怒对方或使自己陷入更危险的境地。同时，大声呼救以引起周围人的注意，并尽力抵抗，利用身边的一切物品作为自卫的武器。

在逃离现场后，我们应尽快报警，并向警方提供尽可能详细的信息，包括骚扰者的外貌特征、衣着、语言特点，以及任何可能的识别标志。如果条件允许，还应尽量保留现场的证据，如监控录像或目击者的联系方式，以便后续调查。

（四）寻求支持

在经历猥亵后，我们可能会感到恐惧、无助或羞耻。但请记住，你并不孤单。家人、朋友或专业人士都能为你提供必要的支持和帮助。寻求心理咨询以处理这一创伤经历，让专业的心理医生帮助你走出阴影，重新找回内心的平静和力量。

总之，应对猥亵需要我们保持警觉、明确界限、学会自卫并寻求支持。同时，我们也应认识到每种情况都有其特殊性，因此最好的做法是参加相关的防身课程或工作坊，以便在紧急情况下能够更加从容地应对。此外，尽量避免单独行动，特别是在夜间或偏僻地区，以减少潜在的风险。

三、应对绑架

绑架，这一令人胆寒的犯罪行为，不仅给受害者带来深重的身心创伤，也会让受害者家人陷入无尽的恐惧与忧虑之中。作为大学生，我们需时刻保持警惕，采取有效措施降低成为绑架目标的风险，并熟悉一旦不幸遭遇绑架时的应对策略。

（一）保持警觉

在日常生活中，我们应培养高度的警觉性，时刻留意周围环境的变化和周围人群的动态，避免在偏僻、人迹罕至或感觉不安全的地方单独行动。同时，保持与亲朋好友的紧密联系，定期告知他们自己的行踪，但也要谨慎处理个人信息，避免被别有用心之人利用。在出行时，我们应尽量选择安全可靠的交通工具，如校车、公交或正规出租车等，切勿轻易搭乘陌生人的车辆。此外，信任自己的直觉同样重要，若对某人或某地感到不安，应立即采取行动，远离潜在威胁。

（二）增强自我保护能力

参加自卫课程、学习基本的防身技能是明智之举。这些技能虽不能保证万无一失，但在关键时刻或许能为我们争取到宝贵的逃脱时间。同时，在手机上设置紧急联系人，并确保手机电量充足，以便在紧急情况下迅速求助。

（三）保持冷静

若不幸遭遇绑架，保持冷静是首要之务。尽管这极其艰难，但唯有冷静方能让我们在绝境中保持清醒，做出正确判断。我们应努力记住绑匪的外貌特征、语言习惯、车辆信息等细节，这些信息对后续的调查至关重要。在绑匪面前，除非有明确的逃脱机会，否则应避免无谓的反抗，以免激怒绑匪，加剧自身危险。同时，寻找一切可能的机会与家人或朋友取得联系，告知他们自己的处境。

一旦获得逃脱的机会，应立即向安全地带转移，并尽快报警。向警方提供详尽的信息，包括绑匪的特征、逃跑路线等，以协助警方迅速展开救援行动。若绑匪提出要求，如索要赎金，我们应保持冷静合作的态度，同时设法拖延时间，为救援争取更多机会。在整个过程中，若有可能，尽量保留证据，如绑匪遗留的物品、通讯记录等，这些都可能成为日后破案的关键。

（四）寻求帮助

当事件尘埃落定，我们不应忽视心理创伤的影响。寻求心理咨询或其他专业帮助，是走出阴影、重建生活的必要途径。

请记住，这些建议虽为基础指导，但每种情况都有其独特性，最好的准备是不断学习和提升自我防范意识，确保自身安全。同时，尽量避免夜间或偏僻地区的单独行动，减少潜在风险。

四、应对抢劫与抢夺

在校园生活中，大学生们面临着各种潜在的安全风险，其中抢劫和抢夺是较为常见且严重的问题。抢劫，即通过暴力、威胁或其他手段，在当场强行非法夺取公私财物的行为；而抢夺，则是公然非法夺取公私财物的行为。由于大学生涉世未深，缺乏社会经验，加之遇险后大多不敢反抗，因此常常成为犯罪分子的选择对象。这两类案件在一定条件下容易转化为伤害、凶杀、强奸等恶性案件，对被害人的身心健康构成威胁，甚至危及生命安全，严重干扰大学生正常的学习和生活秩序。

（一）抢劫与抢夺的区别

抢劫与抢夺的区别在于侵犯的客体、行为人的主观故意以及客观表现等方面。抢夺仅侵犯财产权利，不侵犯人身权利；而抢劫不仅侵犯财产权利，还侵犯人身权利。在抢劫案件中，行为人明确对被害人施以暴力、威胁或其他强制方法；而在抢夺案件中，行为人只有对财物实施暴力的意图，无意对被害人的人身施以暴力，造成伤害或死亡的结果是由于其过失造成的。抢劫表现为行为人采用暴力、威胁或其他方法，强行劫取公私财物；而抢夺表现为行为人公然迅速夺取公私财物。

（二）抢劫、抢夺案件的特点

1. 发案时间有规律性

抢劫、抢夺案件的特点包括发案时间有规律性，一般发生在夜晚或新学期开学初期，特别是深夜时分，因为此时行人稀少，大学生往往孤立无援，容易成为犯罪者的目标，并且犯罪分子也更容易隐匿和逃离现场。

2. 发案地点具有隐蔽性

犯罪分子一般选择校园内较为偏僻、远离师生生活区的树林、小山、建筑工地、在建建筑物附近、自习室周围，以及灯光昏暗、人迹罕至的地段，或者是校园周边地形复杂、人少且夜间无路灯的地段作案。

3. 作案手段和方法多样

犯罪分子实施抢劫的手段通常有：采用殴打、捆绑等直接暴力手段进行抢劫；利用个别同学社会经验不足、胆小怕事的心理弱点进行暴力威胁；冒充熟人或朋友取得大学生的信任，然后寻找机会用药物麻醉后实施抢劫等。

4. 作案目标具有一定的选择性

那些穿着时髦、携带贵重物品、单独行走的大学生及在无人区域谈恋爱的大学生情侣往往容易成为被选择的目标。

5. 作案人员多为团伙行为

抢劫、抢夺犯罪分子一般为校园附近不务正业、有劣迹的年轻人。他们相互勾结形成犯罪团伙，为了抢劫财物这一共同目的结成联盟，有明确的分工，有的在事前还进行了详尽的预谋。

（三）应对抢劫、抢夺

为了防范抢劫和抢夺，大学生应该遵守校纪校规，按时返回学校；随身携带贵重物品时应格外警惕；外出尽量结伴同行；注意仪表和着装，尽量避免前往复杂场所。遭遇抢劫、抢夺时，应保持冷静，克服恐惧心理；根据情况灵活处理，不要盲目蛮干；采用巧妙方式周旋，争取逃脱机会；及时报案并提供详细信息；呼救时注意策略和方法。通过这些措施，大学生可以更好地保护自己，避免陷入抢劫和抢夺的困境。

5.2.3 了解故意伤害行为及应对

安全提问

故意伤害行为是指非法且有意对大学生造成身体伤害的行为，这种行为严重侵犯了大学生的人身权益。在高等院校中，大学生故意伤害案件是一个主要的问题。

一、故意伤害案件的特征

（一）具有严重的伤害性

1. 故意伤害会对大学生的身心健康产生一定程度的影响。

2. 治疗伤害需要花费大量费用，在经济上给个人和家庭造成沉重负担。

3. 案件处理通常需要较长时间，这对受害者的日常学习和生活带来诸多不利影响。

4. 特别是打架斗殴，这类行为通常具有群体性特点，不仅严重破坏校园秩序，而且容易引发其他纠纷，给学校甚至社会带来不稳定因素。

（二）行为方式多种多样

高校故意伤害案件的行为和结果呈现出多种形式，可以归结为两类：行为人的单方面故意伤害行为和当事人之间的打架斗殴行为。在打架斗殴案件中，有一部分涉及大学生与非大学生之间的冲突，但更多的是大学生之间的争斗。

（三）往往导致多名大学生遭受伤害

除了少数有预谋的案件外，大多数情况下当事人事先并无准备，甚至在矛盾激化时才发生冲突。大学生在集体活动中，面对矛盾纠纷时往往缺乏理智，经常会有多人参与，导致多人受伤。

（四）多发生在人流密集的公共场所

高校故意伤害案件大多发生在食堂、教室、图书馆、运动场以及校园周边的网吧、餐馆、歌厅等人流密集的公共场所。这些地方的人员复杂，容易产生摩擦和矛盾，从而引发伤害案件。

引起大学生故意伤害的原因多种多样，主要包括以下几个方面：

1. 利益冲突，如经济利益争夺，学习、生活中荣誉、竞选学生干部等的角逐。双方可能因利益冲突而产生争执，进而导致伤害事故的发生。

2. 恋爱问题。由于感情纠葛或分手等原因，有时会导致暴力行为和不安定因素的出现。

3. 体育活动中，剧烈的肢体碰撞可能引发冲突，从而导致伤害事件的发生。

4. 酗酒，大学生酗酒现象普遍，部分学生酗酒后易与他人发生矛盾，造成对方或自己的伤害。

5. 心理因素，有些学生可能受嫉妒、猜忌等不良心理驱动，将他人的成功或进步视为对自己的威胁，从而进行故意伤害。

6. 校园及周边治安形势严峻，不法分子挑起事端伤害大学生的现象也时有发生。

二、预防措施

（一）强化法制纪律意识

法律和校纪校规是规范大学生行为的基本准则。大学生应该自觉养成遵守法律法规的良好习惯，加强自身的法制纪律观念和意识。这样不仅可以避免很多矛盾和纠纷，还可以在与他人发生矛盾纠纷时运用法律手段予以解决，避免造成伤害。

同时，大学生还应运用法律纪律约束自己不伤害他人，从某种意义上说这也是对自己进行保护的一种方式。

（二）加强思想道德教育

大学生应不断提高自身文明程度和道德水准，提升自身的思想修养。首先，要保持友善和文明的言行举止，树立正确的荣辱观，避免制造纷争和激化矛盾。其次，面对生活中的各种矛盾要客观冷静分析，理性处理，防止冲动行事。同时，在日常生活中培养谦逊谨慎的作风，尊重他人，友好相处，减少不必要的伤害。

（三）妥善化解矛盾纠纷

许多伤害事件是由于处理矛盾不当引发的。正确处理日常生活中的矛盾纠纷可以有效避免很多伤害事件的发生。

坚持合理解决矛盾的原则：

（1）坚持冷静处理的原则。当发生矛盾纠纷时，双方当事人往往处于激动和非理智状态。这时，必须保持冷静，绝不能偏激和冲动。如果能够充分保持冷静，则有可能减缓对方的不理智情绪，更加有利于自己灵活应对眼前的矛盾。

（2）坚持宜解不宜结的原则。如果双方能够坦诚相见、换位思考，许多矛盾就可以迎刃而解。我们应该把握解决矛盾的原则，不发生矛盾、不激化矛盾，快速、理智地处理矛盾。

（3）坚持客观公正的原则。作为旁观者，如何看待眼前的矛盾也是矛盾能否及时化解的关键。当旁观者遇到矛盾时，如果能坚持积极制止、善意劝说、客观调解的原则，矛盾就有可能得到及时化解。相反，如果不分青红皂白，见矛盾纠纷就趁势介入，起哄挑事，甚至推波助澜，非但不利于矛盾的解决，反而会使矛盾升级，造成伤害，甚至可能伤及自身。

三、遭遇故意伤害时的处置措施

（一）低调处理，迅速撤离现场

如果大学生不幸遭遇故意伤害，一定不要硬碰硬对抗，否则可能会导致更加严重的后果。一般情况下，大学生可以采取更加低调的处理方式，尽量削弱对方的嚣张气焰，最好是在伤害发生之前抓住时机迅速离开现场。

（二）积极寻求他人帮助

当遭遇故意伤害时，受害者应注意观察周围情况及现场环境，尽可能向周围的人求助。

（三）实施正当防卫

根据双方的力量对比情况，受害者可以实施必要的正当防卫，尽可能减少伤害。

（四）及时报警

事件发生后，受害者应及时向公安机关报案，以获得及时的帮助和救治。同时，向警方详细反映情况有助于打击违法犯罪行为，减少更多的伤害。

5.2.4 防滋扰

安全提问

滋扰，是指不法人员无视国家法律和社会公德而寻衅滋事、结伙斗殴、扰乱社会秩序、侵犯公民合法权益的行为。具体到高校校园，滋扰案件主要是指对校园秩序的破坏扰乱，以及对大学生无端挑衅、侵犯乃至伤害的行为。其表现形式以暴力滋扰居多，但随着通信的发展和进步，利用先进的通信工具实施的通信滋扰案件也时有发生。

一、滋扰的主要形式

（一）暴力滋扰

暴力滋扰是指采取暴力手段实施的流氓滋扰行为，一般表现为在公共场所故意起哄、强要强夺、无理取闹、寻衅滋事、结伙斗殴等行为。

校园暴力滋扰案件的常见形式：

1. 一些不法社会青年，在学校周边的网吧、歌厅、餐馆甚至路上等场合与大学生发生矛盾，进而酿成冲突。

2. 青少年犯罪团伙邀约到校园内斗殴滋事，危害大学生人身安全，扰乱校园秩序。

3. 一些游手好闲的青少年，把学校变成玩乐场所，在校园内随意游逛，或故意怪叫，破坏校园秩序。

4. 不法青少年通过多种途径与大学生进行交往，如发生矛盾或纠葛，便入校寻衅滋事，伺机报复。

5. 有的不法青年，专门尾随女大学生或伺机到学生宿舍、教室等处侮辱、骚扰、调戏女生，致使女大学生身心受到伤害。

（二）通信滋扰

通信滋扰是指利用信件、电话、网络等通信工具实施的流氓滋扰行为。随着科技的发展，通信手段的日新月异，利用先进的通信手段进行滋扰等违法犯罪行为较为普遍，严重破坏了大学生的正常生活秩序，具有很大的社会危害性。通信滋扰主要是一种精神上的滋扰，具有很强的不确定性和随机性，实施行为人往往只是为了取乐、寻求刺激。实施滋扰的过程中，滋扰对象、方式及内容也会随时发生改变。滋扰实施者试图通过这种给别人造成麻烦、痛苦的方式，来满足自己的变态心理。

通信滋扰的常见形式：

1. 电话滋扰

有的不法青年，在知道对方的电话号码后不停拨打对方电话，无聊地谈天说地，或者口吐污言秽语，严重影响大学生的学习生活秩序。

2. 信件滋扰

少数不法分子，通过各种渠道打听女大学生的姓名，然后不停地给其写信，内容不是低级庸俗的谈情说爱或造谣中伤，就是莫名其妙的恐吓威胁，甚至敲诈勒索，使大学生在精神上遭受巨大的压力和恐慌。

3. 网络滋扰

有的不法青年，利用网络，通过电子邮件、QQ、微信等方式，漫无目的地发一些淫秽图片、下流文字等，以达到自己变态取乐的目的，严重影响他人的身心健康。

（三）网络滋扰

1. 网络滋扰的特点

网络滋扰主要指的是在网络环境中，通过各种形式对他人进行骚扰或攻击的行为。具体来说，网络滋扰的特点包括以下几个方面：

（1）传播速度快：由于互联网的即时性和广泛性，网络滋扰的信息可以迅速扩散，影响范围广，这是其与传统滋扰行为的主要区别之一。

（2）形式多样：网络滋扰可能包括但不限于语言攻击、人身威胁、恶意造谣、泄露隐私等多种形式。

（3）隐蔽性强：网络滋扰者往往可以隐藏自己的真实身份，给受害者和治理工作带来难度。

（4）影响深远：网络滋扰不仅对个人造成伤害，还可能对社会公共秩序和网络环境造成破坏。

（5）难以追责：由于网络空间的匿名性和边界性，网络滋扰行为的追责相对困难，需要相关部门加强法治治理和提高技术处理手段。

总的来说，网络滋扰是一个复杂的社会问题，需要社会各界共同努力，从技术、法律、教育等多个层面进行综合治理。

2. 网络滋扰的常见类型

（1）个人信息泄露：这包括在网络上非法公开他人的私人信息，如电话号码、家庭地址等，通常是为了羞辱或威胁受害者。

（2）网络欺诈：网络欺诈是一种严重的网络犯罪，它通过伪造身份、发送虚假链接或电子邮件等方式，骗取受害者的金钱或敏感信息。

（3）网络暴力：通过社交媒体、论坛或其他在线平台发布侮辱性言论、威胁或恶意评论，其目的是伤害他人的名誉或造成心理压力。

（4）网络霸凌：这是一种长期的、有计划的攻击行为，通常由一群人针对个人进行，包括散布谣言、排斥和辱骂等。

（5）网络“软暴力”：这种类型的网络滋扰通常涉及使用隐蔽的手段来影响或控制他人，如通过网络舆论压力或心理操纵等。

（6）网络黑恶势力犯罪：这类犯罪利用信息网络技术进行组织化、智能化的犯罪活动，可能涉及敲诈勒索、网络诈骗等多种违法行为。

（7）“网络厕所”现象：这是一种匿名的网络暴力现象，涉及将个人的照片、行为或言论投稿至特定的社交平台，以供他人嘲讽或批评。

总的来说，网络滋扰的内涵丰富，类型多样，每一种都有其独特的表现形式和危害。了解这些类型和特点有助于我们更好地识别和防范网络滋扰，保护自己和他人的网络安全。

二、预防和应对滋扰

（一）提高自我保护意识

了解滋扰的形式和特点，提高警惕，防患于未然。不随意透露自己的个人信息，如电话号码、家庭地址等，避免被不法分子利用。在社交媒体等平台上，设置好隐私权限，避免陌生人查看自己的个人信息和动态。不轻易接受陌生人的好友请求，尤其是不明来源的请求，以免泄露个人信息。不在公共场合使用不安全的网络，不点击来路不明的链接，防止个人信息被盗取。对于陌生人或不熟悉的人的邀约，要保持警惕，尽量避免单独见面。

（二）加强法律意识

了解相关法律法规，知道自己的权益。如果遇到滋扰，要及时保存相关证据，如聊天记录、邮件截图等，以备后续维权使用。及时向周围的人求助，或者拨打报警电话，寻求警方的帮助。

（三）参加安全教育活动

学校会定期举办安全教育活动，大学生应积极参加，提高自己的安全防范意识和能力。与同学、老师、室友等建立良好的人际关系，相互关心、帮助，形成良好的学习和生活环境。

总的来说，预防和应对滋扰需要个人、社会和法律等多方面的努力。个人需要提高警惕，保护好自己的信息；社会需要加强教育和管理，营造良好的网络环境；法律需要完善相关法规，对网络犯罪行为进行严厉打击。

5.2.5 防拐卖

安全课堂

拐卖行为是指不法之徒出于经济利益，通过谎言和诱惑等手段，将受害者出售的非法行径。尽管大学生智力水平较高，但他们却频繁成为拐卖的受害者。究其原因，一些学生因寻求优质职位而轻信他人能提供好工作的承诺，落入圈套；另一些则由于缺乏生活知识和警惕性，不慎摄入对方下药的食物而在意识模糊时被拐走；还有些因为错误地结交朋友或贪图便宜而受骗。

一、大学生被拐卖的原因

（一）警惕心缺失

在探讨诱拐案件的受害者特征时，一个显著的共性在于其过度信赖的心态。由于青春年少，初涉世事，不少学生缺乏必要的警惕与自我保护意识。当伪装成"朋友""同乡""亲属"乃至"热心大叔""慈祥大婶"的不法分子以虚假的"关怀"与"帮助"为饵时，他们往往未加细辨便落入陷阱。这种对初识者乃至陌生人的轻易信任，构成了思想防线上的重大缺口。

（二）经济压力

出身贫寒、依靠国家助学贷款或亲友资助完成学业的大学生，内心深处常怀有迫切的报恩与自立愿望。他们渴望通过个人努力减轻家庭负担，这种强烈的责任感有时驱使他们做出冒险决定，如"投身商海一试身手"或"勤工俭学兼顾学业"。然而，这种急于求成的心理恰恰为犯罪分子提供了可乘之机，稍有不慎便可能落入精心设计的骗局之中。

（三）经验匮乏与心理素质的不足

深入分析诱拐案件，除了信任危机外，受害者自身的软弱、知识局限及社会经验的欠缺也是重要原因。面对复杂多变的社会环境，若不能保持冷静、机智应对，缺乏必要的坚韧与勇气，便容易成为不法分子的目标。因此，增强自我防护意识，提升心理承受能力，学会在关键时刻保持清醒与镇定，是每位大学生都应具备的重要素质。

（四）贪小便宜的心理

此外，部分学生因贪图小利而陷入诱拐风险。人贩子常以高额回报、快速致富等虚假承诺为诱饵，诱使学生放松警惕，最终使其上当受骗。对此，我们应树立正确的价值观，认识到“天上不会掉馅饼”，面对诱惑时应保持理性判断，避免因小失大，陷入不可挽回的境地。

二、识破与规避被诱拐的陷阱

（一）职业诱饵的伪装

大学生在追求职业发展的道路上，需警惕那些看似美好的职业机会，它们可能是诱拐的伪装。警惕长期在外或不明底细的亲友突然联系，以高薪工作为诱饵，这很有可能将你引入诈骗或非法活动的深渊。同样，在求职过程中，不法分子利用大学生对理想职位的渴望，发布虚假招聘信息，设下陷阱。因此，大学生应保持理性，通过正规渠道核实信息，避免轻信他人而落入被诱拐的陷阱。

（二）兼职陷阱的识别

为了积累经验和赚取生活费，大学生常选择兼职工作。然而，网络、中介等渠道发布的虚假兼职信息层出不穷，尤其是涉及娱乐场所等高风险区域的岗位，更需格外小心。诱拐者往往利用大学生对兼职的渴望，诱骗其前往不安全环境，甚至实施胁迫。因此，大学生在选择兼职时，应仔细甄别信息来源，避免单独行动，并保持与亲友的密切联系，确保个人安全。

（三）异乡“知音”的警惕

在异乡求学或旅行时，大学生可能会遇到自称“知音”的人。然而，这些突如其来的“知音”可能隐藏着不可告人的目的。他们可能以交友为名，诱骗大学生前往陌生地方，进而实施诈骗或拐卖。因此，大学生在面对“知音”的邀请时，应保持警惕，不要轻易相信陌生人，更不要随其前往未知地点。

（四）解困使者的真伪辨别

当大学生遭遇困境时，容易成为不法分子的目标。他们可能伪装成热心人，以提供帮助为名实施诈骗或拐卖。因此，大学生在寻求帮助时，应选择正规渠道，如学校、警方等，避免轻信陌生人的承诺。同时，要保持冷静和理智，不要因急于摆脱困境而失去判断力。

（五）利用“领导”身份诈骗的防范

一些不法分子利用大学生对权威和成功的向往，冒充“领导”身份进行诈骗。他们可能通过虚假职位和身份获取大学生的信任，进而实施诈骗或拐卖。因此，大学生在面对自称“领导”的人时，要保持警惕和谨慎，通过正规渠道核实其身份和背景信息。

（六）婚姻介绍的陷阱识别

在追求幸福婚姻的过程中，大学生需警惕婚姻介绍中的陷阱。一些不法分子利用大学生对婚姻的渴望和幻想，以介绍优质对象为名实施诈骗或拐卖。因此，大学生在面对婚姻介绍时，要保持理性和清醒的头脑，对介绍对象进行全面了解和评估，避免因轻信而遭受伤害。

（七）网络交友的安全意识

互联网为大学生提供了广阔的交友平台，但也带来了潜在的风险。网络交友需谨慎，大学生应树立安全意识，不轻易透露个人信息和隐私。在与网友交流时，要保持警惕和理智，避免被对方的甜言蜜语迷惑。同时，不要轻易相信网友的邀约和邀请，确保自身安全。

（八）拒绝搭乘黑车的风险意识

出行时选择正规交通工具是保障安全的重要措施。大学生应拒绝搭乘黑车等非法营运车辆，因为它们可能存在安全隐患和非法活动。在无法获得正规交通工具时，可考虑其他安全可靠的出行方式或寻求他人帮助。同时，要增强风险意识，避免在夜间或偏僻地点单独行动。

5.2.6 防性侵害

安全提问

一般认为，只要是一方通过语言的或形体的有关性内容的侵犯或暗示，给另一方造成心理上的反感、压抑和恐慌的，都可构成性骚扰。性侵害案件是指以暴力、胁迫或其他手段，违背其意志强行与其发生性关系或对其猥亵、侮辱的案件。因此，大学生了解一些性侵害和性骚扰的基本情况，掌握一些基本应对方法，是很有必要的。

一、性侵害的主要表现形式

（一）暴力型性侵害

暴力型性侵害主要是指犯罪主体采取暴力手段、语言恫吓，或利用凶器进行威胁，对受害人实施性侵害的行为。暴力型性侵害比较复杂，有的是社会上的犯罪分子混入宿舍或校园内偏僻处伺机作案；有的是以抢劫、盗窃为目的，见有机可乘或因受害人处置不当而发展为强奸；还有的是因恋爱破裂或单相思，走向极端，发展成为暴力强奸。如果在性侵害的过程中被侵害人强烈反抗，或者他们害怕事情暴露，犯罪分子还可能会杀害被侵害人。

（二）社交型性侵害

这类性侵害大多是熟人作案，也被称作“熟人强奸”“沉默强奸”“酒后强奸”等。受害人受到伤害后，往往出于各种考虑而不敢揭发。

现代大学开放式的管理模式给了大学生许多交往空间，但由于其自身社会经验的缺乏，在社会交往活动中容易成为犯罪分子侵害的对象。在现实生活中大学生可能被侵害的主要情形有：

1. 家教。家教是许多大学生在大学期间参加的一项社会实践活动，但有的大学生找家教工作不是通过正规的中介机构，而是仅凭张贴的招聘广告就自己去联系，不了解对方家庭成员、社会背景等情况，毫无警惕意识。

2. 求职。在竞争日益激烈的今天，大学生找到一份工作很不容易，总想通过各种途径去推销自己，托熟人、找关系，以求工作单位找得更好一点，这种急于求成的心理往往毫不掩饰地写在脸上。作案分子可能利用机会，凭借三寸不烂之舌，将自己吹嘘得如何本领大，取得大学生的信任和崇拜，然后找机会对大学生进行侵害。

3. 友谊。大学生离开了父母和家庭，来到一个陌生的环境，更加迫切希望得到心灵上的慰藉。因此，在大学生活中，同学之间建立纯真无邪的友谊是大学生活不可缺少的一部分。但在实际生活中，许多大学生容易把异性间的友谊错当成爱情，很容易使对方产生误解。

4. 网恋。网络技术的迅猛发展，给人提供了更多与陌生人交往的机会。上网聊天、结识网友已成为高校的一种时尚。作案人在网络聊天中往往利用花言巧语给那些正处于感情迷茫时期的学生以最大的诱惑。在大学生看来，那些人就是他们要找的“梦中情人”，因此容易上当受骗。

5. 谈恋爱。这种手法具有一定的隐蔽性，一般不容易为被害人所防备。大学生在选择恋爱对象时，不考察对方的人品、修养及内涵，而过多地注重相貌、身材等外在因素，在遇到那些以玩弄为目的的恋爱高手时，往往是哑巴吃黄连有苦说不出。

6. 饮酒。这种手法常常发生在熟识的同学、朋友、老乡聚会以及有求于人的场合。犯罪分子通过与大学生交往一段时间，取得他们的信任后，在吃饭的场合提出让大学生喝酒。由于酒精的刺激，大学生的思维过程受到干扰而变得神志不清，自制力下降，从而使犯罪分子容易得手。

（三）诱惑型性侵害

诱惑型性侵害主要是指利用受害人追求享受、贪图钱财，或者意志薄弱，作风轻浮，制造各种机会而引诱受害人的性侵害。

（四）胁迫型性侵害

胁迫型性侵害，是指犯罪分子利用自己的权势、地位、职务之便，对有求于自己的受害人加以利诱或威胁，从而强迫受害人与其发生非暴力型的性行为。行为人往往利用职务之便或乘人之危而迫使受害者就范，或者设置圈套引诱受害人上钩，或者利用过错或隐私要挟受害人，从而达到性侵受害人的目的。

（五）滋扰型性侵害

滋扰型性侵害主要是指社会上的流氓结伙闯入校园，寻衅滋事，或是某些品行不端正人员在变态心理的驱使下，对受害人进行的各种性骚扰。一是利用机会靠近大学生，强制性地抚摸、搂抱、挤碰大学生等下流行为；二是在大学生面前故意暴露生殖器等进行变态式性滋扰；三是寻衅滋事，无理纠缠，用污言秽语进行挑逗，或者做出下流举动对大学生进行调戏、侮辱等。

二、性侵害案件的特点

（一）具有严重的社会危害性

大学生的性侵害案件是一种严重的暴力犯罪，容易引发一系列的不安定因素，影响校园乃至社会稳定。另外，性侵害犯罪不仅给受害大学生身心造成严重的伤害，同时还使其人格受到侮辱，进而有可能引起自杀、自残等更为严重的后果。

（二）作案目标的选择性

犯罪分子通常选择以下人员为侵害目标：

1. 长相漂亮，打扮前卫者。在性犯罪案件中，感官刺激是性犯罪的主要犯罪因素。娇美白皙的面容、曲线优美的身材、前卫暴露的衣着往往给人很大的感官刺激，加速犯罪欲望的产生。因此，在性侵害案件中，长相漂亮、打扮前卫的女生要比相貌平平、穿着朴素的女生被侵害的比例高。

2. 单纯幼稚，缺乏社会经验者。缺乏社交经验是很多大学生的弱点。大学生因为社会阅历较浅，在社会交往中缺乏安全防范意识和能力，在与有着丰富社会阅历的人打交道时显露出许多单纯幼稚的言行，这恰好成为那些心怀叵测的人攻击的弱点。

3. 作风轻浮，关系复杂者。随着高校的不断社会化，大学生与社会的接触已越来越多。面对越来越多的诱惑，一些思想过分开放的大学生开始蠢蠢欲动，频频出入酒吧等娱乐场所，广泛结识各种类型的社会朋友。

另外，文静懦弱、胆小怕事者，身处险境、孤立无援者，贪图钱财、追求享受者，精神空虚、无视法纪者，也容易成为性侵害的对象。

（三）报案时间的滞后性

性侵害涉及被侵害对象人格、名誉的损害，加上中国传统世俗的偏见，所以许多人在遭到性侵害后都采取延迟报案或不报案的态度，致使犯罪分子更加肆无忌惮地对其他人实施加害行为。

三、性侵害的防范

（一）树立正确的防性侵害意识

大学生在校内、校外的各种活动场合，应提高自我保护的警觉性，对一些有预警信号的性侵害要及时采取防卫措施，有效地保护自己。如在社会交往中对朋友那些肮脏下流的笑话、淫秽暧昧的语言、挑逗暗示的动作采取强烈的排斥态度，及时打消他们的念头。一旦发现异性对自己不怀好意，甚至动手动脚或有越轨行为，一定要严厉拒绝、大胆反抗，并及时向学校有关领导和保卫部门报告。

（二）行为端正，态度明朗，言行得体

大学生在校期间的穿着打扮要符合自己身份，以大方得体、朴实无华为好，不要盲目追赶潮流及性感的时装。在言行举止方面，如果自己行为端正，坏人便无机可乘；如果自己态度明朗，对方则会打消念头，不再有任何企图。若自己态度暧昧、模棱两可，对方就会增加幻想、继续纠缠。在拒绝对方的要求时，要讲明道理、耐心说服，一般不宜嘲笑挖苦。

（三）谨慎结交新朋友

根据调查表明，有63%的性侵害是发生在相互认识的熟人中间。因此，大学

生在与同学、老乡及朋友（网友）的交往过程中要注意对方交往的目的，留意对方日常言行中表现出来的人品、道德修养。如发现对方时常有过分亲昵、挑逗等预兆性言行时，要及时果断地终止来往。在与朋友交往中应时刻注意观察和提醒自己，不要轻信好话，不要单独跟新朋友去陌生的地方；控制感情，不要在交往中表现轻浮；控制约会环境，不要到偏僻人少的地方；不要过量饮酒，不接受超过一般关系的馈赠；对过分的言行持反对态度等。

（四）有选择地适当参加社会活动

大学生应慎重参加社会活动，要通过学校及正规合法部门联系社会单位，切忌自己通过小广告或者自行推荐去选择服务对象。如家教，即使要参加也要通过学校及有关部门去联系，大学生一定要对服务对象进行全方面的了解，签订正式的纸质合同，不要只图报酬高，嫌手续烦琐而贸然前往。

（五）时刻关注所处的周围环境

性侵害犯罪作为一种特殊的犯罪行为，犯罪分子往往注重作案环境的选择以求作案的“成功率”，减少作案风险，所以大学生对自己的生活、居住环境要加倍关注。晚上尽量不要外出，有事外出也要尽早回来，夜晚外出或在校内行走最好结伴而行，行走时要选择行人较多，路灯较亮的道路行走，经过树林、建筑工地、废旧房屋、桥梁涵洞等处时要特别小心。在学校公寓或校外租房就寝时，要避免独处，特别是节假日期间，晚上睡觉时要关好门窗，拉上窗帘。

（六）学会运用法律保护自己

对于那些失去理智、纠缠不清的无赖或犯罪分子，大学生千万不要惧怕他们的要挟和讹诈，也不要怕他们打击报复。要大胆揭发犯罪分子的阴谋或罪行，及时向领导和老师报告，学会依靠组织和运用法律武器保护自己。注意千万不能私了，私了常会使犯罪分子得寸进尺、没完没了。

（七）学点防身术

防身时要把握时机，出奇制胜，狠、准、快地击其要害部位，即使不能制服对方，也可制造逃离险境的机会。人的身体各部位都可用来进行自卫反击，头的前部和后部可用来顶撞，拳头、手指可进行攻击，肘朝背部猛击是最强有力的反抗，用膝盖对腹股沟猛击相当有效果，用脚前掌飞快踢对方胫骨、膝盖和私处非常有效，同时，要注意设法在作案人身上留下印记或痕迹，以备追查、辨认作案人时作为证据。

四、面对性侵害的处置措施

（一）头脑清醒，控制情绪

大学生在遭受性侵害之际，保持头脑清醒、情绪稳定是最重要的，只有设法使自己沉着、冷静，才能明白性侵害者的意图，与其周旋，从而找出摆脱困境的方法。如果被害人处于危险时惊慌失措，大喊大叫，反而会助长犯罪分子的攻击性。

（二）明确坚决的反对意愿

有时性侵害行为是性侵害者错误地理解了被害人的意思后发生的。因此，大学生遇到别人要对自己进行性侵害时，应当恰当而且坚定地表明自己的态度，以阻止性侵害行为的发生。

（三）观察周围，机智反抗

大学生在遭遇性侵害时，要注意观察性侵害者的弱点和周围环境，以及一切可以利用的积极因素，采取恰当的措施适时进行反抗，尽可能结合自己平时生活中积累的经验和知识予以防范。比如尽量用赞扬的话语将其优点挖掘出来，唤起侵害人人性中善良的一面，使其行为向好的方面转化，以避免性侵害行为的发生。

（四）有效使用正当防卫

1. 喊

有道是"做贼心虚"。不法分子在实施犯罪行为时，心虚得很。别小看喊声带来的作用，它有可能阻止不法分子的主观恶念继续加深。假如不法分子正处于犯罪初始（刚着手）阶段，我们应当大声呼救，以求得旁人闻声救助。

2. 撒

若只身行路遭遇不法分子，呼喊无人，跑躲不开，不法分子仍然紧追不舍，我们可以就地取材，抓一把泥沙或盐撒向对方面部（为防侵害，可在衣袋、书包内常备些食盐）。

3. 撕

如果撒的办法不起作用，仍被不法分子死死缠住，打斗不过。我们可以在反抗中撕烂不法分子的衣裤，令其丑态百出，而后将他的烂衣裤（碎片、衣扣、断带）作为证据带到公安机关报案。

4. 抓

若使劲撕仍不能制止加害行为，可以向不法分子的面部、要害处抓去。抓时只有抓得狠、抓得死，将其抓破，才能达到制服不法分子、收集证据的目的。将留在指甲里的血肉送公安机关，可作为遭到不法侵害的证据。

5. 踢

面对一时难以制服的不法分子，可以拼命踢向他的致命器官，这样可以削弱他继续作案的能力。不少人在自卫中使用过这种方法，极见成效。

6. 变

若遭可疑人物跟踪，不要害怕，见机变换行走路线，一般都可将其甩掉。

7. 认

受到不法分子侵害时，应当牢记不法分子的面部和体态特征，多记线索以便在报案（一定要争取在 24 小时之内）时提供给公安人员。

（五）把握时机迅速脱身

性犯罪的行为主体在实施犯罪过程中，其心理变化有一个从冲动到后悔再到恐惧的过程。所以大学生在遭遇性侵害时，要抓住一切有利时机，迅速向有人的地方奔跑并及时呼救。

五、遭受性侵害后的处置措施

（一）及时报案，不要拖

大学生在遭遇性侵害后，要及时向有关部门报案。若因为害怕名誉受损不报案或延迟报案，十分不利于抓捕、惩处犯罪分子，从而使犯罪分子逍遥法外，使更多的人受害。

（二）积极配合调查

在性侵害发生后，被害人在报案的同时，要将有关物证保留好，并将犯罪分子的体貌特征、衣着打扮、口音、携带物品、受伤状况等情况如实地向有关调查人员反映，为公安机关破案提供线索。

（三）及时调整心态

大学生发生被侵害后，容易意志消沉，精神萎靡，心理负担加重，整天生活在被侵害的阴影中，久而久之，会产生厌世情绪，甚至有些会抱着破罐破摔的心理，走上自甘堕落的道路。还有自尊心较强的会因悲愤产生强烈的报复心理，发誓要除掉加害人。因此，作为有知识、有文化的大学生，一定要在吸取教训的同时，及时调整心态，尽快从阴影中走出来。

任务5.3 心理健康

安全提示：掌握心理健康知识，及时调适自己的心理，提高心理健康水平，是大学生安全教育的重要内容。

知识目标：了解自我意识偏差、人际交往困扰、情感困扰和不良情绪等大学生常见心理健康问题。

能力目标：掌握处理自我意识偏差、人际交往困扰、情感困扰和不良情绪等大学生常见心理健康问题的本领和技能。

素质目标：养成积极向上、人际关系和谐、人格独立完善的健康心理习惯。

5.3.1 自我意识偏差

安全提问

1. 大学生常见的自我意识偏差有哪些？
2. 如何克服自卑、自负、逆反心理？

案例

徐楠，一个性格偏内向的学生，在人际交往方面显得较为拘谨。在初中阶段，他的学业成绩表现优异，然而由于中考时未能充分发挥，他进入了一所普通高中。在高中生涯中，徐楠的心理调适始终不尽如人意，这直接影响了他的高考表现，最终他选择了就读职业院校。进入职业院校后，徐楠的自卑情绪日益严重，导致他出现了失眠症状，经常凌晨一两点才能入睡。在课堂上，他难以集中精力，与同学的互动较少，对教师的管理表现出强烈的抵触情绪，甚至出现了使用美术刀自伤的行为。

·案例分析·

自卑心理的产生，既受个人特质影响，也受外部环境因素的制约。徐楠的性格特点和学业经历，均为自卑心理的形成提供了土壤。若自卑情绪未能得到适时疏导和正向转化，极有可能引发严重的不良后果。徐楠的案例警示我们，关注和解决学生的心理问题至关重要。

安全课堂

一、大学生心理健康的衡量标准

（一）积极的生活态度与向上的精神风貌

心理健康的大学生应具备正确的世界观、人生观和价值观，能够客观全面地认识自己，既知晓自己的长处，也清楚自己的不足。他们设定的人生目标既准确又适宜，既不会因追求不切实际的目标而感到消极沮丧，也不会因为缺乏目标而终日懒散无为。

（二）良好的人际交往与和谐的社交关系

心理健康的学生乐于与他人交往，愿意为朋友和同学提供帮助，能够理解他人的难处，分享他人的喜悦。他们能够与集体保持良好的互动，与他人保持和谐的关系，通常给个人和集体带来积极的影响。

（三）独立且完善的人格特质与独特魅力

心理健康的学生的人格构成要素如气质、能力、性格、理想、信念和人生追求等均衡发展，缺陷较少。他们真诚守信，内外一致，有责任感，勇于担当，这些特质往往赋予他们独特的人格魅力。

（四）能调适情绪与保持积极的心态

心理健康的学生能够有效控制并表达自己的情绪，尤其擅长有意识地调整和缓解不良情绪，以维持健康的情绪状态。他们的行为反应适度，很难有极端情绪，能够自觉地预防和减轻不适当的情绪和行为反应。

（五）符合年龄特征的心理行为表现

心理健康的学生在认知、情感、言行等方面都符合其年龄特点，既不会显得过于成熟，也不会显得过于幼稚，能够与同龄人保持良好的交往，不存在明显的人际交往障碍。

（六）浓厚的学习兴趣与强烈的求知欲

在大学阶段，掌握必要的知识和技能是基本要求。心理健康的学生珍惜学习机会，积极面对学习中的挑战，从学习中获取满足和快乐，能够较为自如地掌握未来服务社会、承担家庭责任所需的能力。

二、大学生常见心理健康问题

在探讨大学生心理健康时，我们不得不正视一系列常见的心理挑战，这些挑战广泛分布于自我意识、人际交往、情感波动及情绪管理等多个维度。具体而言，大学生在自我认知层面可能遭遇的偏差，包括但不限于自卑感的过度滋生、自负心态的盲目膨胀，以及逆反情绪的不当表达，这些均属于自我意识领域内的常见问题。

大学生在建立和维护人际关系时，亦常面临复杂的困扰。嫉妒心理如同一道暗流，可能侵蚀友谊的基石；冲动行为则如同未加缰绳的马匹，容易破坏和谐的人际氛围。此外，人际交往中的边界模糊、沟通技巧缺失等问题，也常成为大学生社交焦虑的源头。

情感世界与情绪状态，更是大学生心理健康不可或缺的一部分。在情感困扰方面，异性交往的困惑往往伴随着成长的脚步悄然而至，如何妥善处理这份青涩的情感，成为许多学子面临的难题。同时，抑郁情绪的阴霾可能悄无声息地笼罩心头，焦虑感如同挥之不去的阴影，让未来之路显得迷茫而遥远。而孤僻倾向的加深，则进一步加剧了内心的孤独感，阻碍了情感的交流与共鸣。

三、自我意识偏差

自我意识，作为个体对自身身心状态及与客观世界关系的深刻洞察，构成了人格发展的基石。它涵盖自我认识、自我体验与自我调控三大维度，其中，自我认识是起点，自我体验为核心情感纽带，而自我调控则是行为导向的关键。自我意识不仅是大脑对个体存在的内在映射，更是人与环境互动、特别是社会关系中的自我定位与反映，彰显了人类心理的独特性。

在个体成长的征途中，自我意识扮演着不可或缺的角色。它不仅是认知外界事物的先决条件，也是激发自觉性、增强自控力的内在动力，对自我教育具有显著的促进作用。当个体清晰认知自我身份与责任时，方能自觉自律地践行行动。

自我意识并非总是准确无误，偏差时有发生，如自我否定、矛盾、过度扩张、萎缩及极端个人中心主义等，均可能阻碍个体健康发展。为走出这些偏差，首要在于全面而深刻地认识自我，这包括借助他人视角、分析外界评价、自我比较与反思等多种途径，以形成更为客观、全面的自我认知。

其次，积极悦纳自我是关键。这意味着接纳并珍视自己的真实面貌，以平和的心态面对自我，培养自尊自信。

最后，努力完善自我是不懈追求。明确理想自我，脚踏实地提升现实自我，通过持续学习与实践，不断向更高层次迈进，实现自我价值的最大化。

四、走出自卑心理

（一）大学生自卑心理的表现及危害

在我们的学习和生活中，常常会遇到一种与自负相对的心理状态——自卑。自卑，简单来说，就是对自己能力的不自信，总觉得自己不够好，这种感受往往来源于内心深处的自我否定。

想象一下，当你在和朋友交流时感到紧张，担心自己说的话不够有趣或得体；或者在参加集体活动时，总是担心自己的表现不够好，被别人嘲笑。这些时候，自卑就像一位不请自来的客人，悄悄地在你的心里占了位置。

有时候，自卑并不是因为我们真的比别人差，而是因为我们太在意自己的不足，忽略了自己的优点。比如，有的同学可能对自己的外貌或家庭背景不满意，但这些并不能代表你的全部。每个人都有自己的长处和短处，重要的是要学会接纳自己，看到自己的闪光点。

心理学家阿德勒告诉我们，其实每个人心里都有一点自卑感，这是正常的。但是，如果这种自卑感过于强烈，就会影响我们的自信心和行动力，让我们错失很多机会。所以，我们要学会控制和管理自己的自卑情绪，不让它成为我们前进的绊脚石。

（二）调适自卑心理的方法

自卑心理，虽似难以逾越的心理障碍，实则通过一系列科学合理的调适措施，我们完全有能力将其化解。以下是一些行之有效的策略，旨在帮助大学生更好地认识自我，提升自信，迈向更加积极健康的人生道路。

1. 全面自我认知，辩证看待优缺点

首先，我们需要以全面而辩证的眼光审视自己，既不回避自身的不足，也不忽视自身的优势。通过深入的自我剖析，我们能够更加清晰地认识到自己的长处与短处，为后续的自我提升奠定坚实的基础。

2. 正确归因，增强自信

面对失败与挑战，我们要学会正确归因，避免将一时的挫败归咎于自身能力的不足。相反，我们应当从中吸取教训，总结经验，并以更加坚定的信念和勇气去迎接未来的挑战。记住，每一次的尝试都是成长的机会，每一次的失败都是成功的垫脚石。

3. 体验成功，激发自信

成功是自信的源泉。我们可以时常回顾那些通过自身努力而取得成功的经历，感受那份由衷的喜悦与成就感。同时，也可以合理想象并憧憬未来的成功场景，以此作为激励自己不断前行的动力源泉。

4. 积极自我暗示，激励自我成长

在日常生活中，我们要学会运用积极的自我暗示来激励自己。以正面、肯定的语言来肯定自己的价值与能力，从而逐渐增强改变现状的信心与决心。

5. 设定合理目标，知足常乐

在追求梦想的过程中，我们要根据自己的实际情况设定合理的目标。过高的目标不仅难以实现，还可能给自己带来不必要的压力与挫败感。而适宜的目标则能够成为我们前进道路上的灯塔，照亮我们前行的方向，同时也能够激发我们的自信心与动力。

6. 选准参照系，避免盲目比较

在与人比较时，我们要选择与自己情况相类似的参照系，避免盲目地将自己的弱点与他人的优点进行比较。这样的比较不仅毫无意义，还可能加剧我们的自卑心理。相反，我们应该关注自己的成长与进步，与过去的自己进行比较，从中寻找前进的动力与信心。

7. 转移注意力，建立新兴趣点

为了缓解自卑心理带来的压力与紧张感，我们可以将注意力转移到自己感兴趣的领域中去。这样我们不仅能够展示自己的才能与魅力，还能够逐渐淡化和缩小自卑心理在心理上造成的阴影。

8. 学会正确补偿，以勤补拙

我们要学会正确地补偿自己的不足。无论是通过勤奋学习来弥补知识的欠缺，还是通过锻炼意志来克服性格上的缺陷，我们都应该以坚强的决心和顽强的毅力去迎接挑战、克服困难。只有这样，我们才能在不断的自我完善中逐渐摆脱自卑心理的束缚，走向更加辉煌的人生。

五、避免自负心理

（一）大学生自负心理的表现及危害

自负，就像是给自己的能力戴上了一副放大镜，让我们看不清真实的自己。心理学家说，如果我们总是觉得自己最棒，别人都比不上，那就会像走进了一个只有自己的世界，听不到别人的声音，也看不到别人的优点。这样，我们不仅会和朋友疏远，还可能因为不听劝告而遇到麻烦，心里还会感到苦闷。

作为大学生，我们正处在成长的关键期，自负心理可能会悄悄找上我们。有时候，我们可能会因为一点小成绩就飘飘然，觉得自己特别了不起；或者看到别人做得好，心里就酸溜溜的，不愿意承认别人的优秀。这些都是自负的表现。

但是，我们要知道，自负并不是什么好事。它会让我们的眼睛只看到自己的好，却看不到自己的不足；让我们的耳朵听不进别人的建议，错过了学习的机会。更重要的是，自负还会让我们的心情变得糟糕，因为我们总是和别人比较，却忘了和自己赛跑。

（二）大学生自负心理产生的原因

在大学生的成长道路上，自负心理是一种不容忽视的心理现象。其根源主要在于过高的自我评价，这种评价往往建立在他人过度的赞誉、自我认知的偏颇、优越的外部环境，以及缺乏挫折经验的基础之上。

具体来看，当大学生长期沉浸在他人的赞美声中，可能会逐渐形成一种不切实际的自我认知，只看到自己的优点和长处，而忽视自身的不足和短处。此外，一些学生由于家庭条件优越、个人能力突出等原因，也容易滋生出自负心理，认为自己在各方面都高人一等，难以平等地对待他人。

（三）克服自负心理

在大学的象牙塔里，自负心理如同一面隐形的墙，悄然影响着大学生的自我认知与人际交往。作为即将步入社会的青年学子，我们需要深刻认识自负的危害，并积极探索调适之道。

1. 透视自负根源，重塑自我认知

大学生自负心理的根源往往在于对自我能力的盲目自信和对他人评价的过度依赖。我们需要引导自己以更加客观、全面的视角审视自己，认识到“学无止境，人外有人”。参与社会实践、志愿服务等活动，拓宽视野，了解社会的多样性和复杂性，从而重塑更加准确、真实的自我认知。

2. 勇于自我反思，接纳不完美

面对自负心理，大学生应勇于进行自我反思，正视自己的缺点与不足。我们可以通过撰写日记、参加心理辅导等方式，深入剖析自己的内心世界，找到自负心理的根源所在。同时，学会接纳自己的不完美，认识到每个人都有其独特的优势和劣势，正是这些不完美构成了完整的自我。

3. 培养开放心态，倾听不同声音

自负的大学生往往难以接受他人的批评与建议。为了打破这一思维定式，我们需要培养开放的心态，学会倾听不同的声音。在学术讨论、团队合作中，尊重他人的观点，积极吸收有益的建议。同时，勇于表达自己的看法，但保持谦逊与尊重，避免陷入自我中心的怪圈。

4. 增进人际交往，建立和谐关系

自负心理往往导致大学生在人际交往中表现出冷漠与疏离。为了改变这一现状，我们需要积极增进与他人的交往，建立和谐的人际关系。多参加社团活动、联谊会等，扩大社交圈子，结识志同道合的朋友。在交往中学会倾听、理解他人，尊重他人的感受与需求，从而构建更加紧密、和谐的人际关系。

5. 培养同理心，增进相互理解

为了消除自负心理带来的隔阂与偏见，大学生需要培养同理心。我们可以通过换位思考、角色扮演等方式，深入理解他人的处境与感受。在与人交往中，多关注他人的优点与长处，给予真诚的赞美与鼓励。同时，也要学会包容与理解他人的不足与错误，以更加宽容的心态面对人际关系中的种种挑战。

6. 树立谦逊品质，迈向成功之路

谦逊是大学生应具备的重要品质之一。它不仅能够帮助我们克服自负心理，还能够促进个人成长与进步。在学习、工作、生活中，我们应保持谦逊的态度，虚心向他人学习请教。同时，也要勇于承担责任与挑战，不断提升自己的能力与素质。只有这样，我们才能在激烈的竞争中脱颖而出，迈向更加辉煌的成功之路。

六、防止逆反心理

（一）逆反心理产生的原因

在心理学的广阔领域中，逆反心理被界定为一种持久存在的心理状态，表现为个体对客观事物持有与普遍认知相悖或相反的情绪体验及行为倾向。深入剖析其成因，我们不难发现，这一现象根植于多重因素的交织影响中，具体可归纳为生理、心理及社会三大层面。

1. 生理层面

步入大学，学生的大脑发育已趋成熟，脑功能日益完善，为其提供了更为深邃与广阔的思维空间。这一时期，学生不仅能够独立地进行批判性思考，还开始形成包括逆向思维在内的复杂思维模式。然而，与之相对的是，他们的社会实践经验尚显不足，思维运用尚显稚嫩，对事物的看法往往带有一定的片面性与偏激性。加之强烈的自尊心与虚荣心作祟，使得他们难以接受外界对自己思维成果的轻易否定，尤其是对来自父母与教师的管教，更易产生抵触情绪。因此，逆反心理可视为思维能力飞跃与社会经验积累之间不平衡矛盾的产物。

2. 心理层面

随着自我意识的觉醒与强化，大学生愈发意识到自身作为独立个体的存在价值。他们渴望在思想上摆脱依赖，追求个性独立与思想自由。为了彰显自我人格的独特性，他们倾向于拥有并表达与众不同的见解，渴望突破传统框架的束缚。然而，当这种心理需求未能得到恰当有效的沟通与释放途径时，便可能转化为实际行动，表现为与父母、教师之间的对立与冲突。

3. 社会层面

市场经济的发展与社会文化的变迁，正悄然改变着人们的价值观念与行为模式。在当今社会，自我价值的彰显与个性的张扬日益受到重视，“叛逆”一词在特定语境下甚至已从贬义转变为中性乃至褒义。这种社会风气的转变，无疑为大学生逆反心理的滋生提供了肥沃的土壤。在社会舆论的潜移默化下，部分学生的逆反情绪被进一步放大，表现为更为显著的行为对抗与思想抵触。

（二）大学生逆反心理的表现

逆反心理作为学生心理发展的一个重要方面，其表现形式多样且影响深远。了解并正视这些表现及其潜在危害，对于促进学生的健康成长具有重要意义。

1. 质疑传统与权威

大学生开始对长期以来被视为理所当然的传统观念、规则及权威产生怀疑。他们不再盲目接受，而是倾向于用批判性的眼光审视一切，这在一定程度上促进了独立思考，但也可能导致对重要价值观的忽视。

2. 反向思考的信息筛选方式

面对外部信息，尤其是来自学校、家庭或社会的正面宣传，部分学生会采取反向思考的方式，即先假定这些信息不可信或不完全正确，并寻找反例来支持自己的观点。这种信息筛选方式虽然有助于培养批判性思维，但也可能导致信息接收的片面性和误解。

3. 对榜样与典型的排斥

当家长、老师或社会推崇某些优秀人物或事迹时，部分学生可能表现出明显的排斥态度。他们可能认为这些榜样与自己无关，或者认为这些事迹被夸大或虚构。这种排斥心理不仅影响了他们对正面信息的吸收，还可能加剧与教育者之间的隔阂。

4. 行为上的叛逆与对抗

逆反心理在行为上的体现尤为明显。部分学生可能通过故意违反纪律、挑战权威或参与不良行为来表达自己的不满和反抗。这种行为不仅损害了他们的个人形象和未来发展，还可能对周围人造成负面影响。

5.3.2 大学生人际交往困扰

安全提问

1. 大学生的人际交往有哪些困扰？

2. 大学生如何减少自己的嫉妒心理？

案例

张梦与赵欣，两位来自某职业技术学院药学系的大三学生，同住一室，初识即结缘，迅速成为无话不谈的挚友。张梦性格开朗，兴趣广泛，才华横溢，在同学中颇受欢迎；而赵欣则性格较为内敛，不善言辞，时常沉浸在自己的世界里。随着时间推移，赵欣开始感受到与张梦之间的差距，自我认知逐渐失衡，内心滋生出一种自卑感，视张梦为璀璨星辰，而自己则是黯淡星辰下的微小尘埃。这种心态的累积，使得赵欣对张梦的态度悄然改变，从亲密无间转为暗中疏远。

大三，张梦凭借其出众的设计才华，在学院举办的“创意设计大赛”中荣获一等奖的殊荣。消息传来，本应是同室共庆的喜悦时刻，赵欣心中却泛起了难以名状的嫉妒之火。在一次张梦外出之际，赵欣未能控制自己的情绪，冲动之下将张梦那份倾注心血的获奖作品撕扯得支离破碎，这一行为不仅深深伤害了张梦的情感，也让两人之间的友情蒙上了厚重的阴影。

·案例分析·

本案例中，赵欣因未能妥善处理自身情绪与认知偏差，陷入了嫉妒的漩涡。嫉妒如同一剂毒药，不仅侵蚀了她的心灵，也腐蚀了原本纯真的友情，使之失去了原有的色彩与温度。它警示我们，嫉妒心理一旦滋生，若不及时调整，将导致人际关系失衡，甚至破裂。

安全课堂

一、人际交往的概述

人际交往，简而言之，便是人与人之间通过相互接触，在心灵深处建立起稳定且持久的联系，进而编织成复杂而微妙的人际关系网络。古希腊哲人亚里士多德曾深刻指出：“脱离社会群体，孤立无援者，非兽即神。”此言强调了人际交往对于人类社会的不可或缺性。

当代大学生群体中，一项调查显示，人际交往难题高居困扰榜首，紧随其后的是情感与学习问题。学生们普遍渴求“真挚友谊”与“个人成就”，这凸显了构建良好人际关系的重要性。

人际关系，作为我们日常生活不可或缺的组成部分，其和谐与否直接影响到工作成效、生活质量乃至心理健康状态。社会多元，个体间性格迥异、背景不同，思想碰撞与隔阂在所难免，此乃常态，应予理解。但若在社交场合中普遍难以融入，则需深刻反思，积极调整自我，以开放心态迎接不同。

二、人际交往的策略

（一）换位思考，摒弃自我中心

在同学间相处时，应培养从对方立场出发的思考习惯，勇于做出必要的自我牺牲。合作是成功的基石，成果共享方能凝聚人心。避免独占功劳，给予他人展现机会，是增进友谊、促进团队和谐的关键。在他人遭遇困境时伸出援手，不仅温暖人心，也是为自己积累福报。

（二）胸怀宽广，纳言善谏

保持开放心态，乐于接受他人意见与建议，适时给予正面反馈，但需注意表扬的分寸，避免浮夸之词损害信任。

（三）精通交谈艺术

倾听是沟通的灵魂，专注倾听会传递尊重与理解的信号。表达时，追求语言的含蓄、幽默、精炼与生动，既展现个人修养，又促进有效沟通。批评与建议应顾及场合与措辞，维护对方尊严，避免适得其反。

（四）积极参与，共筑友谊桥梁

利用课余时间，参与集体活动，培养共同兴趣，以兴趣为纽带结交挚友。信息交流与心得分享，能够进一步加深彼此了解，促进关系融洽。

三、克服嫉妒

（一）嫉妒心理的表现及危害

当个体目睹他人超越自身时，一种融合了憎恶与向往、愤慨与不满、猜疑与失落、自卑与虚荣乃至哀伤与苦闷的复杂情绪——嫉妒，往往悄然滋生。嫉妒者内心深处难以接纳他人的优越，对可能失去自身未能触及的荣誉、地位等抱有深切的不安与恐惧。

这一心理状态，如同潜伏的暗流，对个体的身心健康构成不容忽视的威胁。长期受嫉妒情绪困扰的人，更易罹患各类身心疾病，其负面影响不容忽视。同时，在学习领域，嫉妒心理如同一道无形的屏障，阻碍着学习效率的提升。它扭曲了人的情绪状态，使得原本可以专注的学习过程变得效率低下，难以达到理想的学习效果。

更为严重的是，嫉妒还可能成为人际交往中的隐形杀手。那些深陷嫉妒泥潭的人，往往以竞争之名，行排挤之实，不仅试图在各方面超越他人，更可能采取手段阻碍他人的成长与进步。这种行为模式，无疑会让周围的人感到压力与不适，逐渐疏远甚至回避这样的个体，使得他们难以收获真挚的友谊与和谐的人际关系。

（二）减少嫉妒心理

首先，我们要学会正视自己的情感。当嫉妒情绪涌上心头时，不妨先深呼吸，冷静下来，问问自己："我真的在嫉妒吗？这种情绪对我有什么好处吗？"通过自我反思，我们可以更清晰地认识到嫉妒的根源和危害。

其次，我们要树立正确的竞争观念。竞争是进步的动力，但我们应该把竞争看作是与自己赛跑的过程，而不是与他人争夺胜负的战场。我们应该关注自己的成长和进步，而不是过分关注他人的成就和地位。

同时，我们还要学会欣赏他人的优点和成就。每个人都有自己的闪光点和独特之处，我们应该以开放的心态去接纳和学习他人的长处。当我们能够真诚地为他人的成功感到高兴时，嫉妒心理就会逐渐淡化。

最后，我们要积极寻求帮助和支持。当我们发现自己无法独自应对嫉妒心理时，不妨向老师、家长或朋友倾诉自己的困惑和感受。他们可能会给我们提供宝贵的建议和支持，帮助我们走出嫉妒的阴影。

四、减少冲动心理

（一）冲动心理的表现及危害

冲动，这一突如其来的精神亢奋状态，以其迅速发生、短暂持续的特性，常伴随着情绪的剧烈波动及口头乃至身体的攻击性反应。在极端情况下，它可能引发情感的火山式爆发，如愤怒难以遏制，甚至诱发自我伤害或对他人的暴力行为，后果不堪设想。

追溯其根源，冲动往往植根于个体内心的压抑感、过度的猜疑与固执己见，同时，外部环境中的不良因素，如网络暴力游戏、充满冲突的电视节目等，亦能成为诱发冲动的催化剂。

（二）抵御冲动，迈向理智之路

面对青春期的身心巨变，大学生尤其需要警惕冲动情绪的侵扰。这一时期，情绪如潮水般起伏不定，自我控制能力尚显薄弱，加之辨别是非的能力尚待加强，一旦冲动行为失控，缺乏有效的引导与干预，其长远影响将深远而持久。

因此，学会情绪的自我调节与克制显得尤为重要。当怒火中烧时，不妨暂时搁置那些令人不悦之事，给予自己一段冷静的时间，待情绪平复后再行处理。值得注意的是，情绪管理并非简单的压抑与忽视，而是一场深刻的自我教育之旅，涉及自我评价与调节能力的全面提升。在此过程中，培养“淡化自我”的意识，学会从他人的视角审视问题，将“我”置于更广阔的情境之中，是避免冲动、增进理解与和谐的关键。

5.3.3 克服情感困扰和减少不良情绪

安全提问

1. 异性交往困惑产生的原因有哪些？
2. 大学生如何排解抑郁？
3. 学生焦虑心理的表现及危害有哪些？

案例

小徐，18岁，高职二年级学生。她通常不喜与人交往，对学习缺乏兴趣和动力，经常抱怨父母对她不够好，未能给她提供良好的物质环境。去年，小徐被诊断出患有抑郁症，经过一个月的住院治疗，并持续服用药物至今。

小徐从小由外公外婆抚养，受到长辈的宠爱，性格变得以自我为中心且脾气暴躁。她喜欢与人攀比，同时也存在自卑心理。小学时期，父母开始更多地参与她的教育，采用较为严格的教育方式，对她的学习要求较高。这导致小徐对学习产生抵触，常在课堂上分心。

小徐表示，父母的教育方式过于极端，她犯错时（如默写错误）会受到打骂。母亲常言语辱骂，父亲有时甚至会扔东西。她感到父母不理解自己，并受到他们的语言暴力伤害，因此有时会与他们发生争吵。她害怕与人交流，不知如何与人沟通。对学业没有明确目标，感觉自己反应迟钝、记忆力减退，每天都不快乐，精神状态极差。

·案例分析·

抑郁的形成，既受个人因素的影响，也受外部环境的作用。小徐的性格特点、家庭环境和教育方式都是影响因素。要缓解抑郁，需消除加剧抑郁的外部因素，并要求当事人积极参与治疗和改变。小徐的情况表明，家庭环境的改善和个人心态的调整对于抑郁的治疗至关重要。

安全课堂

一、轻松应对情感困扰

（一）情绪与情感的简单理解

我们每个人都有情绪和情感，它们就像是我们对生活中各种事情的“感觉温度计”。积极的情绪让我们开心、有动力，就像吃了美味的食物，心里暖洋洋的。但消极的情绪却像阴天，让我们觉得沉重、不开心，甚至影响我们的身体健康。所以，学会调整情绪，让它保持“晴天”，对我们的学习和生活都很有帮助。

（二）和异性朋友相处的小烦恼

长大了一些，我们会对异性同学产生好奇和好感，这是很正常的。但是，怎么和他们相处，有时候却让我们头疼。有的同学觉得和异性说话会紧张，不知道该说什么；有的则容易把对朋友的关心误以为是爱情；还有些同学受家里人的影响，觉得和异性只能谈恋爱，不能当普通朋友。其实，这些想法都可能让我们在与异性交往时感到困惑。

（三）走出异性交往误区的策略

为有效应对异性交往中的困惑与挑战，大学生需从多个方面入手，逐步走出误区。首先，应勇于打破传统观念的桎梏，以开放包容的心态看待异性间的正常交往；其次，积极参与丰富多彩的集体活动，通过团队合作与互动交流，建立自然、和谐、纯真的异性友谊；同时，在交往过程中，应注重言行举止的自然得体，既不过于拘谨也不过分张扬，保持适度的交往距离与真诚的沟通态度；最后，要明白异性交往并非一蹴而就，需循序渐进、逐步深入，既要珍惜每一段关系的发展机会，也要在适当的时候学会放手，为彼此留下成长的空间。通过这些努力，大学生将能够在异性交往中更加自信从容地展现自我，收获宝贵的情感体验与人生智慧。

二、克服抑郁心理

（一）抑郁症状及其潜在影响

抑郁作为一种情绪障碍，其核心特征在于情绪的持续低落、思维活动的减缓以及行为动力的减弱。具体而言，它可能表现为一种深刻且持久的悲观情绪状态，轻者可能感到心情沉重，乐趣丧失，对周遭事物失去兴趣，内心仿佛被无形的压力笼罩，难以展露笑颜；重者则可能陷入绝望的深渊，感觉时间仿佛停滞，生活失去了意义，甚至产生自杀的念头。值得注意的是，抑郁情绪往往在清晨时分更为严重，而到了夜晚则可能稍有缓解，这一现象被称为“晨重夜轻”。

抑郁状态不仅给患者本人带来精神上的巨大折磨，还可能波及身体健康，显著降低生活质量，进而影响到家庭和谐与职业表现。更为严重的是，抑郁症患者面临着极高的自杀风险，这是不容忽视的潜在威胁。因此，一旦识别出抑郁症状，应及时采取措施，寻求专业、全面且持续的治疗，以防病情迁延不愈，转为慢性化或长期化。

（二）应对抑郁的策略

为了有效缓解抑郁情绪，我们可以采取一系列积极的措施。首先，敞开心扉，将内心的烦恼与忧虑向家人或信赖的朋友倾诉，让情绪得到合理的宣泄与释放。其次，培养积极的心态，努力回忆并专注于生活中的美好瞬间，避免让负面情绪在心中累积成山。同时，鼓励自己参与感兴趣的活动，观看喜爱的节目，主动远离那些可能引发不良情绪的负面因素。此外，适量的运动也是缓解抑郁的有效途径。它不仅能够促进身体健康，还能在运动中释放压力，提升心情。

三、克服焦虑心理

（一）焦虑心理的显性特征及其潜在危害

焦虑，作为一种常见的心理状态，其显著标志在于持续的焦躁情绪与无端的担忧。此心理状况的形成，往往根植于个体的心理因素、独特的性格特质，乃至遗传背景的综合作用。焦虑状态中的学生，常表现为不明原因的胆怯、恐惧、紧张与不安，这些情绪若得不到有效疏导，可能导致个体情绪低迷，丧失对生活的热情与期待。

更为严重的是，焦虑情绪还可能引发一系列生理反应，如失眠、心悸、呼吸急促、头晕乏力等，使个体感觉自我控制力减弱，甚至有精神崩溃的错觉。极端情况下，焦虑症状可进一步加剧，表现为持续性的头晕、记忆短暂丧失、生理机能异常（如直肠出血、心率加快）及情绪的高度紧张。长期承受焦虑、压抑、苦闷与恐惧等负面情绪的个体，其罹患癌症的风险亦显著增加。

（二）大学生有效防范焦虑情绪的策略

1. 塑造积极心态，强化自我调节能力

拥有积极向上的心态是抵御焦虑的第一道防线。当意识到自己处于焦虑状态时，大学生应主动进行自我调节，尝试通过深呼吸、冥想等方法平复情绪。若焦虑症状严重，难以自我控制，应及时寻求专业心理咨询师的帮助。

2. 培养正向思维，全面客观看待问题

积极转变思维方式，学会从多角度审视问题，是缓解焦虑的有效途径。面对挑战与挫折时，应保持乐观态度，聚焦解决方案而非问题本身，避免陷入消极情绪的漩涡。

3. 扩大社交圈，融入集体生活

人是社会性动物，良好的人际关系对于缓解焦虑至关重要。大学生应积极参与集体活动，扩大交友范围，特别是与那些充满正能量的人为伍，通过相互支持与鼓励，共同抵御焦虑的侵袭。

4. 规律作息，高效生活

建立规律的作息时间表，有助于保持身心的平衡与健康。合理安排学习与休息时间，避免过度劳累，确保有足够的精力应对日常生活中的各种挑战。

5. 发掘兴趣，激发潜能

从事自己喜爱的活动，不仅能有效缓解焦虑情绪，还能激发个人的潜能与创造力。大学生应勇于尝试新事物，发现自己的兴趣所在，并投入其中，以此作为重拾信心、重新振作的动力源泉。

项目 6

网络安全

任务6.1　认识网络安全

安全提示： 随着互联网的迅猛发展，网络已经成为大学生学习、交往、娱乐等生活的重要载体。同时，由于网络上的犯罪现象越来越多，网络犯罪已经成为日益严峻的社会公共安全问题。规范网络行为，防止网络犯罪，已成为整个社会必须关注的课题之一。

知识目标： 了解网络安全的基本知识。

能力目标： 掌握合法、文明上网的方法技巧，规避各类网络风险。

素质目标： 能够规范自身网络行为，明辨他人网络行为，合理利用网络资源，安全、合法上网。

6.1.1　了解网络安全

安全提问

1. 网络安全指的是哪些方面的安全？
2. 大学生该怎样保护自身网络安全？

案例

徐某某，女，住在山东临沂罗庄区。徐某某生前身体健康，并无重大疾病，其家庭贫困，全家人只靠父亲在外打工挣钱，一家人省吃俭用大半年才凑出来学费。

徐某某以568分的成绩被南京邮电大学录取。8月19日下午4点30分左右，徐某某接到了一通陌生电话，对方声称有一笔2 600元助学金要发放给她。在接到这通陌生电话的前一天，也就是18号，徐某某确实接到了教育部门的电话，让她办理助学金的相关手续，说钱过几天就能发下来。由于前一天接到的教育部门电话是真的，所以当时她并没有怀疑这个电话的真伪，就按照对方要求，将准备交的学费打入了骗子提供的账号。发现被骗后，徐某某的万分难过，当晚就和家人去派出所报了案。在回家的路上，徐某某突然晕厥，不省人事，虽经医院全力抢救，但仍没能挽回她18岁的生命。

·案例分析·

从源头上看，数据泄露的途径主要有三方面：一是黑客发现教育部门系统漏洞而入侵获取信息，二是教育机构内部人员为谋求私利而主动贩卖信息，三是教育部门的服务商或合作方利用工作之便窃取信息。若徐某某的信息没有被泄露，骗子就了解不到情况，没有办法实施诈骗行为，也不会导致悲剧的发生。

安全课堂

根据国际标准化组织（International Standard Organization，ISO）的定义，计算机信息网络的安全是指："为数据处理系统建立和采用的技术和管理的安全保护，保护计算机硬件、软件和数据不因偶然和恶意的原因遭到破坏、更改、泄漏。"

安全指客观上不存在威胁，主观上不存在恐惧，即客体不担心其正常状态受到影响。从这个角度来讲，可以把网络安全定义为一个网络系统不受任何威胁与侵害，能正常地实现资源共享功能。要使网络能正常地实现资源共享功能，首先要保证网络的硬件、软件能正常运行，然后要保证数据信息交换的安全。

网络安全的具体内涵会随着“角度”的变化而变化：

从用户（个人、企业等）的角度来说，他们希望涉及个人隐私、商业秘密和利益的信息在网络上传输时受到保密性、完整性和真实性的保护；避免其他人或对手利用窃听、冒充、篡改、截取等手段侵犯用户的商业秘密、利益以及个人隐私等。

从网络运行和管理者角度来说，他们希望对本地网络信息的访问、读写等操作受到保护和控制，以避免出现“陷门”、病毒、非法存取、拒绝服务和网络资源非法占用和非法控制等威胁，制止和防御网络黑客的攻击。

对安全保密部门来说，他们希望对非法的、有害的或涉及国家机密的信息进行过滤和防堵，避免机要信息泄露，避免对社会产生危害，对国家造成巨大损失。

从社会教育和意识形态角度来说，网络上不健康的内容，会对社会的稳定和人类的发展造成阻碍，必须对其进行控制。

一、安全的网络基本要素

安全的网络包括五个基本要素：机密性、完整性、可用性、可控性与不可抵赖性。

（一）机密性（Confidentiality）

机密性是防止信息泄露给非授权个人或实体，只允许授权用户访问的特性。机密性是一种面向信息的安全性，是保障网络系统安全的基本要求。

（二）完整性（Integrity）

完整性是指网络中的信息安全、精确、有效，不因人为的因素而改变信息原有的内容、形式与流向。它要求保持信息的原样，即信息的正确生成、正确存储和正确传输，也就是信息在生成、存储或传输过程中保证不被偶然或蓄意地删除、修改、伪造、乱序、插入等破坏和丢失的特性。

（三）可用性（Availability）

可用性即网络信息系统在需要时，允许授权用户或实体使用的特性；在网络信息系统部分受损或需要降级使用时，仍能为授权用户提供有效服务的特性。

（四）可控性（Controllability）

可控性主要指对危害国家信息（包括利用加密的非法通信活动）的监视审计。控制授权范围内的信息流向及行为方式。使用授权机制，控制信息传播范围、内容，必要时能恢复密钥，实现对网络资源及信息的可控性。

（五）不可抵赖性（Non-repudiation）

不可抵赖性也称为不可否认性，为出现的安全问题提供调查的依据和手段。使用审计、监控、防抵赖等安全机制，使得攻击者、破坏者、抵赖者“逃不脱”，并进一步对网络出现的安全问题提供调查依据和手段，实现信息安全的可审查性。一般通过数字签名来提供不可抵赖服务。

知识链接

网络安全的发展历程可以追溯到计算机网络技术的早期发展。以下是网络安全发展的主要阶段：

1. 早期阶段

在计算机网络技术的早期，重点是解决网络的开放性和灵活性问题，以促进信息交流与共享。当时，网络用户的覆盖范围有限且彼此信任，因此在安全性方面考虑甚少。

2. 安全意识觉醒阶段

随着互联网络覆盖面的扩大，网络安全问题开始显现。1986 年，克利福德·斯托尔使用蜜罐技术发现了一个窃取计算机信息的国际黑客，这是第一个公开报告的互联网安全事件，表明网络下存在破坏性目的。1988 年底发生的莫里斯蠕虫事件引发了业界对计算机网络安全问题的高度重视，这个网络安全事件不仅开拓了攻击者的视野，也开拓了防御者的视野。

3. 快速发展阶段

20 世纪 90 年代之后，互联网逐步商业化，网络应用涉及各行各业，用户覆盖社会各类人群。人们在网络资源的使用约束和网络基础设施运行保护方面产生强烈的需求，一些发达国家启动了大规模的网络安全领域的科学研究计划和安全产品评估的标准制定，推动了网络安全领域中各个单元技术的快速发展。

4. 成熟阶段

进入 21 世纪之后，网络安全领域的研究日趋深入，发达国家纷纷将其纳入国家战略的高度予以规划和实施。在互联网环境中，网络攻击开始进入产业化阶段，一方面以追逐经济利益为目标，形成地下产业链；另一方面以服务于政治或国家利益为目标，构成有组织的行为。与此相适应地，网络安全防御与安全管理技术也在逐步完善。产品功能设计更为合理，并趋于一体化。

随着技术的不断发展，网络安全也面临着新的挑战和威胁。因此，网络安全的发展是一个不断演进的过程，需要不断地适应新的技术和威胁。

二、网络安全分类

从防护和检测的层次上，可以将网络安全分成四个类型：物理安全、系统安全、网络安全、应用安全和管理安全。

（一）物理安全

在网络安全体系中，物理安全就是要保证信息系统有一个安全的物理环境，对接触信息系统的人员有一套完善的技术控制手段，且充分考虑到自然事件对系统可能造成的威胁并加以规避。简单来说，物理安全就是保护信息系统的软 / 硬件设备、设施及其他媒体免遭地震、水灾、雷击等自然灾害破坏、人为破坏或操作失误破坏，以及由各种计算机犯罪行为导致的破坏。在网络安全中，物理安全是基础。如果物理安全得不到保证，如计算机设备遭到破坏或被人非法控制，那么其他的一切安全就都只是空中楼阁。

1. 环境安全

（1）机房与设施安全。要保证信息系统的安全、可靠，必须保证系统实体有一个安全的环境条件。这个安全环境是指机房及其设施，它是保证系统正常工作的基本环境，包括机房环境条件、机房安全等级、机房场地的环境选择、机房的建造、机房的装修和计算机的安全防护等。

（2）环境与人员安全。环境与人员安全通常指防火、防水、防震、防振动冲击、防电源掉电、防温度湿度冲击、防盗以及防物理、化学和生物灾害等，是针对环境的物理灾害和人为蓄意破坏而采取的安全措施和对策。

（3）防其他自然灾害。防其他自然灾害主要包括防止湿度、洁净度、腐蚀、虫害、振动与冲击、噪音、电气干扰、地震、雷击等造成的破坏。

2. 设备安全

设备安全主要包括计算机设备的防盗、防毁、防电磁泄露、抗电磁干扰及电源保护等。

（1）防盗和防毁。当计算机系统或设备被盗、被毁时，除了设备本身丢失或毁损带来的损失外，更多的损失则是失去了有价值的程序和数据。通常采取的防盗、防毁措施主要有锁定装置、计算机保险、列出清单或绘出位置图。

（2）防止电磁泄露。抑制计算机中信息泄露的技术途径有两种：一是电子隐蔽技术，二是物理抑制技术。电子隐蔽技术主要是用干扰、调频等技术手段来掩饰计算机的工作状态以保护信息，物理抑制技术则是抑制一切有用信息外泄。

（3）防电磁干扰。电磁干扰是指当电子设备辐射出的能量超过一定程度时，就会干扰设备本身及其周围的其他电子设备的现象。实际使用中需要了解和考虑计算机的抗电磁干扰问题，即电磁兼容性问题。

（二）系统安全

系统安全是指操作系统的安全，它是整个网络与计算机系统的安全基础，没有操作系统的安全，就不可能真正解决网络安全和其他应用软件的安全问题。系统的安全问题主要表现在三方面：

1. 及时修复系统漏洞。系统漏洞是指操作系统在开发过程中存在的技术缺陷或程序错误，这些缺陷可能导致其他用户非法访问或利用病毒攻击计算机系统，从而窃取重要信息，甚至破坏操作系统。如果系统存在漏洞，必须在第一时间打上漏洞补丁，以防止恶意代码攻击造成损失。

2. 防止系统的安全配置错误。现代操作系统本身已经提供一定的访问控制、认证与授权等方面的安全服务，管理员必须根据应用环境的安全需求对这些服务进行安全配置，使系统提供的服务能够正确应付各种入侵。

3. 防止病毒对系统的威胁。系统感染病毒后，会出现运行变慢、资源莫名减少的问题，使得系统可用性大大降低，所以对病毒的防护是系统安全的重要方面。系统必须能及时进行防毒、查毒和杀毒。

（三）网络安全

网络安全指网络系统的安全性，包括身份认证、访问控制、数据传输的保密性和完整性、路由系统安全、入侵检测和防病毒技术等。

1. 身份认证。也称为“身份验证”或“身份鉴别”，指在计算机及计算机网络系统中确认操作者身份的过程，从而确定该用户是否具有对某种资源的访问和使用权限，进而使计算机和网络系统的访问策略能够可靠、有效地执行，防止攻击者假冒合法用户获得资源的访问权限，保证系统和数据的安全以及授权访问者的合法利益。

2. 访问控制。按用户身份及其所归属的某项定义组，来限制用户对某些信息项的访问，或限制对某些控制功能的使用的一种技术，通常用于系统管理员控制用户对服务器、目录、文件等网络资源的访问。

3. 数据传输的保密性和完整性。保密性指数据传输过程中，杜绝有用信息泄露给非授权个人或实体，强调有用信息只被通信方使用的特征。完整性指数据传输过程中，保证信息或数据不会被未授权的篡改或在篡改后能够被通信方检测出的特征。

4. 路由系统安全。路由器是一种网络交换设备，用于连接多个网络或网段，将不同网络或网段之间的信息进行翻译，以使它们能够相互读懂对方的数据，从而构成一个更大的网络。它是网络系统中的关键节点，如果路由器被攻击者控制，意味着所有经过它的信息都可能会被窃听和篡改，从而破坏数据传输的保密性和完整性。路由系统安全分为路由器操作系统的安全和路由信息传输的安全。路由器操作系统的安全包括及时给路由器打上漏洞补丁，根据安全策略检测路由的安全配置是否正确；路由信息传输的安全主要是保证路由信息的保密性和完整性，防止攻击者发送和传播伪造路由。

5. 入侵检测。入侵检测通过收集和分析网络行为、安全日志、审计数据、其他网络上可以获得的信息以及系统中若干关键点的信息，检查网络或系统中是否存在违反安全策略的行为和被攻击的迹象。入侵检测必须在不影响网络性能的情况下对网络进行监测。

6. 防病毒技术。网络防病毒的原理主要是监控和扫描，通过网络中的大量客户端对网络中软件行为的异常监测，获取病毒的最新信息，推送到服务端进行自动分析和处理，再把这些病毒的解决方案分发到每一个客户端。现有防病毒技术主要有脱壳技术、自我保护技术、主动防御技术、启发技术、虚拟机技术和人工智能技术。

（四）应用安全

应用安全主要指网络系统应用软件和数据库的安全性，包括 Web 安全、DNS 安全和邮件系统安全等。

1. Web 安全。互联网中的 Web 服务使用 HTTP 传输数据，该协议的设计目标是灵活实时地传送文件，没有考虑安全因素。但是，基于HTTP的Web应用都期望提供身份认证，因此导致Web应用存在诸多安全隐患，例如，账号和密码信息未经加密即在客户和服务器之间传输。HTTP是无状态的协议，同一个客户的不同请求之间没有对应关系，使得基于Web的身份冒充非常容易。

2. DNS安全。DNS的安全问题主要包括防止DNS欺骗和防御DoS攻击。由于DNS不提供客户与服务器之间的身份认证，一方面，攻击者可以伪造假的DNS应答给DNS查询方，将用户引导到错误的站点，对用户进行进一步欺骗；另一方面，攻击者可以篡改服务器中的缓存记录来欺骗DNS查询方，因为DNS优先返回缓存中已经存在的记录。DoS攻击是目前最为普遍的攻击手段，目标是使得DNS服务器无法正常工作，从而影响目标网络的正常运转。通常采取的防御手段包括使用备份域名服务器、最小权限原则、限制区域传输、最少服务原则等。

3. 邮件系统安全。针对邮件系统的攻击分为直接攻击和间接攻击。直接攻击包括窃取邮箱密码、截获邮件内容、伪造邮件内容、发送垃圾邮件等，主要是由于邮件收发协议如SMTP、POP3存在先天的安全隐患，仅考虑如何可靠和及时地收发报文，没有考虑加密和认证等安全技术。间接攻击主要是通过邮件传输病毒或木马等恶意程序，将恶意代码放在邮件附件中或者伪造成网页和链接，诱骗用户点击。目前采用的防御手段包括服务端提供验证和过滤机制、邮件病毒扫描、端到端的安全电子邮件协议（如PGP、S/MIME）等。

（五）管理安全

管理安全涉及的内容较多，包括技术和设备的管理、管理制度、部门与人员的组织规则等。尤其是安全管理的制度化在网络安全中有着不可忽视的作用，严格的安全管理制度、责任明确的部门安全职责、合理的人员角色配置，都可以有效地增强网络的安全性。

三、网络安全面临的主要威胁

网络安全威胁是指任何可能危害计算机系统、网络服务或数据安全的因素。这些威胁来自多方面，且不断进化，以下是常见的网络安全威胁类型：

（一）非授权访问和破坏

非授权访问是指未经授权的主体（如用户、程序等）突破访问控制机制，获取对系统资源或数据的非法访问，这就像是一个没有钥匙的人强行闯入了一座上了锁的房子。

破坏则是指故意对系统、数据、设备等造成损害或干扰其正常运行的行为。比如恶意删除重要文件、篡改数据内容使其失去准确性，破坏系统的关键组件导致系统崩溃或无法正常工作等。例如，有人故意向公司的服务器发送大量无效请求，致使服务器瘫痪，无法为正常用户提供服务；或者对数据库中的关键数据进行恶意修改，给业务造成严重影响。

非授权访问和破坏都会给信息系统的安全和正常运行带来严重威胁，可能导致数据泄露、业务中断、经济损失以及声誉损害等不良后果。对于组织和个人来说，采取有效的安全措施来防范和应对这些风险至关重要。

（二）拒绝服务攻击（Denial of Service Attack）

拒绝服务攻击（Denial of Service Attack），简称 DoS 攻击，是一种通过向目标系统发送大量请求或数据，使其资源被耗尽，从而无法正常为合法用户提供服务的攻击方式。这种攻击的主要目的是使目标系统瘫痪或性能严重下降。攻击者可能会利用大量傀儡计算机（组成僵尸网络）来同时发起攻击，造成巨大的流量冲击。

DoS 攻击会对目标造成严重影响，如网站无法访问、网络服务中断、业务停滞等，给被攻击方带来经济损失和声誉损害。

（三）计算机病毒

计算机病毒程序很容易做出，有着巨大的破坏性。单机病毒就已经让人们“谈毒色变”了，而通过网络传播的病毒，无论是在传播速度、破坏性，还是在传播范围等方面都是单机病毒不能比拟的。计算机病毒具有隐蔽性、传染性、破坏性、潜伏性特点。

（四）特洛伊木马（Trojan Horse）

特洛伊木马的名称来源于古希腊的历史故事。特洛伊木马程序一般是由编程人员编制，把预谋的有害的功能隐藏在公开的功能中，以掩盖其真实企图。

（五）破坏数据完整性

指以非法手段窃得对数据的使用权，删除、修改、插入或重发某些重要信息，可以修改、销毁以及替代网络上传输的数据，重复播放某个分组序列，改变网络上传输的数据包的先后次序，使攻击者获益，以干扰用户的正常使用。

（六）蠕虫（Worms）

蠕虫是一个或一组程序，可以从一台机器向另一台机器传播。蠕虫具有自我繁殖性，可以在网络中不断自我复制；能够主动传播，会主动寻找目标并进行传播，无须用户干预；常利用系统或软件的安全漏洞进行入侵和扩散。蠕虫能够迅速占用网络带宽，导致网络拥塞甚至瘫痪；使计算机系统性能大幅下降，出现卡顿、死机等情况；也可能会破坏系统文件和数据，造成严重损失。

（七）活板门（Trap Doors）

活板门是为攻击者提供“后门”的一段非法的操作系统程序，一般是指一些内部程序人员为了特殊的目的，在所编制的程序中潜伏代码或保留漏洞。“活板门”可以被用于多种恶意目的，例如窃取敏感信息、控制系统、进行网络攻击等。它们可能会隐藏在操作系统、应用程序或网络设备中，很难被发现和清除。

（八）隐蔽通道

隐藏通道是指在计算机系统、网络或其他技术环境中，存在的一种不被普通用户或系统管理员所知的通信路径。这些通道可以被用于非法目的，如窃取数据、绕过安全机制或进行其他恶意活动。隐藏通道可能通过各种方式实现，例如利用系统漏洞、未公开的接口、特殊的编码方式或协议等。

（九）信息泄露或丢失

指敏感数据在有意或无意中被泄露出去或丢失，它通常包括：信息在传输中丢失或泄露，信息在存储介质中丢失或泄露，通过建立隐蔽隧道等窃取敏感信息等。

一图速览《2020年中国互联网网络安全报告》

6.1.2 大学生面临的网络安全威胁

安全课堂

对于大学生而言，面临的网络安全威胁主要有以下这些：

一、个人信息泄露

在各种社交平台、网站随意填写真实信息，可能导致姓名、身份证号、联系方式等被不法分子获取。比如，遭遇骚扰电话和短信轰炸，不断接到各种推销、诈骗电话和垃圾短信，严重干扰正常生活和学习；更有甚者，可能会遭遇精准信息诈骗，骗子利用掌握的详细个人信息，实施针对性很强的诈骗，如伪装成家人、朋友急需用钱等，让人防不胜防。

二、网络诈骗

大学生容易成为网络诈骗的目标，如网络刷单诈骗、网购退款诈骗、冒充熟人诈骗和游戏交易诈骗等。比如，骗子以高额佣金为诱饵，诱导大学生参与虚假刷单，前期可能会返回少量佣金，之后便以各种理由骗取钱财；伪装成卖家或客服，以订单异常、退款等理由要求大学生进行操作，从而盗取钱财；冒充老师、同学等，以各种紧急事情为由借钱；在游戏交易中设局，以低价出售稀有装备为由，收款后不发货，骗取大学生购买游戏装备等的钱财。

三、移动支付风险

指手机支付时被植入恶意程序窃取支付密码、短信验证码泄露和手机丢失等风险。比如，在使用公共无线网络时不小心连接到有风险的网络，被植入恶意软件或密码被破解，从而被窃取支付信息；手机短信验证码被他人获取，可能会造成支付账户被篡改或资金被盗转；手机丢失后，若未及时采取措施，他人可能通过手机进行移动支付操作。

四、社交网络风险

大学生可能会遇到隐私泄露、网络欺凌、虚假信息误导和不良内容影响等风险。比如，在社交网络上过度分享生活细节，经常分享实时定位，可能让不法分子了解到其具体位置和活动规律，带来安全隐患；大学生在上网过程中容易接触到大量未经证实的虚假信息，轻信网络上流传的不实谣言并进行传播，可能影响认知和判断；容易接触到不良的图片、视频、言论等，浏览到一些宣扬暴力、低俗的内容，对身心健康产生负面影响。

五、随意下载软件

从非正规渠道下载应用程序，可能会下载到带有病毒或恶意插件的软件，危害设备和信息安全。比如，有的用户随意下载了一款声称可以赚钱的软件，结果被诈骗了不少钱财；还有的下载了来历不明的软件后，手机频繁弹出广告，系统也变得异常卡顿，甚至个人照片、聊天记录等重要信息被窃取。

六、弱密码问题

设置简单易猜的密码，容易被破解从而导致账号被盗。比如，使用弱密码可能导致个人重要信息，如银行账户、社交账号、电子邮件等被他人非法访问，造成隐私泄露、财产损失等严重后果。一旦密码被破解，用户的合法权益难以得到有效保障，后续可能面临诸多麻烦。

七、网络借贷风险

可能被不良网络借贷平台诱骗，陷入高额债务危机。比如，许多网络借贷平台利息极高，可能导致债务像雪球一样越滚越大，让大学生难以承受，最终陷入债务危机。比如一些校园贷打着低利息的幌子，实际上加上各种手续费、服务费后，利息惊人。

八、虚假网络交友

若通过网络结识不良分子，很容易面临人身和财产安全威胁。大学生在网络交友过程中，容易投入真实情感后，却发现对方一直在欺骗，导致心理创伤和情感上的痛苦，如失望、沮丧、自我怀疑等；可能会对他人产生信任危机，影响未来正常的人际交往和人际关系的建立。虚假交友过程中，可能会不小心透露过多个人隐私信息，如家庭住址、身份证号、银行卡信息等，这些信息可能被不法分子利用，带来安全隐患，比如遭遇诈骗、被跟踪骚扰等。

知识拓展

假设你收到一封来自未知发件人的邮件，邮件中包含一个名为“奖学金申请确认”的链接，并要求你输入个人信息以完成申请。你应该如何判断这封邮件的真实性，并保护自己的信息安全？

1. 验证发件人身份

检查邮件地址。搜索核实发件人的邮箱地址是否与学校或奖学金颁发机构的官方邮箱域名一致。有时，攻击者会尝试模仿真实发件人的地址，但仔细查看通常会发现细微差别。

搜索官方联系方式。不要直接点击邮件中的链接或回复邮件，而是前往学校或奖学金颁发机构的官方网站，查找他们的官方联系方式（如邮箱、电话）。

2. 识别邮件内容

检查邮件内容，注意邮件的语法、拼写和格式。正式的奖学金申请通知通常不会出现明显的拼写错误或格式混乱。

警惕紧迫感。如果邮件中使用了强烈的紧迫感语言（如“立即点击”“过期不候”），这可能是欺诈邮件的一个标志。

验证信息。如果邮件中提到了具体的奖学金名称或金额，可以在学校或奖学金颁发机构的官方网站上搜索相关信息进行验证。

3. 不轻易点击链接或下载附件

检查链接。将鼠标悬停在链接上，但不点击，查看浏览器底部或状态栏显示的完整链接地址。如果链接地址与描述的奖学金申请页面不符，或者包含可疑的域名后缀（如 .ru、.cn 等，除非确实是官方网站的域名），否则不要点击。

不下载附件。如果邮件中包含附件，并且你怀疑邮件的真实性，请不要下载或打开附件。附件中可能包含恶意软件或病毒。

4. 使用安全的沟通渠道

联系官方机构。使用你从官方网站找到的官方联系方式，直接与学校或奖学金颁发机构联系，询问奖学金申请的具体流程和状态。

避免泄露个人信息。不要通过可疑的邮件或电话回复来提供个人信息，包括银行账户、密码、身份证号码等敏感信息。

5. 报告可疑邮件

向学校或奖学金颁发机构报告。如果你确认邮件是欺诈性的，应立即向学校或奖学金颁发机构报告此事，以便他们采取进一步行动。

向邮件服务提供商举报。你也可以将可疑邮件报告给你的邮件服务提供商，以便他们采取相关措施，防止类似的欺诈邮件传播给其他人。

任务6.2　规范自身网络行为

安全提示： 在享受网络便利的同时，应警惕网络陷阱，保护个人信息，增强网络安全意识。

知识目标： 了解个人信息安全、网络不良信息、网络舆论、网络借贷、网络综合征等基本知识。

能力目标： 能够甄别各类网络不良信息、非法网络贷款和影响个人信息安全的因素。

素质目标： 根据所学知识，合理合法安全上网，规范自身网络行为。

6.2.1 合理保护个人信息安全

案例

去年1月，徐同学无意中进入一个买卖二手自行车的网址，发现其中一辆名牌车只要500元。徐同学心动不已，随即联系网站客服，按照对方要求填写信息并通过网银转账200元订金。2天后，对方告知押车员已将车子运送至收货地址的仓库，要求小徐支付余款300元。小徐打款后兴冲冲等着去提车，结果对方又找各种理由要求他再付500，小徐这才恍然大悟自己是被骗了。

· 案例分析 ·

网上购物请选择正规网站，不要轻信虚假网站、QQ、论坛等发布的所谓超低价促销信息。此外，要求通过银行等直接汇款的九成以上为诈骗，务必警惕。

安全课堂

一、个人信息被收集和利用的途径

1. 当用户获得网上服务，包括网上购物、获取信息、电子邮箱、个人主页、网上浏览等时，网络服务商通常会要求用户提供部分个人信息，如姓名、性别、年龄、家庭住址、工作单位、住宅电话或手机号码、身份证号码，以至婚姻状况等，甚至要求提供更加详细的个人信息，内容广泛到无所不包。

2. 用户在电子商务活动中形成的个人财产和信用信息，包括登录账号和密码、信用卡、电子消费卡、网上交易的相关信息、个人收入状况等。

3. 游戏玩家在网络游戏过程中形成的个人信用信息，包括网络游戏账号和密码、QQ 号和密码、游戏虚拟物等。

4. 用户的网上行为，包括访问网站时使用的 IP 地址、网上活动轨迹、活动内容、兴趣爱好等。

5. 个人的电子邮箱等。

二、侵权行为

网络服务商可以利用网络在短时间内收集到大量的、多种类型的个人信息，然后基于商业目的对其进行整合，并建立相应的数据库，直接面向用户进行有针对性的广告宣传和销售服务，以降低传统销售方式的成本，提高经营效率。基于网络的个人信息利用和收集，存在侵犯个人信息主体隐私权的威胁。这种侵权行为常常表现为：

（一）以个人为主体的侵权行为

1. 未经个人信息主体同意或授权，擅自在网上公开、宣扬、散布、泄漏、转让他人的或与他人之间的个人信息。

2. 未经个人信息主体同意或授权，窃取、复制、收集他人传递过程中的电子信息。

3. 未经个人信息主体同意或授权，擅自侵入他人的电子邮箱，发送垃圾邮件、邮件炸弹或恶意病毒等。

4. 未经个人信息主体同意或授权，擅自侵入他人的个人信息系统，收集、破坏、窃取他人的个人信息等。如在微博或公共聊天室中公布、散布、张贴他人的个人信息，就是典型例子。

（二）以网络服务商为主体的侵权行为

网络服务商向公众提供网络技术、设施和服务等信息交流所需的基础条件，不论是有偿服务，还是无偿服务，均应采取必要的管理措施和相应的技术手段，保证用户的个人信息安全。但是，用户的个人信息具有无形的价值属性，一些网络服务商为谋取巨大的经济利益，肆意侵犯用户的权益。主要表现为：

1. 用不合法的手段、不合理的目的，收集、保存用户的个人信息。

2. 以不合理的目的，过度收集、使用个人信息。

3. 未经个人信息主体同意或授权，不合理利用或超目的、超范围滥用个人信息。

4. 未经个人信息主体同意，擅自篡改、披露个人信息，发布错误的个人信息。

5. 未经个人信息主体同意或授权，擅自将所保存的、经合法途径获得的个人信息提供给商业机构或网络搜索引擎，造成个人信息的不合法公开、泄漏或传播。

（三）以生产厂商为主体的侵权行为

生产厂商在制造销售的网络基础设施中设计了专门的功能，以收集用户的信息；或存在漏洞，为某些专业人员窃取用户的信息提供了便利，使用户的个人信息资料受到侵害。

还有许多形式的侵权行为，如以商业机构为主体的侵权行为，以网上调查、市场调查为名，跟随、记录用户的网上行为，收集用户的个人信息资料，并转让、出卖，以获取利润，或用于其他商业目的等。

三、保护个人信息安全

（一）网络购物要谨防钓鱼网站

通过网络购买商品时，要仔细验看登录的网址，不要轻易接收和安装不明软件，要慎重填写银行账号和密码，谨防钓鱼网站，防止个人信息泄露造成经济损失。

（二）妥善处置快递单、车票、购物小票等包含个人信息的单据

快递单含有网购者的姓名、电话、住址，车票、机票上印有购票者姓名、身份证号，购物小票上也包含部分姓名、银行卡号、消费记录等信息。不经意扔掉，可能会落入不法分子手中，导致个人信息泄露。

（三）身份证复印件上要写明用途

银行、移动或联通营业厅、各类考试报名、参加网校学习班等很多地方都需要留存身份证复印件，甚至一些打字店、复印店会利用便利将暂存在复印机硬件的客户信息资料存档留底。

（四）简历只提供必要信息

目前，越来越多的人通过网上投简历的方式找工作，而简历中的个人信息一应俱全，有些公司在面试的时候会要求你填写一份所谓的“个人信息表”，上面要你的家庭关系说明、父母名字、个人电话、住址、毕业学校（详细到小学）、证明人（甚至还有学校证明人）甚至身份证号。

（五）不在聊天中透露个人信息

在微博、QQ 空间、贴吧、论坛和熟人互动时，大学生有时会不自觉地说出或者标注对方姓名、职务、工作单位等真实信息，这些信息有可能会被不法分子利用。

（六）不要加不明身份的好友，慎在网上晒照片

有些家长喜欢在网上晒孩子的照片，照片中可能有孩子姓名、就读学校、所住小区，还有些人喜欢晒火车票、登机牌，却忘了将姓名、身份证号、二维码等进行模糊处理，这些都是比较常见的个人信息泄露行为。此外，社交平台上类似“附近的人”这个设置，也经常被利用来偷看他人的照片。

（七）慎重参加网上调查活动

上网时经常会碰到各种网络“调查问卷”、购物抽奖活动或者申请免费邮寄资料、申请会员卡等活动，一般要求填写详细联系方式和家庭住址等个人信息。

（八）免费 WiFi 易泄露隐私

在智能手机的网络设置中选择了 WiFi（无线网络）自动连接功能，就会自动连接公共场所的 WiFi。但是，WiFi 安全防护功能比较薄弱，黑客只需凭借一些简单设备，就可盗取手机上的个人信息。

6.2.2 依法规避网络不良信息

案例

大学生曹某从网上了解到可以贩卖"男童、正太淫秽视频"牟利，遂从网上下载淫秽视频、小说、图片等共计305 G影像资料上传至其创建的某云盘群，以供"客户"挑选。曹某在完成准备工作后，通过多个社交软件进行宣传，以每人付费30元即可进群观看或以每部视频10元的价格出售相关淫秽资料，同时还与他人进行淫秽资源互换，向20多人出售淫秽视频，从中获利600元。三个月后万年县公安局网安大队将曹某抓获归案。万年县人民法院经审理认为，被告人曹某以牟利为目的，复制、贩卖、传播淫秽视频文件20个以上，其行为触犯了刑法，构成复制、贩卖、传播淫秽物品牟利罪。

安全课堂

一、不良信息的类型

1. 违反法律类

违反法律类信息是指违背《中华人民共和国宪法》《全国人民代表大会常务委员会关于维护互联网安全的决定》《互联网信息服务管理办法》等法律法规所明文禁止传播的各类信息。

互联网上的违反法律类信息涉及很多种类，大致包括淫秽、色情、暴力等低俗信息，赌博、犯罪等教唆信息，毒品、违禁药品、刀具枪械、监听器、假证件、假发票等管制品买卖信息，虚假股票、信用卡、彩票等诈骗信息，以及网络销赃等多方面内容。

2. 违反道德类

违反道德类信息是指违背社会主义精神文明建设要求、违背中华民族优良文化传统与习惯，以及其他违背社会公德的各类信息，形式有文字、图片、音频、视频等。法律是最低标准的道德，道德是最高标准的法律。虽然违反道德类信息仅违背一般的道德准则，但会受到主流道德规范的谴责和约束。但是，违反道德类信息一旦“过头”，造成严重的后果和影响，就很容易演变为违反法律类信息。主要类型有以性保健、性文学、同性恋、交友俱乐部和人体艺术等内容构成的成人类信息，与暴露隐私相关的信息，容易引起社会争议、钻法律空子的代孕、私人伴游、赴外产子等信息，代写论文、代发论文等学术造假、学术腐败信息，与风水、占卜相关的迷信类信息，与黑客技术交流、强制视频软件下载等相关的披着高科技外衣的信息。

3. 破坏信息安全类

破坏信息安全类信息是指含有病毒、木马、后门的高风险类信息，对访问者电脑及数据构成安全威胁的信息。由于病毒的网络化，使得网页浏览成为病毒传播的最主要渠道，网页木马占到病毒传播总量 90% 以上。而且，由于应用软件漏洞、浏览器插件漏洞等频发，仅依靠网民自身的安全意识，很难应对这类高风险信息。

二、依法避免不良信息侵害

在网络这个虚拟世界里，一些网站或个人为达到某种目的，往往会不择手段，套取网民的个人资料，甚至是银行账号、密码，达到个人目的，所以，大学生们应提高防范意识，避免遭遇网络陷阱，防止网络不良信息的传入。

1. 不要轻易相信互联网上中奖之类的信息。某些不法网站或个人利用一些人贪图小便宜的心理，常常通过 E-mail、QQ 向网民公布中奖信息，然后通过要求中奖人邮寄手续费、提供信用卡号及个人资料等方式，套取个人钱物、资料等。

2. 不要轻易相信互联网上来历不明的测试个人情商、智商、交友运势之类的测试软件。这类软件大多要求提供个人真实的资料，往往这就是一个网络陷阱。

3. 不要轻易将自己的电话号码、手机号码在网上注册。一些网民在注册成功后，不但要缴纳高额的电话费，而且会受到一些来历不明的电话、信息的骚扰。

4. 不要轻易相信网上公布的快速致富的窍门。“天下没有免费的午餐”，一旦相信这些信息，绝大部分都会赔钱，甚至血本无归。

5. 正确使用互联网技术，不要随意攻击各类网站。一位精通网络的社会学家说：“互联网是一个自由且身份隐蔽的地方，网络犯罪的隐秘性非一般犯罪可比，而人类一旦冲破了某种束缚，其行为可能近乎疯狂，潜伏于人心深处的邪念便会无拘无束地发泄。”一些大学生在学习了一些网络知识后，急于寻找展示自己才华的场所，想在互联网上显一显身手，寻找一些网站的安全漏洞进行攻击，肆意浏览网站内部资料、删改网页内容，在有意无意之间触犯了法律，结果常后悔莫及。也有的大学生倚仗自己技术水平高人一等，利用互联网络从事违法活动，最终走上一条不归路。

6. 不要浏览或传播色情资料或信息，以及利用互联网随意散播谣言、反动言论，攻击和诽谤他人，否则一旦触犯法律，就会身败名裂。

6.2.3 正确对待网络舆论

安全课堂

网络舆论是公众以网络为平台，通过网络语言或其他方式对某些公共事务发表意见的特殊舆论形式。网络舆论有舆论的本质属性。同时，网络还具有许多传统媒体所没有的新特征，如时间和空间上更具广泛性，形成和反应的快速性，传播的自由性，内容的多元性等。

作为网络世界一支重要力量，当代大学生除了要知道如何正确使用互联网外，还应该了解互联网中的各种网络舆论，树立正确的世界观。面对如此浩瀚的信息资源和网络舆论，如何保护自己个人的信息安全和树立正确的世界观呢?

1. 大学生要认识到网络舆论并不一定都是正确的，无论是大型媒体还是路边新闻，都可能发布一些符合其利益倾向的文字。而且现在的某些文章只是为了阅读量，而不代表个人对于事物的认知。所以无论看到什么样的舆论，都需要小心辩证。

2. 面对网络舆论，在没有经过思考和辩证之前，不要轻易进行传播，有些舆论隐藏着不为人知的目的，一次转发就可能对别人造成伤害，而且虚假信息的传播还可能触犯法律，后悔莫及。

3. 在不明确事情真正情况之前不要在网络上轻易表态，不经过思考就对一些人进行无理由的批判，这样不仅害人，也会害己。网络暴力就是由别有用心和不明真相的人造成的。

4. 流言止于智者。确定一些舆论的真假不仅需要知识的储备，还需要对社会学、心理学有一定的认知，大学生可以利用课余时间学习多方面的知识。

大学生看待舆论要博采众长，在舆论发生后，可以多阅读关于这些舆论的评论性质的文字，很多网络大咖都会发声追逐热点。将不同的评论进行对比，就会发现不同人看待问题的不同方向，掌握这样的思维方式很重要，建议做好笔记，培养自己的思维方式。

6.2.4 预防网络综合征

安全课堂

一、网络综合征概述

网络综合征（Net Synthesis）是人们由于沉迷于网络而引发的各种生理、心理障碍的总称。这是新近出现的疾病之一，目前各国正开展对它的研究。现在研究焦点在成瘾性（依赖性）、人际关系（包括网友、网恋、现实生活中的人际障碍等）、创造毁灭欲和与此有关的抑郁症、躁狂症等。

二、网络综合征的症状

患有网络综合征的人，初时是精神依赖，渴望上网“遨游”；随后发展为躯体依赖，表现为情绪低落，头昏眼花，双手颤抖，疲乏无力，食欲不振等。网络综合征对人的健康危害很大，尤其会使人体的自主神经功能严重紊乱，导致失眠、紧张性头痛等，甚至会出现幻觉、痴迷和妄想，造成人体免疫机能严重下降。

据最新统计，在全世界2亿多网民中，有1 140万人患有不同程度的网络综合征。青少年是网络综合征的易感人员，因为青少年正值青春期，心理发育还不成熟，自制能力差，容易产生逆反心理，特别易出现心理和行为的偏差。虚拟网络的理想化为他们提供了平台，结果导致从最初好奇的随意浏览，发展到不能自拔的精神依赖，最后发展为躯体依赖。他们往往具有“双重人格”，网络中的他们和现实中的自己判若两人。而且他们多数性格孤僻，不善于与人沟通，导致与家人、朋友关系紧张，面对挫折与失败习惯逃避。

网络综合征主要表现有：上网后精神极度亢奋并乐此不疲，长时间使用网络以获得心理满足，上网后行为不能自制，或通过上网来逃避现实，并时常出现焦虑、忧郁、人际关系淡漠、情绪波动、烦躁不安等现象；上网时间每次都超过原来计划，甚至整夜地游荡在虚幻的环境中，白天学习、工作时则昏昏欲睡，对现实生活无兴趣；不上网时手指会不停地运动，严重时全身打战、痉挛、摔毁器物，甚至只是为了活下去不得不吃饭和睡觉；有人甚至因陷得太深而不能自拔，最终走上自杀的道路。

三、网络综合征的危害

（一）伤害中枢神经

电脑工作时，微波对身体有危害电脑的辐射有两类：低能量的X射线和低频电磁辐射。如果人们较长时间处于这种辐射环境中又没有进行必要的保健的话，就会引起中枢神经失调。

（二）长期操作，产生精神和心理压力

为避免出现差错，人们在操作电脑手机过程中往往注意力高度集中，眼、手指快速频繁运动，使得人的生理、心理不堪重负，从而产生失眠多梦、神经衰弱、头部酸胀、机体免疫力下降等病症，甚至诱发一些精神方面的疾病。

（三）思维定式错位

造成的心理失衡与人类交流需要协调各种关系、解决各种问题。而与电脑交流只需下达正确的命令，这样就容易使长期从事电脑操作的养成要么坚持、要么放弃的思维定式，并推广到处理人际关系中，从而出现了“定式错位”。这种人容易丧失自信，工作难以做好，因而加重了其内心的紧张、烦躁、焦虑和不安，最终导致身心疲惫，出现各种生理、心理症状。

（四）操作不当伤害身体

1. 坐姿。使用电脑时一般都是保持着固定的姿势，时间长了就会出现腰酸颈直、头胀眼干、全身不适等症状。长时间连续操作、姿势不当还会引发颈椎病等。

2. 击键。在使用鼠标时，人们总是集中机械地活动一两个手指，长期密集、重复和过度的活动逐渐形成了手腕关节的麻痹和疼痛。随着电脑的普及，本不常见的腕管综合征的发病率在日益提高，而且病源大多都在这“鼠”上。

3. 用眼。在操作电脑时，总是目不转睛地盯着显示屏，长时间使用常感双眼干涩，酸胀、看不清东西，经常犯困等。可是经眼科医生检查，双眼视力、眼球、眼压都没有问题。许多眼科大夫将这一症状称为网络综合征之眼科新疾病。

4. 环境。若在网吧泡太长时间，还会受到“二手烟”的污染。网吧空间小，

人员多。在室内抽烟，就会令上网的青少年成为“二手烟”的受害者。

四、预防网络综合征

网络的积极作用毋庸置疑，关键是要把握好一个度。每天上网时间不要超过3个小时，而且要有良好的心态；利用网络来开阔视野、增长知识和扩大交往面，而不是将自己与现实世界隔离，发泄情绪；学会自我调节，舍得放弃网络上那些虚拟的东西；要丰富业余文化生活，比如旅游、串门、下棋、体育运动等，不可陷入“非上网不可”的陷阱。

参考文献

[1] 杨新生 . 大学生安全教育［M］. 机械工业出版社，2010.

[2] 椰永华，田文涛主编 . 大学生安全教育读本［M］. 北京理工大学出版社，2010.

[3] 李瑞民 . 你的个人信息安全吗［M］. 电子工业出版社，2014.

[4] 周宗奎，等 . 网络文化安全与大学生网络行为［M］. 世界图书出版公司，2012.

[5] 李建宇 . 大学生安全教育读本［M］. 云南大学出版社，2017.

《普通高等学校学生安全教育及管理暂行规定》

《国家安全教育指导纲要》